前言

PREFACE

在全球经济格局发生巨大变化、人工智能科技革命与产业变革加速演进的背景下，制造业作为国民经济的支柱产业，其高质量发展已成为各国抢占未来竞争制高点的核心战略。中国正处于从“制造大国”向“制造强国”转型的关键期，如何通过政策创新激发企业创新活力，优化产业结构，成为理论与实践的双重命题。在此背景下，减税降费作为供给侧结构性改革的重要抓手，被赋予了降低企业成本、激发创新动能、推动产业转型升级的使命。陕西作为我国西部制造业战略要省，既是“一带一路”建设的枢纽节点，也是传统工业基地向现代制造业转型的典型样本，其发展路径的选择不仅关乎西部大开发新格局的形成，更对中西部地区乃至全国制造业高质量发展具有示范作用。

陕西制造业在转型升级、科技创新和区域协同发展方面取得了一定进展，但同时也面临传统产业依赖度高、区域发展不平衡等挑战。依托陕北地区丰富的煤炭、石油、天然气资源，陕西形成了煤化工、石油化工产业集群。其装备制造业核心领域包括航空航天、汽车制造、电力设备等。新兴产业主要是半导体与集成电路，带动了电子信息产业升级。比亚迪新能源汽车西安基地成为全球重要的新能源车生产基地，2023年产量占全国新能源车总产量的15%以上。依托西安高新技术开发区和杨凌示范区，陕西布局创新药、生物制剂等生物医药与新材料产业。关中地区（西安、宝鸡、咸阳）集中了陕西全省70%以上的制造业产能，以高端装备、电子信息、汽车制造为主。陕北地区（榆林、延安）以能源化工为主导，近年向煤基新材料、氢能等方面延伸。陕南地区（汉中、安康）重点发展绿色制造、生物医药等生态友好型产业。但是，能源化工占工业比重超40%，陕西制造业低碳转型压力大。关中地区“一极独大”，陕北、陕南地区产业层次偏低，区域发展不平衡。陕西研发投入强度也低于全国平均水平，民营企业活力有待进一步激发。

自2016年全面实施减税降费政策以来，陕西积极落实国家减税降费政策，并结合地方实际出台了一系列措施，以减轻企业负担，激发市场活力。国家税务总局发布的最新数据显示，2024年，现行支持科技创新和制造业发展的主要政策减税降费及退税达26293亿元，助力我国新质生产力加速培育、制造业高质量发展。2022年陕西新增减税降费超800亿元，惠及全省超90%的市场主体，研发投入同比增长约15%，社会保险费缓缴政策为困难企业缓解了现金流压力，稳定了就业岗位。

减税降费政策给陕西制造业带来了新的发展机遇，陕西抓住机遇补齐创新与产业链短板，有望成为西部高端制造和科技创新高地。实现陕西制造业高质量发展，从短期看，加快传统产业技术改造，培育专精特新企业；从中期看，依托“秦创原”强化科技转化，突破半导体、新能源等领域“卡脖子”环节；从长期看，推动陕北—关中—陕南产业协同，构建绿色低碳现代产业体系。本书是在陕西社会科学基金项目（2022D030）基础上修改而成，旨在深入探讨减税降费政策对陕西制造业高质量发展的影响效应，并探索实现路径，以期为政策制定者和实践者提供参考。

本书以“减税降费对陕西制造业高质量发展的影响效应与实现路径”为研究主题，旨在回答三个关键问题：其一，减税降费政策如何通过降低企业成本、释放流动性、提高研发投入和优化资源配置等渠道作用于陕西制造业的发展质量？其二，这一政策工具在陕西特定产业结构、区位条件与政策环境下的实际效果呈现怎样的差异化特征？其三，如何通过财税政策优化、科技创新与产业协同构建适配陕西制造业高质量发展的长效机制和路径？这些问题既涉及宏观政策效能的微观传导机制，也涵盖区域经济转型的独特逻辑，具有重要的学术价值与实践指导意义。

本书在写作过程中，力求突破已有研究的局限性，主要体现在以下三个方面：一是不再局限于传统财税政策研究的“成本削减”单一视角，将减税降费置于创新驱动、促进新质生产力和绿色转型及开放协同的复合框架下展开分析；二是打破“政策—效应”的线性思维，关注政策传导中的异质性特征；三是兼具政策普适性、普惠性，探索财税政策稳定性、可操作性、精准适配性和区域协调性等实现路径。期待本书能为政府部门优化政策设计、制造业企业把握战略机遇、学术界深化相关领域研究提供参考，亦能为西部欠发达地区探索高质量发展路径贡献绵薄之力。

当然，受限于研究者的水平与数据的可获得性，书中难免存在疏漏与不足，恳请读者批评指正。我们深信，在理论与实践的双向互动中，中国制造业高质量发展的图景将越发清晰，而以陕西为样本进行探索必将为此增添生动注脚。

2025 年 2 月于西安

目
CONTENTS
录

1 导 论 …… 1

1.1 研究背景与意义 …… 1

1.1.1 研究背景 …… 1

1.1.2 研究意义 …… 4

1.2 研究路线、内容与方法 …… 5

1.2.1 研究路线 …… 5

1.2.2 研究内容 …… 6

1.2.3 研究方法 …… 7

1.3 研究重点和难点 …… 8

1.3.1 研究重点 …… 8

1.3.2 研究难点 …… 9

1.4 创新之处 …… 9

2 相关理论研究进展 …… 11

2.1 制造业高质量发展的相关研究 …… 11

2.1.1 高质量发展内涵的相关研究 …… 11

2.1.2 制造业高质量发展的测度及评价方式 …… 14

2.1.3 制造业高质量发展的影响因素 …… 17

2.2 减税降费的相关研究 …… 21
2.2.1 减税降费的衡量 …… 21
2.2.2 减税降费的政策效应 …… 22
2.3 减税降费对制造业高质量发展的影响研究 …… 24
2.4 文献述评 …… 27

3 减税降费政策下陕西制造业发展现状分析 …… 30
3.1 减税降费政策的发展历程 …… 31
3.1.1 减税降费政策的出台背景 …… 31
3.1.2 陕西省减税降费政策梳理 …… 35
3.2 陕西制造业高质量发展现状 …… 41
3.2.1 陕西制造业空间布局 …… 41
3.2.2 陕西制造业高质量发展的影响因素 …… 53
3.3 陕西制造业新质生产力发展分析 …… 61
3.3.1 陕西制造业新质生产力发展情况 …… 61
3.3.2 陕西制造业新质生产力指标体系构建及测算方法 …… 64
3.3.3 陕西制造业新质生产力的驱动因素 …… 73
3.4 本章小结 …… 75

4 减税降费影响陕西制造业高质量发展的理论分析与研究假设 …… 80
4.1 减税降费的理论基础 …… 80
4.1.1 古典学派减税理论 …… 80
4.1.2 凯恩斯学派减税理论 …… 81
4.1.3 供给学派减税理论 …… 82
4.1.4 公共选择学派减税理论 …… 83
4.1.5 最优税收理论 …… 85

本书得到西安财经大学经济学院学术著作出版资助

减税降费
对陕西制造业高质量发展的影响效应与实现路径研究

RESEARCH ON THE IMPACT EFFECTS AND IMPLEMENTATION PATHWAYS
OF TAX REDUCTION AND FEE REDUCTION ON THE HIGH-QUALITY DEVELOPMENT
OF MANUFACTURING INDUSTRY IN SHAANXI PROVINCE

周 宇◎著

中国经济出版社
CHINA ECONOMIC PUBLISHING HOUSE
·北 京·

图书在版编目（CIP）数据

减税降费对陕西制造业高质量发展的影响效应与实现路径研究／周宇著．-- 北京：中国经济出版社，2025．7．-- ISBN 978－7－5136－8314－2

Ⅰ．F426．4

中国国家版本馆 CIP 数据核字第 2025TT8329 号

责任编辑　杨元丽
责任印制　李　伟
封面设计　任燕飞

出版发行　中国经济出版社
印 刷 者　北京科信印刷有限公司
经 销 者　各地新华书店
开　　本　710mm × 1000mm　1/16
印　　张　15．5
字　　数　200 千字
版　　次　2025 年 7 月第 1 版
印　　次　2025 年 7 月第 1 次
定　　价　79．00 元
广告经营许可证　京西工商广字第 8179 号

中国经济出版社 **网址** http://epc.sinopec.com/epc/ **社址** 北京市东城区安定门外大街 58 号 **邮编** 100011
本版图书如存在印装质量问题，请与本社销售中心联系调换（联系电话：010－57512564）

4.2 减税降费对制造业高质量发展的影响机理 …… 86
4.2.1 减税降费与制造业企业高质量发展 …… 86
4.2.2 减税降费影响制造业企业高质量发展的机制 …… 88
4.3 减税降费对制造业高质量发展影响的异质效应 …… 96
4.3.1 企业所有制不同 …… 96
4.3.2 企业所处产业技术水平不同 …… 98
4.4 本章小结 …… 99

5 减税降费影响陕西制造业高质量发展的实证研究 …… 102
5.1 研究设计 …… 102
5.1.1 研究样本与数据来源 …… 102
5.1.2 变量定义 …… 103
5.1.3 模型设定 …… 106
5.2 基准回归分析 …… 106
5.2.1 描述性统计 …… 106
5.2.2 基准回归结果分析 …… 107
5.2.3 稳健性检验 …… 109
5.3 异质性分析 …… 111
5.3.1 按企业产权性质不同分组回归 …… 111
5.3.2 按企业是否属于高技术产业分类 …… 112
5.4 机制检验 …… 114
5.5 本章小结 …… 116

6 减税降费促进陕西制造业高质量发展的路径选择 …… 117
6.1 链条层面的路径设计 …… 118
6.1.1 产业链路径设计 …… 119

6.1.2　价值链路径设计 …………………………………… 124
6.1.3　创新链路径设计 …………………………………… 131
6.1.4　资本链路径设计 …………………………………… 135
6.1.5　供应链路径设计 …………………………………… 140
6.1.6　要素链路径设计 …………………………………… 143
6.2　产业层面的路径设计 ………………………………… 147
6.2.1　针对军民融合 ……………………………………… 148
6.2.2　针对两化融合 ……………………………………… 150
6.2.3　针对战略性新兴产业 ……………………………… 151
6.2.4　针对生产性服务业 ………………………………… 153
6.3　企业层面的路径设计 ………………………………… 154
6.3.1　加大对“数据赋能”的支持力度 ………………… 154
6.3.2　推进“智能制造”发展 …………………………… 155
6.3.3　加大对“绿色制造”的支持力度 ………………… 156
6.3.4　推动“服务型制造”发展 ………………………… 157
6.4　产品层面的路径设计 ………………………………… 159
6.4.1　技术创新研发 ……………………………………… 159
6.4.2　自主品牌设计 ……………………………………… 160
6.4.3　营销及售后服务 …………………………………… 161
6.4.4　工艺与装备升级 …………………………………… 162
6.5　本章小结 ……………………………………………… 163

7　减税降费促进陕西制造业高质量发展的对策措施 …………… 167
7.1　加强创新驱动，为企业高质量发展赋能 …………… 167
7.1.1　激发内生动力，充分发挥技术创新的引领作用 …… 167
7.1.2　聚焦企业数字化转型 ……………………………… 168

7.1.3 推动产业多元化与高附加值发展 …………………… 169
7.1.4 强化实数融合中的财税科技力量 ……………………… 171
7.1.5 加大对“智能制造”领域的支持力度 ………………… 173
7.2 高质量发展与新质生产力耦合协调发展 ………………… 173
7.2.1 重视和把握生态环境治理与企业绿色技术创新的相互关联性 ……………………………………………………… 174
7.2.2 正向激励引领“向绿而行” …………………………… 175
7.2.3 构建多税共治的“绿色税收”体系 …………………… 176
7.2.4 鼓励支持绿色低碳相关产业发展 ……………………… 177
7.2.5 完善促进绿色化生产方式转型的财税制度 …………… 179
7.3 提高政策稳定性，为企业高质量发展注入更大动能 …… 180
7.3.1 坚持税收法定原则 ……………………………………… 180
7.3.2 明确税收支持的基本原则 ……………………………… 181
7.3.3 制定税收支持政策的具体标准 ………………………… 182
7.3.4 深化财政精准引导，聚力推进创新链、产业链、人才链、资金链“一体融合” ……………………………… 183
7.4 进一步加大减税降费力度 ………………………………… 184
7.4.1 简并增值税税率 ………………………………………… 184
7.4.2 适当降低企业所得税税率 ……………………………… 185
7.4.3 加大固定资产一次性扣除的力度 ……………………… 186
7.4.4 增强非税项目的合理性 ………………………………… 187
7.5 提升减税降费政策的精准性 ……………………………… 189
7.5.1 针对不同规模的企业方面 ……………………………… 189
7.5.2 针对不同所有制企业方面 ……………………………… 190
7.5.3 针对制造业企业方面 …………………………………… 191
7.5.4 针对研发人才方面 ……………………………………… 193

7.5.5 针对军民融合产业方面 …… 193
7.5.6 针对两化融合产业方面 …… 195
7.5.7 针对战略性新兴产业方面 …… 196
7.5.8 针对生产性服务业方面 …… 197
7.5.9 针对未来产业方面 …… 198
7.6 应充分重视减税降费政策的地区差异 …… 200
7.6.1 注重减税降费政策的地区差异性 …… 200
7.6.2 规范影响公平的区域竞争 …… 201
7.6.3 加强因地制宜的财税政策激励 …… 202
7.6.4 致力于完善地方政府间的财税合作机制 …… 203
7.7 完善减税降费的配套性措施 …… 204
7.7.1 提升税务机关的服务水平 …… 204
7.7.2 企业应利用好税费政策，做好税收合规计划 …… 205
7.7.3 发挥好财政支出对制造业高质量发展的作用 …… 206
7.7.4 深化金融体制改革，缓解企业融资约束 …… 207
7.7.5 完善债务预算管理机制 …… 209
7.7.6 强化产学研合作 …… 210
7.8 本章小结 …… 212

8 回顾与展望 …… 216
8.1 回顾 …… 216
8.2 展望 …… 219

参考文献 …… 222
后　记 …… 232

1 导 论

1.1 研究背景与意义

1.1.1 研究背景

制造业是国民经济的主体，是立国之本、兴国之器、强国之基。没有强大的制造业，就没有国家和民族的强盛。2015 年我国制定的《中国制造 2025》为中国制造业未来 10 年设计了顶层规划和路线图，要求实现中国制造向中国创造、中国速度向中国质量、中国产品向中国品牌的三大转变，推动中国到 2025 年基本实现工业化，迈入制造强国行列。2023 年中国“制造强国发展指数”已和德国、日本制造业发展指数接近，制造业增加值占全球制造业增加值的比重从 2010 年的 19.8% 稳步提升到 2023 年的 31.1%，与美国、德国、日本、韩国、英国五强之和相当。我国制造业总体水平与全球制造强国的差距逐渐缩小，而且不少重要领域进入中高端阶段，制造大国的地位更加巩固。目前我国工业拥有最为完整的产业链，是世界上唯一拥有联合国产业分类（41 个大类、207 个中类、666 个小类）中全部工业门类的国家，其中 500 多种主要工业产品门类中有 220 多种产品产量居世界第一位，钢铁和船舶的产量占全球总产量的 50% 以上，新能源汽车和风电装备的产量占全球总产量的 60% 以上，高铁装备和无人机的产量占全球总产量的 70% 以上，太阳能光伏装备、家电、计算机等产品的产量占全球总产量的 80% 以上，我国制造业国际竞争力明显增强。

当前，我国正处于全面建成社会主义现代化强国、实现第二个百年奋斗目标的新征程上。制造业作为实体经济的基础，是国家的创新能力、竞争力和整体实力的展现，它的兴衰直接决定了一个国家的综合实力的强弱。党的二十大报告指出，要坚持以推动高质量发展为主题，把实施扩大内需战略同深化供给侧结构性改革有机结合起来，增强国内大循环内生动力和可靠性，提升国际循环质量和水平，加快建设现代化经济体系，着力提高全要素生产率（TFP），着力提升产业链供应链韧性和安全水平，着力推进城乡融合和区域协调发展，推动经济实现质的有效提升和量的合理增长。该报告同时指出“推动制造业高端化、智能化、绿色化发展”，并将其作为建设现代化产业体系的一个重要着力点。

在我国，制造业是经济增长和就业机会的主要来源，同时也是创新的重要引擎，因此，推动制造业的发展对于实现经济高质量发展至关重要。然而，要实现我国制造业的高质量发展，需要依赖于区域制造业水平的提升；如何有效地推进区域制造业发展，仍然是当前面临的主要挑战之一。作为我国西部地区的重要经济省份，同时也是全国著名的老工业基地，近年来，陕西制造业总体呈现上升趋势，部分先进制造业在关键核心技术上取得了重要突破。由陕西省统计局提供的统计数据可知，2023 年陕西规模以上工业增加值增长 5%，制造业增长 6%，其中高技术制造业和装备制造业都保持两位数增长，但占比较低。2022 年陕西省研发经费投入 750 多亿元，投入强度为 2.35 亿元，但每亿元 GDP 专利产出仅为 0.58 项。2022 年陕西的煤炭消费在全部能源消费中占比高达 74.89%，且一直保持在较高水平。这些数据表明，陕西部分制造业仍然停留在中低端阶段，而在新兴动能领域——高端装备制造业和高技术制造业领域，仍然呈现出相对疲软的态势，创新能力不足、产品附加值较低、企业税负沉重、成本不断攀升等问题，成为陕西制造业高质量发展的障碍。

在当前全球和国内市场竞争日益加剧的背景下，市场机制虽然发挥着关键作用，但仅凭市场本身并不足以促进制造业的高质量发展。因此，政府必须通过政策工具介入，助力制造业企业解决发展难题，促进其向高质量发展转型。税收政策作为宏观调控的关键工具，不仅能够指导企业做出恰当的经营决策，还能有效增加企业的可支配资金，减少其运营成本。自供给侧结构性改革提出以来，政府在降低企业成本方面实施了多元化的策略。在这些措施中，减税降费政策扮演了核心角色，其发展经历了几个阶段：从最初的针对特定行业或领域的“结构性减税”策略，到针对特定企业和群体的“定向减税和普遍性降费”策略，最终发展为“普惠性减税与结构性减税并举”的策略，旨在为更多的企业提供税收优惠，同时继续针对关键领域实施针对性的税收减免政策。这些政策的演变使企业获得了更多的财政支持和政策优惠，改善了经营环境，有助于推动制造业的创新和升级，从而实现制造业的高质量发展。陕西积极落实减税降费政策，通过加计抵减、提高研发费用加计扣除比例等优惠政策，为企业研发投入、科技创新提供强大支撑。根据陕西省税务局的统计数据，2023 年 1—8 月新增减税降费及退税缓费 248.8 亿元。秦创原创新驱动平台（以下简称“秦创原”）入驻企业享受税费优惠 8.1 亿元。对于陕西制造业企业来说，实施减税降费政策有助于减轻其税负，从而激发企业的创新动力，提升经济效率，并促进企业价值的增长。尽管如此，减税降费政策是否能够彻底解决陕西制造业面临的挑战，以及其实际效果如何，目前仍需进一步评估。未来，陕西是否应当继续加大减税降费政策的实施力度，以及如何更准确地评估政策的实施成效，并提升政策的针对性和有效性，是亟待深入探讨的关键问题。本书将集中分析减税降费政策对陕西制造业高质量发展的影响，旨在深入研究该政策对陕西制造业发展的促进作用，并提出切实可行的改进建议，以期为政策制定者和企业管理者提供决策参考。

1.1.2 研究意义

1.1.1.1 理论意义

研究减税降费对陕西制造业高质量发展的理论机理、动力机制、影响效应和路径选择，阐述为什么减税降费以及如何促进陕西制造业高质量发展，论述减税降费如何有效支持陕西制造业高质量发展路径优化，分析减税降费对陕西制造业高质量发展的影响，从行业视角加强对税收政策效果评估的研究，并对制造业的税费负担与高质量发展的效用进行研究，使税收政策评估更加具体化，为今后的税收政策评价以及政策精准性制定提供理论指导。进一步为探索“结构性减税”与特定产业升级的适配性提供一个理论框架，更好地阐释我国社会主义市场经济理论。陕西制造业正在尝试减税挂钩碳排放强度，本书为构建绿色税收体系提供理论创新样本，拓展绿色财税理论内涵。

1.1.1.2 现实意义

减税降费政策的深入研究对于税制改革的持续优化至关重要。税制改革需与地区经济发展的步伐相匹配，通过分析减税降费政策的实施效果，可以为税制结构调整提供数据支持和理论依据。这不仅有助于在税制改革的大背景下，更有效地利用税收手段促进制造业的高质量发展，也能够为政府制定和执行相关税收优惠政策提供指导，提高政策的实效性和精确度。减税降费政策对于促进陕西制造业的高质量发展具有积极作用。制造业高质量发展是当前产业升级和中国经济转型的关键，符合经济发展的趋势和内在要求。通过深入探讨减税降费政策对制造业发展的影响，可以更有效地减轻企业的税费负担，降低生产成本，从而充分利用税收优惠政策的激励作用，解决制造业面临的问题与挑战，推动其向更高质量、更高效率的发展方向迈进，为全国提供“重工业基地转型”和“创新追赶”的实践范本。陕西经验表明：精准化、结构化的减税降费政策能够成为撬动制造业升级的关键杠杆，但其效能释放需与产业规划、技术创新、区域协同深度融合。

1.2 研究路线、内容与方法

1.2.1 研究路线

本书研究路线如图 1－1 所示。

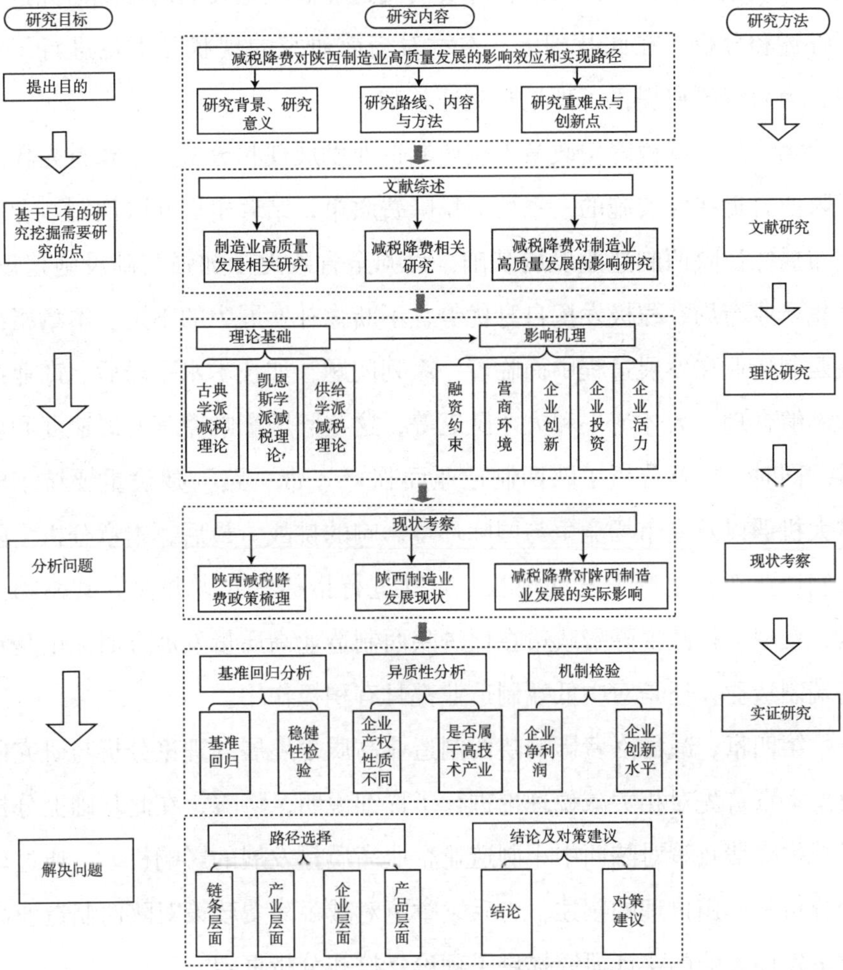

图 1－1 本书研究路线

1.2.2 研究内容

第一章，导论。本章首先介绍了研究选题的背景和意义，其次阐明了研究路线、内容与方法。最后，对本书的创新点和不足之处进行了总结和评述，为后续章节的展开奠定了理论和方法基础。

第二章，相关理论研究进展。本章对高质量发展的内涵、制造业高质量发展的指标评价体系及其影响因素进行了回顾和梳理。同时，对减税降费政策相关研究以及减税降费对制造业高质量发展的影响研究进行了综述和分析。在此基础上，本章对当前研究的现状和不足进行了评述，为后续研究提供了理论和实证基础。

第三章，减税降费政策下陕西制造业发展现状分析。本章首先梳理了陕西省近些年实施的一系列减税降费政策，结合全国和陕西制造业空间布局探讨陕西制造业发展基础，强调全省致力于加强基础设施建设、优化产业布局，积极发挥自身优势，不断弥补发展中的不足。本章指出陕西制造业在发展过程中面临着一系列问题，如技术水平滞后、产业结构不够合理、人才流失和人才匮乏等，这些问题影响着其发展速度和质量。同时，本章分析了陕西制造业面临"一带一路"建设重要城市的重大机遇以及受市场竞争与国际环境影响的挑战。最后，本章分析了陕西制造业新质生产力发展现状，对其进行指标构建，并探究其驱动因素，发现现行减税降费政策在促进陕西制造业高质量发展方面无论是对高端制造业，还是对中低端制造业都具有积极作用。

第四章，减税降费影响陕西制造业高质量发展的理论分析与研究假设。本章首先对相关减税理论进行了详细说明，接着，在此基础上分析了减税降费政策对陕西中小制造业企业高质量发展的影响机理。通过理论分析和作用机理的阐述，为后续章节对减税降费政策对陕西制造业高质量发展影响的实证研究提供了理论支撑和分析框架。

第五章，减税降费对陕西制造业高质量发展的实证研究。本章选取陕西板块成分股中的制造业企业2014—2021年的数据作为样本，构建固定效应模型分析减税降费对陕西制造业高质量发展的影响，并通过异质性分析和中介效应分析进一步研究减税降费政策对陕西制造业企业高质量发展的影响，为提出更具针对性的政策建议做铺垫。

第六章，减税降费促进陕西制造业高质量发展的路径选择。基于前述减税降费对陕西制造业高质量发展的机理分析、现实测度和影响效应，结合陕西制造业存在的产能过剩、需求不足、高依存度、新动能较弱、创新发展受制约等问题，分别从链条、产业、企业和产品四个层面探讨减税降费促进陕西制造业高质量发展的路径设计和优化选择。

第七章，减税降费促进陕西制造业高质量发展的对策措施。本章首先对理论分析和实证验证的结果进行了总结，得出本书的研究结论，然后依据研究结论提出具有参考价值的政策性建议，以促进陕西制造业高质量发展。

1.2.3 研究方法

1.2.3.1 文献研究法

把知网等资料库作为收集文献的主要途径，本书对国内外相关文献进行收集和整理，并对重点文献进行针对性的筛选和研读，理解所涉及的知识理论，系统掌握减税降费政策和制造业高质量发展的研究现状及未来发展方向，最终形成本书研究的理论支撑。

1.2.3.2 理论分析法

本书选取古典学派减税理论、凯恩斯学派减税理论、供给学派减税理论等，对减税降费如何影响制造业高质量发展进行理论分析，为本书的研究奠定理论基础。

1.2.3.3 实证分析法

本书提取并整理相关的数据，构建固定效应模型，研究减税降费对陕西制造业高质量发展的基本影响，通过异质性分析来研究减税降费政策对于不同产权性质和不同技术性质的制造业企业高质量发展的影响。此外，还考察了减税降费对于陕西制造业高质量发展的传导路径，这些都为本书的研究提供了科学论证的依据。

1.3 研究重点和难点

1.3.1 研究重点

1.3.1.1 减税降费影响陕西制造业高质量发展的理论研究

目前，尚未有研究对减税降费影响陕西制造业高质量发展的动力机制、传导机制和演进路径等问题做出系统回答。本书研究需要阐释减税降费为什么会影响陕西制造业高质量发展、如何影响陕西制造业高质量发展、如何运用税收优惠政策提升陕西制造业高质量发展等问题，在一定程度上拓展了经济理论研究，为推动陕西制造业高质量发展提供了理论依据。

1.3.1.2 减税降费对陕西制造业高质量发展的效应研究

减税降费对制造业高质量发展是否存在影响效应；在不同类型的制造业企业，减税降费对陕西制造业高质量发展的影响存在何种差异；减税降费通过何种传导途径影响制造业高质量发展，对于这些问题，本书既需要构建数理模型，又需要多层次、多角度地进行经验论证分析，从而为减税降费促进陕西制造业高质量发展提供更有价值的理论参考。

1.3.1.3 减税降费促进陕西制造业高质量发展的路径研究

在理论研究和实证检验的基础上，如何推动陕西制造业高质量发展，需要探寻二者产生合力的有效路径，应在不同链条上设计科学合理的融合路径。一方面，在产业链、价值链、创新链、资本链、供应链和要素链层面，基于“一带一路”建设和黄河流域高质量发展，发展以节能与新能源汽车、智能电力设备、航空航天等重点领域为代表的高端制造业；另一方面，在产业、企业和产品层面，基于军民融合、两化融合，以战略性新兴产业为引领，生产性服务业为支撑，同时在技术创新研发、自主品牌设计、营销及售后服务等环节提升产品附加值。

1.3.2 研究难点

与研究重点相联系，本书的研究难点有以下几个。

1.3.2.1 探究减税降费影响陕西制造业高质量发展的理论机制

减税降费影响陕西制造业高质量发展的理论机制包括动力机制、传导机制的设计以及演进路径的把握，是否可以找到经济理论上的支撑？如何将经典经济理论与制造业发展动态相结合？

1.3.2.2 剖析减税降费影响陕西制造业高质量发展的效应特征

减税降费影响陕西制造业高质量发展的效应特征包括减税降费影响陕西制造业高质量发展实证模型的设计与变量的度量、需要采用的计量检验方法、如何收集相关数据资料，从多个维度系统刻画减税降费对陕西制造业高质量发展的影响。

1.3.2.3 设计减税降费对陕西制造业高质量发展的传导路径

如何基于陕西制造业发展现状和资源禀赋特征，多维度推导减税降费与陕西制造业高质量发展有效融合的路径和模式，助力陕西制造业高质量发展，是本书最大的难点。

1.4 创新之处

本书的创新点主要体现在以下几个方面。

首先，在研究视角方面，在研究减税降费政策对陕西制造业高质量发展影响的基础上，进一步探究企业净利润和创新水平在减税降费政策与陕西制造业高质量发展中发挥的中介效应，根据产权性质、产业技术水平进行样本分析，试图揭示减税降费对陕西各类制造业高质量发展的作用机制。目前，关于减税降费与制造业高质量发展的研究越来越丰富，但是不少学者在研究时多是基于全国样本研究二者之间的直接关系。本书将减税降费与陕西制造业高质量发展纳入同一研究框架，着重研究减税降费对于陕西制造业高质量发展的政策效应。

其次，关于研究的切入点，目前在国内，关于减税降费政策对制造业高质量发展影响的研究，普遍聚焦于单个企业或高技术企业层面，而对整个制造业领域的系统性研究相对较少。此外，通过对不同类型制造业的分别研究，已经证实减税降费政策对于推动陕西各类制造业高质量发展的作用存在明显差异。鉴于制造业在中国经济结构转型中扮演着关键角色，对这一领域的深入分析不仅对企业自身的发展至关重要，对中国经济整体的高质量发展也具有深远的影响。因此，对不同类型制造业在减税降费政策下的发展情况进行细致研究，有助于揭示税收优惠政策促进不同制造业细分市场发展的作用机制，为政策制定提供更精准的依据，进而推动整个制造业的高质量发展。

最后，在研究方法方面，目前，部分学者运用实证模型研究政策实施之后的政策红利。因此，本书在研究减税降费政策实施对企业税费压力的影响的过程中，运用固定效应模型探究减税降费实施带来的红利；建立以企业净利润和创新能力为中介变量、减税降费为解释变量、陕西制造业高质量发展为被解释变量的实证分析模型，检验减税降费政策对陕西制造业高质量发展的影响路径。

2 相关理论研究进展

根据本书研究的主要内容，对制造业企业高质量发展、减税降费以及减税降费对制造业高质量发展的影响三个方面的文献进行梳理。

2.1 制造业高质量发展的相关研究

2.1.1 高质量发展内涵的相关研究

中国制造业高质量发展的内涵演进特征可从多维视角进行分析，其发展历程呈现出显著的阶段性与结构性特征。研究数据显示，2001 年至 2016 年，制造业高质量发展水平年均提升 3.17%，但 2008 年成为转折点。此前传统粗放式增长模式导致发展质量提升停滞，此后因资源约束强化与政策导向转变，绿色发展与技术创新成为核心驱动力（汪芳、石鑫，2022）[①]。指标体系构建的演变揭示内涵不断深化，初期评价从侧重单维度的生产效率或出口规模，逐步转向覆盖创新驱动、结构优化、绿色集约的复合指标。刘成坤、林明裕（2023）[②] 的研究显示，评价维度从传统的经济效益拓展至创新环境、要素配置、两化融合等领域，2010 年后政策强化促使指标体系中环境效益权重显著增加，反映

① 汪芳，石鑫．中国制造业高质量发展水平的测度及影响因素研究[J]．中国软科学，2022，(2)：25.

② 刘成坤，林明裕．制造业高质量发展水平的统计测度及时空演变特征研究[J]．当代经济管理，2023，45(8)：59.

“低能耗、低污染、高附加值”逐渐成为发展共识。

区域异质性是内涵演进的重要表征。东西部发展差距长期存在，但驱动机制发生显著分化。东部地区以技术创新和产业升级为主导，2000—2019 年研发投入强度年均增长 9.2%，高技术产业占比提升至 28%；中西部地区则通过承接产业转移与要素结构优化实现追赶，绿色全要素生产率增速较东部地区高出 1.8 个百分点。政策效应在演进过程中起关键作用，“中国制造 2025”实施后（2015—2019 年），全国制造业发展质量指数涨幅较前十年提高 46%，技术创新贡献度由 33.99% 提升至 58.45%，体现了内涵演进从要素投入向创新驱动的根本转变（江小国、何建波、方蕾，2019）[①]。

发展质量的多重协调性构成演进新趋势。研究发现，2015 年后“量质协同”特征显现，单位工业增加值能耗年均下降 4.3% 的同时，全员劳动生产率年均增长 6.8%，破除“高投入低效益”的路径依赖（李春梅，2019）[②]。这种演进通过产业链重构实现：生产性服务业对制造业的支撑作用显著增强，东部地区服务业协同系数达 0.78，助推制造企业从加工组装向“微笑曲线”两端延伸。多维协同发展特征表明，中国制造业正从规模扩张主导转向创新引领、绿色集约、效率提升的系统性质变。

通过对高质量发展内涵演进特征的逻辑分析以及党的十九大和二十大的相关阐述，我们可以对高质量发展的内涵进行综合梳理。高质量发展这一理念包括减少生产要素的投入、提升资源配置的效率、降低对资源和环境的依赖以及增强经济和社会效益等多个方面，代表了经济发展模式从单纯追求规模扩张向追求结构优化的转变，从单纯关注数量向更

① 江小国，何建波，方蕾．制造业高质量发展水平测度、区域差异与提升路径[J]．上海经济研究，2019(7):75.

② 李春梅．中国制造业发展质量的评价及其影响因素分析：来自制造业行业面板数据的实证[J]．经济问题，2019(8):48.

加注重质量的转变。目前，学术界对高质量发展的研究主要集中在宏观层面（徐豪，2018）①。金碚（2018）②在分析社会主要矛盾的基础上提出，高质量发展应当能够提供更优质的产品和服务，以满足人民日益增长的美好生活需要，并强调创新、协调、绿色等发展理念的重要性。张军扩等（2019）③认为，高质量发展应当推动经济、社会和生态环境的全面进步，实现可持续发展，避免出现任何短板。赵剑波、史丹、邓洲（2019）④则提出，高质量发展是一个包含宏观、中观和微观三个层面的多维度概念，它要求合理分配资源，提高社会效益，并最终实现成果的公平共享，以更有效地满足人民的需求。高质量发展本质上是以满足人民日益增长的美好生活需要为根本导向，通过质量变革、效率变革和动力变革实现可持续、高效益的发展格局，其内涵体系呈现出显著的复合性特征。

首先，创新驱动被视为高质量发展的核心引擎。在任保平、文丰安（2018）⑤构建的"有效性、协调性、创新性、持续性、分享性"五位标准体系中，创新性权重占比达21.4%，强调技术创新与制度创新的协同推进。在刘成坤、林明裕（2023）⑥的制造业高质量发展研究中，研发投入强度、专利授权量等创新指标被纳入指标体系主体框架。江小国、何建波、方蕾（2019）⑦更是将创新驱动明确为制造业升级的第一

① 徐豪．刘鹤达沃斯首秀：未来推动经济高质量发展仍然要靠改革开放[J]．中国经济周刊，2018(5):29.

② 金碚．关于"高质量发展"的经济学研究[J]．中国工业经济，2018(4):11.

③ 张军扩，侯永志，刘培林，等．高质量发展的目标要求和战略路径[J]．管理世界，2019，35(7):5.

④ 赵剑波，史丹，邓洲．高质量发展的内涵研究[J]．经济与管理研究，2019，40(11):17.

⑤ 任保平，文丰安．新时代中国高质量发展的判断标准、决定因素与实现途径[J]．改革，2018(4):13.

⑥ 刘成坤，林明裕．制造业高质量发展水平的统计测度及时空演变特征研究[J]．当代经济管理，2023，45(8):59.

⑦ 江小国，何建波，方蕾．制造业高质量发展水平测度、区域差异与提升路径[J]．上海经济研究，2019(7):75.

维度，指出其要素贡献率达43.16%。这种创新导向不仅体现在生产技术层面，更涉及管理机制、战略定位等系统性革新，形成覆盖产品、产业、制度的多层次创新网络。其次，协调性与可持续性构成高质量发展的品质保障。李秋香等（2022）[①] 在关于内涵争鸣的元分析中发现，绿色发展维度在相关研究中的出现频率达37%，超70%的文献将资源环境质量纳入评价标准。从经济学理论视角分析，高质量发展必须包容生态成本考量，突破传统GDP至上的发展范式，这不仅反映在污染物减排、能耗强度等环境指标中，更要求建立产业链层面的绿色低碳循环体系，现有研究在深化内涵认知的同时，也呈现出领域扩展的趋势。最后，谢港华、史言信（2025）[②] 通过关键词网络分析发现，“数字经济”研究在2020年后年均增长率达56%，数字化转型与产业协同成为新的研究热点。安同良等（2020）[③] 在技术创新测度中引入数字耦合度指标，印证了数字经济对高质量发展的赋能效应。在评价标准优化方面，唐晓华等（2020）[④] 提出的动态分层理论凸显了内涵体系的开放性和演进性特征，这种动态发展特征要求研究者立足“质量标准相对论”，构建既具原则性又具弹性的评价体系。

2.1.2 制造业高质量发展的测度及评价方式

在党的十九大报告首次正式提出“高质量发展”的表述后，我国经济由高速增长阶段进入高质量发展阶段。推动经济高质量发展，就需要推动经济发展质量变革、效率变革和动力变革。实现经济高质量发

---

① 李秋香，马草原，齐二石，等．中国制造业高质量发展研究：脉络、争鸣与盲区[J]．科学学与科学技术管理，2022(9)：132.

② 谢港华，史言信．制造业高质量发展：形成逻辑、测度评价与实现路径：一个文献综述[J]．山西财经大学学报，2025(4)：86.

③ 安同良，魏婕，舒欣．中国制造业企业创新测度：基于微观创新调查的跨期比较[J]．中国社会科学，2020(3)：106.

④ 唐晓华，孙元君．环境规制对中国制造业高质量发展影响的传导机制研究：基于创新效应和能源效应的双重视角[J]．经济问题探索，2020(7)：93.

展，必须加快制造业企业的高质量发展。在制造业由大到强的发展进程中，高质量发展受到很多学者的关注。本书对制造业企业高质量发展的影响因素和测度方式的相关文献进行了梳理。

高质量发展是一个综合性的概念，涉及很多不可计量的因素，要使指标体系能够对我国制造业水平高低进行客观评价，既要考虑到国内实际发展情况，也要适当考虑指标体系的国际可比性，这样才能清楚地体现我国制造业的优势和不足之处（朱高峰、王迪，2018[①]；Howell，2017[②]）。高质量发展还涉及研究者主观上对高质量的理解以及对高质量程度的感知，因此目前尚没有统一的标准来评价制造业高质量发展水平。学者评价制造业高质量发展主要是用综合指标和单一指标实现的。

综合指标一般会结合地区或行业的发展状况以及民生问题从多个角度来构建评价体系。相比单一指标而言，用综合指标来测度制造业高质量发展的主观性较强，评价视角更丰富。为了深入理解制造业发展质量的内涵，李琳等（2018）[③] 提出了一个包含四个维度的指标体系，用以衡量各地区制造业的发展质量，这四个维度分别是效率效益、结构优化、创新驱动和方式转换。赵卿等（2020）[④] 依据“中国制造 2025”的指导思想，构建了一个评价体系，该体系从经济效益、创新驱动、信息化与工业化的融合（两化融合）、绿色发展四个方面对制造业的高质量发展进行评估。唐晓华等（2021）[⑤] 建立了一个包含五个维度的制造业高质量发展评价体系，这五个维度分别是经济效应、创新效率、高端

---

① 朱高峰，王迪．当前中国制造业发展情况分析与展望：基于制造强国评价指标体系[J]．管理工程报，2018(31)：5.

② HOWELL A. Financial constraints and firm innovation in China：does tax reform matter? [J]. The World Bank Economic Review，2017，31(3)：874.

③ 李琳，刘凯．区域异质性视角下制造业服务化与制造业全要素生产率研究[J]．科技进步与对策，2018，35(23)：68.

④ 赵卿，曾海舰．产业政策推动制造业高质量发展了吗？[J]．经济体制改革，2020(4)：183.

⑤ 唐晓华，迟子茗．工业智能化对制造业高质量发展的影响研究[J]．当代财经，2021(5)：103.

化水平、社会效应和绿色发展，他们对该体系进行了实证测算，以评估制造业及其子行业的高质量发展水平。刘成坤等（2023）[①] 关注创新驱动、产业基础、结构优化、效率效益和方式转换五个关键方面，构建了制造业高质量发展的评价体系，对我国制造业高质量发展水平进行测度，结果显示，创新驱动在五个维度中权重最高，说明创新是驱动我国制造业高质量发展的关键。此外，江小国等（2019）[②]、李春梅（2019）[③]、李琳等（2020）[④]、刘鑫鑫等（2021）[⑤] 和汪芳等（2022）[⑥] 也从不同视角对我国制造业高质量发展水平进行了测算。尽管学者们构建制造业高质量发展评价体系的视角不同，但基本上都是以新发展理念为指引，从经济发展的有效性、协调性、创新性、持续性和分享性等方面来构建指标体系。

学者一般会用全要素生产率作为评价制造业企业高质量发展的单一指标。党的十九大强调，推动经济发展质量变革、效率变革和动力变革应当以供给侧结构性改革为主线。供给侧结构性改革的目标就是提高供给体系的质量、培育新的增长点和形成动能等，而实现这一目标的关键就是提高资源配置效率、提高全要素生产率，所以提高全要素生产率是为了实现经济的高质量发展，全要素生产率可以反映出制造业高质量发

---

① 刘成坤，林明裕．制造业高质量发展水平的统计测度及时空演变特征研究[J]．当代经济管理，2023，45(8)：60.

② 江小国，何建波，方蕾．制造业高质量发展水平测度、区域差异与提升路径[J]．上海经济研究，2019(7)：74.

③ 李春梅．中国制造业发展质量的评价及其影响因素分析：来自制造业行业面板数据的实证[J]．经济问题，2019(8)：47.

④ 李琳，王蔚阳．中国制造业发展质量的空间异质性研究：基于投影寻踪模型的分析[J]．华东经济管理，2020，34(9)：5.

⑤ 刘鑫鑫，惠宁．数字经济对中国制造业高质量发展的影响研究[J]．经济体制改革，2021(5)：95.

⑥ 汪芳，石鑫．中国制造业高质量发展水平的测度及影响因素研究[J]．中国软科学，2022(2)：26.

展的程度。因此，李玲等（2012）[①] 计算了不同污染程度的制造业行业的绿色全要素生产率，指出政府应该实施激励型的环境规制政策来促进企业技术创新。杨汝岱（2015）[②] 用 OP、LP 等方法对我国制造业企业的全要素生产率进行了测算，并以此为基础讨论经济结构转型问题。肖利平（2018）[③] 用曼奎斯特（Malmquist）指数方法对我国装备制造业全要素生产率进行了测算，并据此研究“互联网 +”对装备制造业的影响效应。杨毅等（2023）[④] 同样用指数分析法测算了 31 个省份的制造业全要素生产率，并以此为切入点研究数字经济对我国制造业高质量发展的影响效应和作用机制。

2.1.3 制造业高质量发展的影响因素

从产业价值链的视角来看，制造业服务化对制造业全要素生产率的影响整体上呈现出正向促进、负向抑制和正向促进三个阶段，且存在明显的区域异质性。从产业集聚的视角来看，生产性服务业集聚通过技术创新和产业结构优化来影响制造业的发展质量，两者之间呈“U”形的非线性关系，且环境规制正向调节两者的关系（郭然等，2020）[⑤]。此外，产业集聚也可以作为调节变量正向调节数字经济对制造业高质量发展的促进作用（田刚元等，2022）[⑥]。

从企业创新视角来看，研发投入和人力资本通过影响制造业全要素生产率，推动了制造业高质量发展。企业的研发投入可以通过以下三个

① 李玲，陶锋．中国制造业最优环境规制强度的选择：基于绿色全要素生产率的视角[J]．中国工业经济，2012(5)：70－82.

② 杨汝岱．中国制造业企业全要素生产率研究[J]．经济研究，2015，50(2)：64.

③ 肖利平．“互联网＋”提升了我国装备制造业的全要素生产率吗[J]．经济学家，2018(12)：40.

④ 杨毅，于倩．数字经济能否成为中国制造业高质量发展的新动能？——基于技术创新与管理效率效应视角[J]．哈尔滨商业大学学报(社会科学版)，2023(2)：5.

⑤ 郭然，原毅军．生产性服务业集聚能够提高制造业发展质量吗？——兼论环境规制的调节效应[J]．当代经济科学，2020，42(2)：126.

⑥ 田刚元，陈富良．数字经济、产业集聚与黄河流域制造业高质量发展[J]．统计与决策，2022，38(21)：12.

方面促进企业的全要素生产率提升。一是知识储备的增长。Griliches (2003)① 提出，增加的研发投入能够促进企业知识库的扩充，这些积累的知识可以转化为实际的生产力，从而有效提升企业的全要素生产率。二是规模经济的实现。Goto 等（2007）② 和 Bronwyn 等（2011）③ 的研究均表明，研发投入的增加可以优化企业内部生产要素的配置比例。在其他生产要素保持不变的情况下，这会导致企业规模逐步扩大，并产生规模经济效应，进一步提高全要素生产率。三是人力资本的提升。Aiyar 和 Feyrer（2002）④ 的实证研究表明，人力资本是提升全要素生产率的关键因素。Griffith 等（2004）⑤ 以及 Caselli 和 Coleman (2006)⑥ 的研究进一步指出，人力资本的增强不仅可以提高企业对现有技术的吸收和应用能力，还可以增强企业的技术创新能力，这些都是提高生产率的重要途径。

从政策制度角度来看，环境规制会通过影响技术创新来影响制造业发展质量，两者之间呈现出“U”形的非线性关系（杨仁发等，2020)⑦。除了创新效应以外，唐晓华等（2020）⑧ 还探究了环境规制对制造业发

① GRILICHES Z. Productivity, R&D and basic research at the firm level in the 1970s[J]. American Economic Review, 2003, 76(1): 145.

② GOTO A, SUZUKI K. R&D capital, rate of return on R&D investment and spillover of R&D in Japanese manufacturing industries[J]. The Review of Economics and Statistics, 2007, 71(4): 559.

③ BRONWYN H, JACQUES M. Exploring the relationship between R&D and productivity in French manufacturing firms[J]. Journal of Econometrics, 2011, 65(1): 270.

④ AIYAR S, FEYRER J. A contribution to the empirics of total factor productivity[J]. Journal of Economic Growth, 2002, 7(2): 157.

⑤ GRIFFITH R, REDDING S, VAN REENEN J. Mapping the two faces of R&D: productivity growth in a panel of OECD industries [J]. Review of Economics and Statistics, 2004, 86(4): 886.

⑥ CASELLI F, COLEMAN J. The world technology frontier [J]. American Economic Review, 2006, 96(3): 508.

⑦ 杨仁发，郑媛媛. 环境规制、技术创新与制造业高质量发展[J]. 统计与信息论坛，2020，35(8): 77.

⑧ 唐晓华，孙元君. 环境规制对中国制造业高质量发展影响的传导机制研究：基于创新效应和能源效应的双重视角[J]. 经济问题探索，2020(7): 95.

展影响中能源效应的中介作用，研究发现，创新效应对两者直接的中介作用比能源效应要强。此外，产业政策对制造业高质量发展也具有显著的促进作用，且存在市场化程度和地方政府干预程度的异质性（石喜爱等，2017）①。

产业政策和区域政策同样会影响制造业高质量发展。产业政策与区域政策协同作用机制在推动制造业高质量发展中表现为多维度联动效应：一是通过要素配置优化实现产业与区域优势互补。产业政策聚焦技术研发、创新驱动与产业结构升级，例如“中国制造 2025”通过专项补贴和税收优惠引导企业加大研发投入；区域政策则依托地理区位和资源禀赋差异，制定梯度化产业承接规划，如东部地区凭借技术优势发展先进制造业集群，中西部地区承接劳动密集型产业转移，形成产业链分工协作体系。二是以政策工具组合强化区域协同创新网络。区域政策通过布局科技创新中心、跨区域产业园区等载体，打破行政壁垒，促进知识外溢；产业政策则通过设立产业基金、孵化平台等措施引导创新资源在区域间流动，例如长三角地区通过“飞地经济”模式实现研发与制造环节的跨区联动，提升技术转化效率。三是通过制度衔接平衡效率与公平目标。产业政策侧重提升全要素生产率，区域政策注重缩小区域差距，两者协同体现为在战略性新兴产业布局中兼顾区位优势与经济均衡，如京津冀地区通过产业链分工实现高端制造资源的差异化配置，同时通过税收分享机制促进区域利益协调。四是依托产业链韧性增强风险应对能力。产业政策通过完善关键核心技术攻关体系实现产业链自主可控，区域政策则通过产业集群备份和多元化供应链布局降低系统性风险，两者协同形成“点—链—群”结合的产业安全网络，例如珠三角地区在电子信息产业中构建多中心供应链体系，既提升创新效率又保障

① 石喜爱，季良玉，程中华．“互联网 +”对中国制造业转型升级影响的实证研究：中国 2003—2014 年省级面板数据检验[J]．科技进步与对策，2017，34(22)：66.

抗风险能力，这种协同机制通过政策叠加效应，有效解决了单一政策工具的功能局限性，推动制造业向高端化、智能化、绿色化的高质量发展目标迈进。

新时代科技创新成果对中国制造业发展质量也会产生影响，比如"互联网+"会显著促进中国制造业发展质量的提升，且相比东部地区，对中西部地区的促进作用更加明显（李琳等，2019）①。具体来说，互联网会通过"U"形的方式影响制造业结构以及持续促进制造业价值链升级来推动制造业高质量发展（任转转等，2022）②。数字经济可以通过优化劳动要素配置来影响制造业发展质量，因此需要加快数字经济与实体经济的融合，推动数字化产业和产业数字化，进而加快我国制造业高质量发展（马中东，2020）③。工业智能化会通过影响企业的劳动力结构、生产效率及产品质量来影响制造业的发展程度，两者之间具体会呈现出"U"形的非线性关系，且存在一定的行业和区域异质性（任保平等，2018）④。人工智能通过优化要素禀赋结构和提升人力资本来促进制造业高质量发展，这种关系在我国东中西区域以及资源型、非资源型城市方面存在显著异质性，且金融支撑能够强化人工智能对制造业高质量发展的促进作用（谢伟丽等，2023）⑤。

---

① 李琳，周一成．"互联网+"是否促进了中国制造业发展质量的提升？——来自中国省级层面的经验证据[J]．中南大学学报（社会科学版），2019，25（5）：73.

② 任转转，邓峰．互联网发展、要素结构转型与制造业高质量发展[J]．统计与决策，2022，38（6）：101.

③ 马中东，宁朝山．数字经济、要素配置与制造业质量升级[J]．经济体制改革，2020（3）：27.

④ 任保平，文丰安．新时代中国高质量发展的判断标准、决定因素与实现途径[J]．改革，2018（4）：8.

⑤ 谢伟丽，石军伟，张起帆．人工智能、要素禀赋与制造业高质量发展：来自中国208个城市的经验证据[J]．经济与管理研究，2023，44（4）：27.

2.2 减税降费的相关研究

税收在国家治理中发挥着基础性、支柱性和保障性作用，而减税降费会通过激励企业进行技术创新、投资和研发等促进供给侧结构性改革，提升企业的发展质量，加快经济的高质量发展。近年来的研究表明，减税降费政策对我国制造业高质量发展具有显著的促进作用。

2.2.1 减税降费的衡量

对减税降费政策的量化是研究减税降费政策效应的基础。目前对于减税降费的衡量主要有两种方式。一种是使用实际数据衡量减税降费。杨青等（2022）[①] 用企业税费总额与营业总收入的比值来衡量企业的税收负担，并回答了减税降费与地方政府去杠杆协同发力的问题。陈旭东等（2023）[②] 用一般公共预算收入与地区生产总值的比重来衡量减税降费的力度，并据此研究减税降费、政府干预和绿色全要素生产率三者之间的关系。此外，毛德凤等（2017）[③]、梁季等（2022）[④] 和崔惠玉等（2023）[⑤] 学者也用这种方式来对减税降费进行衡量。另一种是使用虚拟变量表示减税降费政策。何邓娇等（2021）[⑥] 视减税降费为准自然实验，对受到减税降费政策影响的企业赋值为 1，对未受到减税降费政策影响的企业赋值为 0，并基于此研究了自 2016 年以来一系列减税降费

---

① 杨青，胡洋，孙刚，等．如何协调减税降费与去杠杆？——基于地方政府行为的视角[J]．财经论丛，2022(2)：18.

② 陈旭东，鹿洪源．减税降费、政府干预与绿色全要素生产率：基于动态面板门限模型的分析[J]．商业研究，2023(2)：50.

③ 毛德凤，刘华．营改增对企业纳税遵从的影响[J]．税务研究，2017(7)：20.

④ 梁季，吕慧，郭宝棋．减税降费促进创业了吗？——基于营商环境的有调节中介模型[J]．财政研究，2022(12)：60.

⑤ 崔惠玉，吕炜，徐颖．减税降费与地方债务风险：基于城投债的证据[J]．经济学家，2023(3)：61.

⑥ 何邓娇，孙亚平，吕静宜．减税降费对企业技术创新的激励效应研究[J]．财政科学，2021(12)：120.

政策对企业技术创新的政策效应。刘建民等（2022）[①] 将“营改增”看作准自然实验，把实施“营改增”的地区赋值为1，否则赋值为0，并据此研究减税降费对地方财政风险的影响。此外，范子英等（2017）[②]、郑宝红等（2018）[③] 和王晓亮等（2022）[④] 学者也用这种方式来衡量减税降费。

2.2.2 减税降费的政策效应

研究减税降费的政策效应的文献可以分为两类：一类是减税降费对宏观经济的影响；另一类是减税降费对微观企业的影响。

2.2.2.1 减税降费对宏观经济的影响

减税降费是转换经济发展方式、提高发展质量和新增发展动力的重要税费政策。减税方面，李戎等（2108）[⑤] 以企业所得税和增值税为切入点，运用工具变量法（IV）研究了减税对我国县级地区经济的影响，结果显示，企业所得税和增值税税率的降低会提高县级地区经济增长率。降费方面，社会保险降费可以增加服务业企业的劳动力需求，促进服务业的就业，有利于顺利实现“十四五”规划中与民生相关的目标（尹恒等，2021）[⑥]。养老保险企业缴费比率的增加一方面会降低企业员工工资和福利，从而弱化劳动力的就业意愿；另一方面会降低企业对雇

---

① 刘建民,赵桁,唐畅. 减税降费与地方财政风险防范:基于“营改增”的准自然实验[J]. 财经理论与实践,2022,43(5):58.

② 范子英,彭飞.“营改增”的减税效应和分工效应:基于产业互联的视角[J]. 经济研究,2017,52(2):85.

③ 郑宝红,张兆国. 企业所得税率降低会影响全要素生产率吗?——来自我国上市公司的经验证据[J]. 会计研究,2018(5):16.

④ 王晓亮,梁丹阳. 减税降费与制造业企业“脱实向虚”:基于研发费用加计扣除政策的准自然实验[J]. 产经评论,2022,13(5):91.

⑤ 李戎,张凯强,吕冰洋. 减税的经济增长效应研究[J]. 经济评论,2018(4):9.

⑥ 尹恒,张子尧,曹斯蔚. 社会保险降费的就业促进效应:基于服务业的政策模拟[J]. 中国工业经济,2021(5):62.

员的需求量（马双等，2014）[①]。总体上，增加养老保险企业缴费比例会对居民就业产业产生不利影响。此外，还有大量学者从不同视角研究减税降费对财政收入（胡怡建等，2014[②]；郭庆旺，2019[③]；马珺等，2020[④]）和地方债务风险（尹李峰等，2021[⑤]；管治华等，2023[⑥]）等的影响。

2.2.2.2　减税降费对微观企业的影响

"营改增"政策带来的减税效应通过对产业结构的影响来改善我国供给侧结构的质量，促进我国制造业高质量发展。自2012年进行"营改增"政策试点后，学者对"营改增"产生的政策效应进行了一系列研究。"营改增"政策实施会促进专业化的分工，表现为部分制造业企业和服务业企业的营业收入有所增加（陈钊等，2016[⑦]）。站在产业互联的视角上，范子英等（2017）[⑧]运用三重差分法研究"营改增"政策的减税效应和分工效应，研究发现，"营改增"政策对企业的分工效应会受到上下游产业互联强度的影响。

税费负担的大小对企业的创新能力和转型升级至关重要，不仅总体税费负担的增加不利于企业创新能力的提升，而且直接税费和间接税费会降低企业的创新能力，因此提升企业创新能力、促进企业转型升级需

① 马双，孟宪芮，甘犁．养老保险企业缴费对员工工资、就业的影响分析[J]．经济学(季刊)，2014，13(3)：973.

② 胡怡建，田志伟．我国"营改增"的财政经济效应[J]．税务研究，2014(1)：40.

③ 郭庆旺．减税降费的潜在财政影响与风险防范[J]．管理世界，2019，35(6)：4.

④ 马珺，邓若冰．供给侧改革背景下减税降费的财政压力及应对[J]．学习与探索，2020(5)：119.

⑤ 尹李峰，李森，缪小林．减税降费是否带来地方债风险？——基于高质量税源的中介效应分析[J]．财政研究，2021(3)：60.

⑥ 管治华，李英豪．减税降费、财政压力与地方政府债务风险：作用路径及影响效应[J]．安徽大学学报(哲学社会科学版)，2023，47(1)：148.

⑦ 陈钊，王旸．"营改增"是否促进了分工：来自中国上市公司的证据[J]．管理世界，2016(3)：39.

⑧ 范子英，彭飞．"营改增"的减税效应和分工效应：基于产业互联的视角[J]．经济研究，2017，52(2)：86.

要进一步降低企业税费负担（李林木等，2017）①。减税方面，企业所得税税率的降低会通过对企业资源配置、融资约束、研发投入和人力资本的影响来提升企业全要素生产率。降费方面，增加社会保险缴费会增加企业对固定资产的投资，减少对劳动力的雇用，促使企业用更多的资本来代替劳动力（唐珏等，2019）②。此外，还有大量学者从不同切入点研究减税降费对企业创新活动（吴辉航等，2017）③、纳税遵从度（李昊楠等，2021）④ 和企业绩效（程风雨等，2023）⑤ 等的影响。

2.3 减税降费对制造业高质量发展的影响研究

减税降费政策对制造业企业的影响是全面而深远的。李憋劼（2019）⑥ 通过政策梳理与效应分析指出，增值税税率降低3%及社会保险费率下调等政策有效拓展了企业的利润空间，通过采购价格传导机制降低了18.7%的中间成本，同时在制造业领域形成了每年约860亿元的现金流释放效应，其实证结果显示，政策实施后制造业企业研发投入强度年均提升0.45个百分点，劳动生产率的政策弹性系数达到0.32，证实了降成本与促创新的双重作用机制。这项政策有助于降低采购成本，扩大利润空间，增加可支配资金，并优化成本结构。此外，它还能减少企业资金外流，增强消费者信心，刺激终端消费，提高企业产品附加

① 李林木，汪冲．税收负担、创新能力与企业升级：来自“新三板”挂牌公司的经验证据[J]．经济研究，2017，52(11)：123.

② 唐珏，封进．社会保险缴费对企业资本劳动比的影响：以21世纪初省级养老保险征收机构变更为例[J]．经济研究，2019，54(11)：90.

③ 吴辉航，刘小兵，季永宝．减税能否提高企业生产效率？——基于西部大开发准自然实验的研究[J]．财经研究，2017，43(4)：58.

④ 李昊楠，郭彦男．小微企业减税、纳税遵从与财政可持续发展[J]．世界经济，2021，44(10)：110.

⑤ 程风雨，李林木．减税降费如何影响企业绩效：基于劳动生产率和纳税遵从双重视角的分析[J]．江汉论坛，2023(2)：61.

⑥ 李憋劼．“减税降费”推动我国制造业企业高质量发展[J]．财务与会计，2019(8)：42.

值，进而提升企业高质量发展水平（Engers et al.，2017）[①]。研究表明，企业税费负担与制造业全要素生产率呈负相关关系，降低税费负担能提升企业的全要素生产率，从而推动经济高质量发展（马金华等，2021）[②]。因此，需要进一步差异化增值税税率安排，以确保企业充分受益于减税政策。针对政策实施效果的异质性特征，贺宏等（2022）[③]基于2012—2019年A股数据的研究发现，增值税留抵退税政策对东部地区科技型企业全要素生产率的提升作用达到2.1%，显著高于中西部地区1.3个百分点。马金华等（2021）[④]的实证研究进一步揭示，企业所得税实际税负每下降1个百分点，可带动小微企业研发强度提升0.15个百分点，但社会保险费率降低对大型企业的TFP提升作用更为显著，政策弹性系数为0.09，反映出不同规模企业的要素敏感度差异。同时，增加社会保险费的财政补贴额度，降低企业制度性交易成本差异化水平，为企业的市场运营提供更积极、稳健的外部发展环境（王乔、黄瑶妮，2019[⑤]；David et al.，2018[⑥]）。此外，媒体监督和产品市场竞争都会强化税负对企业绿色创新的抑制作用。薛菁（2022）[⑦]以中小制造业为研究对象，研究减税降费对制造业高质量发展的影响效应，研究发现，减税降费会对企业创新活动、结构调整和效益增加等方面产生正向影响，且在高新类企业和非高新类企业间存在异质性。降费方面，养

① ENGERS M，MITCHELL S K. R&D policy with layers of economic integration [J]. European Economic Review，2017，50(7)：1798.

② 马金华，林源，费堃桀. 企业税收负担对经济高质量发展的影响分析：来自我国制造业的证据[J]. 当代财经，2021(3)：46.

③ 贺宏，肖丽蒙. 减税降费、绿色创新与高质量发展：基于我国制造业企业的研究[J]. 福建论坛(人文社会科学版)，2022(2)：89.

④ 马金华，林源，费堃桀. 企业税收负担对经济高质量发展的影响分析：来自我国制造业的证据[J]. 当代财经，2021(3)：45.

⑤ 王乔，黄瑶妮. 减税降费助力中国经济高质量发展[J]. 税务研究，2019(10)：77.

⑥ DAVID P A，HALL B H，TOOLE A A. Is public R&D a complement or substitute for private R&D? a review of the econometric evidence[J]. Research Policy，2018，29(4-5)：512.

⑦ 薛菁. 新一轮减税降费、创新促进与制造业高质量发展[J]. 财经论丛，2022(6)：19.

老保险降费会通过影响企业现金流和研发投入显著促进企业高质量发展，尤其是养老支付压力较大地区的劳动密集型企业和国有企业（陈志勇等，2023）①。

在政策传导路径方面，段姝等（2022）② 运用断点回归方法验证了2016年“营改增”政策通过以下三条核心路径发挥作用：研发投入的中介效应占比38.7%，融资约束缓解贡献27.4%，规模效应形成19.2%的传导效率。该研究表明，减税降费的组合政策可产生协同效应，实施当年促进行业集中度提升3.8个百分点，研发投入增速提升18.6个百分点。

对产业结构升级的影响研究指出，郭凯明等（2023）③ 构建的动态CGE模型显示，制造业增值税税率下调推动资本密集型产业占比年均提升0.6个百分点，服务业税率调整促使就业比重上升1.2个百分点。孙莹（2024）④ 的案例分析表明，针对科技型企业的递延纳税政策促使苏州工业园区内企业科技成果转化率提高22%，技术交易额年均增长31.5%。

相关研究同时关注政策实施的优化空间。沈建波等（2023）⑤ 通过营商环境评估发现，税费优惠政策执行偏差导致25.7%的中小企业未能充分享受政策红利，建议构建数字化转型的企业画像机制。王译等（2023）⑥ 的实证检验显示，研发费用加计扣除比例每提高10%，专利产出增加8.2%，但政策效果存在3~5年的滞后期，需配套长期稳定

① 陈志勇，王希瑞．养老保险费率下调对企业高质量发展的影响[J]．北京社会科学，2023(5):56.

② 段姝，刘霞，殷蓉，等．减税降费赋能企业高质量发展了吗？[J]．经济问题，2022(1):24.

③ 郭凯明，龚六堂．减税降费与产业结构变迁[J]．经济学(季刊)，2023，23(5):1729.

④ 孙莹．以现代税收制度推动建设现代化产业体系[J]．税务研究，2024(4):124.

⑤ 沈建波，卢艺，郭君．减税降费：基于税收职能作用视角[J]．财会通讯，2023(14):167.

⑥ 王译，徐焕章．税费优惠助力企业促进技术创新研究：基于制造业上市公司数据的实证分析[J]．价格理论与实践，2023(3):88.

的制度安排。

上述研究表明，减税降费政策通过成本传导、要素重置和创新激励等多元路径推动制造业质量变革。但由于行业特征、区域差异和企业禀赋的影响，政策效果呈现出显著的异质性特征，未来需在结构性调整、精准施策和制度协同等方面持续发力。

2.4 文献述评

通过梳理高质量发展内涵、制造业企业高质量发展、减税降费政策及其对制造业发展影响的相关文献可以发现，当前研究主要集中在以下三个方面。

其一，制造业高质量发展影响因素及其评价方法研究。学者普遍认为产业价值链地位是基础性制约因素，尤其是发展中国家长期面临的低端加工、创新不足以及价值分配话语权缺失问题对产业升级形成根本性约束。研究指出，产业集聚通过资源整合效应产生内源驱动力，如长三角、粤港澳地区的产业集群通过技术溢出、信息共享提升区域制造能级。在政策制度层面，政府通过产业规划、市场准入、补贴激励等调控手段加快资源配置优化。科技创新成果转化被视为核心驱动力，表现为研发投入强度、专利获取能力与成果产业化效率的持续提升。在研究路径上，现有成果主要采用单一指标或综合指标体系对制造业高质量发展水平进行测度和横向比较。

其二，减税降费政策效应研究呈现“宏观—微观”双层视角。宏观研究聚焦政策对国家经济运行的系统性影响，发现增值税率下调、社会保险费率降低等组合式减税可短期内释放消费潜力，扩大企业投资，但持续推行可能带来地方财政收入紧缩与债务风险累积。就业市场方面，降低企业用工成本有助于稳定岗位供给，但也存在区域间政策效果分化的结构性矛盾。微观层面研究显示，减税降费能够显著改善企业成本结构，通过增值税改革带来的购销环节税负降低，促使企业增加研发投入，加快设备改造升级，并优化用工模式向技术密集型转型。典型案例显示，中小制造企业现金流改善后，更倾向于扩大生产规模或拓展新业务板块。

其三，减税降费与制造业高质量发展的关联研究目前虽处于探索阶段，但已形成基本共识。多数实证研究表明，增值税结构性减税通过降低中间投入成本，倒逼企业优化生产工艺，提高产品附加值，对全要素生产率提升的贡献度达0.3～0.5个百分点。制造业研发费用加计扣除政策则被证实对高新技术企业创新投入具有显著激励作用，部分行业专利产出增长15%～20%。值得注意的是，研究也指出，政策效果存在区域梯度差异，中西部传统制造基地较东部发达地区表现出更强的边际收益。同时，不同技术密集度的细分行业对减税措施的敏感度差异明显，通用设备、专用设备制造等价值链中游行业受益最为突出。

近年来，减税降费政策对制造业高质量发展的作用机制成为学术界关注的重点。尽管已有部分学者围绕税收优惠政策与企业发展的相关性展开研究，但这些研究在视角和方法上仍存在明显局限：其一，现有研究多聚焦于全行业或制造业整体层面的宏观分析，缺乏对区域性制造业集群的深度考察。以陕西这类内陆制造业大省为例，其既有沿海经济区的共性特征，又存在内陆产业链配套不足、创新资源相对匮乏的特殊性，现有研究成果难以直接指导区域产业发展实践。其二，学术界对传导机制的研究尚不完善，特别是忽视了两个关键性中介变量——企业净利润和创新能力在政策传导中的作用机制。当减税红利转化为企业真实效益时，其通过净利润提升增强企业内生动力，通过研发投入增强创新能力的传导路径尚未得到充分论证，这使得政策效果评估缺乏系统性理论支撑。因此，本书选取陕西板块成分股中的制造业企业从2014年到2021年的数据作为样本，构建固定效应模型研究减税降费对陕西制造业高质量发展的基本影响，并通过异质性检验和中介效应检验进一步分析减税降费对陕西制造业高质量发展的影响，以期通过对影响效应的分析提出具有参考价值的政策建议，促进陕西制造业高质量发展，加快地区经济高质量发展。

3 减税降费政策下陕西制造业发展现状分析

在全球经济一体化进程加速、国际竞争日益激烈以及国内经济结构深度调整的复杂背景下，制造业作为国民经济的支柱产业，其高质量发展对于区域经济的稳定与繁荣具有至关重要的意义。陕西作为中国西北部地区的重要经济中心，拥有丰富的自然资源、深厚的历史文化底蕴以及较为完备的工业基础。近年来，陕西在制造业领域取得了显著的发展成就，但也面临着诸多挑战。如何在新的历史时期推动制造业高质量发展，实现经济结构的优化升级，不仅是陕西经济发展的核心任务，也是全国制造业转型升级的重要组成部分。减税降费政策作为国家宏观调控的重要工具，在应对经济下行压力、激发市场主体活力、推动经济结构调整等方面发挥着关键作用。在全球经济增长放缓、贸易保护主义抬头的国际背景下，以及中国经济进入新常态、传统增长模式逐渐失效的国内形势下，减税降费政策的实施为陕西制造业高质量发展提供了重要的政策支持。通过减轻企业负担、优化营商环境、促进民营经济发展，陕西在应对经济下行压力、推动经济结构优化升级方面取得了显著成效。然而，政策的实施效果如何？是否能够有效解决陕西制造业面临的深层次问题？这些问题需要我们深入分析与总结。与此同时，新质生产力的崛起为陕西制造业的高质量发展带来了新的机遇。新质生产力以创新为核心驱动力，强调数字化赋能、绿色可持续发展，其发展水平直接关系到制造业的竞争力和可持续性。陕西制造业在新质生产力的推动下，呈现出智能化、绿色化、高端化的发展趋势。陕汽集团、法士特公司等龙头企业通过数字化转型提升了生产效率和市场竞争力，新能源汽车、太阳能光伏等新兴产业的快速发展更是为陕西制造业注入了新的活力。然而，陕西制造业在发展过程中仍面临财政实力不足、土地财政依赖、技术创新能力有待提升等挑战。如何在新质生产力的框架下，进一步优化陕西制造业的发展路径，提升其在全国乃至全球的竞争力，是本书研究的核心问题。

3.1 减税降费政策的发展历程

3.1.1 减税降费政策的出台背景

3.1.1.1 国际背景

减税降费政策的出台在国际层面上，根植于全球经济一体化加速和数字经济重构国际竞争格局的双重驱动。随着跨国产业链深度整合和资本流动壁垒降低，国际税收竞争已从传统的税率比拼演变为制度性优势争夺。2017 年美国启动三十年来最大规模的税制改革，将企业所得税率从 35% 骤降至 21%，引发欧盟、日本等发达经济体的连锁反应，德国将企业所得税率降至 15%，法国推出研发税收抵免新政，形成“逐底竞争”态势。新兴市场国家如印度实施制造业投资税收优惠政策，越南通过自贸协定构建超低关税区，全球超 90% 的经济体加入减税行列，倒逼各国通过税制优化重塑竞争优势。这种变革背后是国际产业格局的重构压力。跨国公司通过转移定价、数字经济避税等手段，使传统税基面临被侵蚀的风险。OECD 数据显示，全球企业有效税率中位数十年间下降了 7.2 个百分点，迫使各国在税制设计中兼顾吸引投资与维护财政可持续性。特别是新冠疫情后，为刺激经济复苏，二十国集团推出超 15 万亿美元财税刺激计划，其中减税占比达 38%，形成“以税为媒”的全球政策共振。

在这种国际税收竞争的背景下，我国出台减税降费政策，旨在减轻企业税费负担，激发市场活力，促进经济结构的优化升级。这一政策的实施，不仅有助于我国企业降低成本，提高竞争力，还能够吸引更多的外国企业直接投资，促进技术交流和产业升级。同时，减税降费也是我国积极参与全球治理、推动构建开放型世界经济的重要体现，有助于我国在国际税收规则制定中发挥更大的作用，提升国际话语权。此外，减税降费政策的实施，也是对国际经济形势变化的积极回应。在全球经济增长放缓、贸易保护主义抬头的背景下，通过减税降费，可以增强我国经济的内生动力，抵御外部风险，保持经济的平稳健康发展。这一政策的实施，不仅关系到我国经济的短期稳定，也关系到其长远发展和国际竞争力的提升，是我国应对国际经济环境变化、实现可持续发展的战略选择。

3.1.1.2 国内背景

在国内层面，减税降费政策的出台根植于中国经济转型发展的特殊历史阶段。自 2014 年中央明确经济“新常态”基本判断以来，中国经济进入增速换挡期、结构调整阵痛期和前期刺激政策消化期三期叠加的关键阶段。这一时期，传统依靠要素驱动、投资拉动和资源消耗的增长模式难以为继，国际金融危机后全球市场需求疲软，国内人口红利减退，环境约束加大，使得经济增速由高速转向中高速，暴露出产能结构性过剩、区域发展不均衡、创新驱动不足等深层矛盾。特别是随着基础设施投资边际效益递减、出口贸易受国际环境变动影响加剧，旧动能与新动能转换面临青黄不接的挑战。

在此背景下，中央立足供给侧结构性改革主线，将减税降费作为激发市场活力的核心举措。政策设计高度针对市场主体面临的制度性成本高企问题：通过增值税税率三档并两档改革、小微企业所得税优惠政策扩围、研发费用加计扣除比例提升等措施，直接降低企业运营成本；借由社保费率阶段性下调、涉企行政事业性收费清理规范，系统性优化营商环境。这种结构性调整不仅是应对经济下行压力的短期对冲举措，更是培育新增长极的长效机制。利好政策促使企业将更多资源投向技术研发和工艺改进，助力传统产业智能化升级、战略性新兴产业加速成长，推动“中国制造”向“中国智造”转变。同时，居民个人所得税专项附加扣除政策配套实施，既扩容消费市场又促进人力资本积累，形成创新驱动与消费升级的双轮联动效应，为经济高质量发展注入持续动能。

此外，减税降费政策也是对国内外经济环境变化的积极回应。在国内，随着人口红利的减弱和资源环境约束的加剧，经济增长的传统动力正在减弱，需要通过减税降费等政策手段来激发新的增长动力。在国际上，全球经济复苏乏力，贸易保护主义抬头，外部需求不确定性增加，减税降费政策的实施有助于提升我国企业的国际竞争力，从而稳定出口，吸引外资，促进经济的平稳健康发展。减税降费政策是国内经济转型升级、实现可持续发展的重要举措，它不仅关系到我国经济的短期稳定，也关系到其长远发展和国际竞争力的提升，是我国应对国内外经济环境变化、实现经济高质量发展的战略选择。作为经济治理体系现代化的核心内容，减税降费政策具有显著的时空穿透力与战略纵深感。短期来看，通过释放近万亿元的年度政策红利，直接缓解企业经营压力，提振市场信心，对冲经济周期波动风险。长期而言，通过系统性重构国家与企业、政府与市场的分配关系，推动生产要素向高附加值领域集聚，促进全要素生产率持续提升。特别是在数字经济与实体经济深度融合、绿色低碳转型加速推进的背景下，该政策精准对接科技创新、产业升级和可持续发展需求，既为当前经济筑底回升提供有力支撑，更为未来参与国际产业链价值链重构、培育国际竞争新优势奠定制度基础，是推进经济高质量发展不可或缺的战略性政策工具。

3.1.1.3 陕西背景

陕西作为我国西北地区重要的经济增长极，兼具战略区位优势与资源禀赋特色。依托丰富的能源储备与文化积淀，该省建立了以能源化工、装备制造为主体的传统产业体系。面对全球经济增速放缓带来的传导效应，传统增长模式暴露出边际效益递减、环境承载压力凸显等现实问题。以国有企业改革为突破口，陕西通过深化混合所有制改革、优化国有资产布局，强化国有资本在航空航天、输变电装备等关键领域的战略支柱作用。结合“中国制造2025”战略部署，省内着力化解产能过剩矛盾，推动煤化工、有色金属等行业智能化改造，五年内传统产业技术改造投资累计超过3000亿元。

在转型战略实施中，存量资源的集约化开发与新型动能培育形成双轮驱动。依托“硬科技之都”的科技创新资源优势，陕西聚焦新一代信息技术，打造数字产业集群，形成涵盖半导体、物联网的千亿级产业链；新能源汽车产业依托整车制造基地引入核心零部件配套企业，构建锂电材料生产闭环；高端装备制造业借力科研院所转化优势，在3D打印、工业机器人等领域形成技术壁垒。现代化工板块则以循环经济模式重构产业链条，围绕煤制烯烃、煤焦油深加工延展高附加值产品谱系。新材料产业依托稀有金属资源优势，发展钛合金、镁基材料等战略性新兴材料；现代医药产业加快秦（陕西简称）药资源开发与生物技术融合，建成西北地区最大的细胞治疗研发基地。通过六大新动能产业的梯次培育，陕西产业结构呈现“破立并举”的转型特征。一方面，核心产业链现代化水平持续提升，战略性新兴产业增加值年均增长12.6%；另一方面，数字经济与实体经济深度融合催生新模式，工业互联网平台关联企业突破5000家。按照发展规划，到2025年新动能产业总规模将突破1.8万亿元，其中电子信息、高端装备占比分别达到35%和28%，形成多点支撑的现代化产业体系，为区域经济高质量发展注入持久动能。

此外，陕西还面临着财政实力相对不强、土地财政依赖、隐性债务负担较重等挑战，需要通过减税降费政策来激发市场活力，减轻企业负担，促进民营经济发展，从而降低对土地财政的依赖。减税降费政策与陕西推动经济高质量发展的战略紧密结合，通过落实国家结构性减税降费政策，切实做到应减尽减、应缓尽缓、应免尽免，有效减轻企业负担，增强企业的市场竞争力。同时，陕西省还通过财政金融协同，激发市场活力，优化政务服务，提升服务效能，推动政策直达快享，加快推行“互联网+政府采购”，实现政府采购项目评审全流程线上运行，进一步优化营商环境。减税降费政策的出台对陕西省来说，是应对经济下行压力、促进经济结构优化升级、激发市场活力、减轻企业负担以及推动经济高质量发展的重要举措。有效贯彻实施减税降费政策，旨在实现经济质的有效提升和量的合理增长协同并进，谱写陕西经济高质量发展新篇章。

3.1.2　陕西省减税降费政策梳理

3.1.2.1　增值税基本优惠政策

增值税作为我国税收体系的重要组成部分，在减税降费政策中扮演着关键角色。其减税力度主要体现在两个方面。一是税率的调整。近年来，我国通过降低增值税税率，直接减轻企业的税费负担，使企业在生产经营过程中有更多的资金用于扩大生产、技术研发和市场拓展。二是小规模纳税人起征点的优化。不断提高小规模纳税人的起征点，使得大量小微企业和个体工商户能够享受税收减免优惠，从而激发市场主体的活力，促进小微经济的发展。①

---

① 李石强，冯卓．增值税有效税率下降能否促进企业实体投资[J]．经济管理，2024，46(10)：194.

除了税率和起征点的调整以外，我国还在不断完善增值税的配套制度。一方面，持续扩大允许增值税进项税额抵扣的项目范围。通过增加可抵扣项目的种类，企业能够更充分地抵扣进项税额，从而进一步降低增值税的实际税负。另一方面，不断完善留抵退税制度。留抵退税政策允许企业将未抵扣完的进项税额退还，这一制度的优化不仅缓解了企业的资金压力，还提高了企业的资金使用效率，增强了企业的经营灵活性和市场竞争力。[①] 这些措施共同作用，使得增值税在促进经济结构调整、推动产业升级以及支持实体经济健康发展等方面发挥了重要作用。相关内容见表 3 - 1。

表 3 - 1　税金优惠减免汇总表

优惠政策	享受主体	享受条件	减税金额	政策时间	政策来源
增值税起征政策	自然人个体工商户	5000 元≤（每月）销售货物、提供劳务≤20000 元，300 元≤（每次/日）销售货物、提供劳务≤500 元	免增值税	持续自然年度	财政部 税务总局公告 2023 年第 19 号
增值税小规模纳税人月销售额 10 万元以下免征增值税政策	小规模纳税人	月销售额≤10 万元季度销售额≤30 万元（包括销售货物、劳务、服务、无形资产）	免增值税	2023 - 01 - 01 至 2027 - 12 - 31	财政部 税务总局公告 2023 年第 19 号
增值税小规模纳税人适用 3% 征收率的应税销售收入减按 1% 征收增值税政策	小规模纳税人	3% 征收率的应税销售收入减按 1% 征收增值税政策	3% 的征收率减按 1% 征税	2023 - 01 - 01 至 2027 - 12 - 31	财政部 税务总局公告 2023 年第 19 号

① 冯守东，王爱清．世界增值税发展趋势及其对我国增值税改革的启示[J]．国际税收，2024(11)：36.

续表

优惠政策	享受主体	享受条件	减税金额	政策时间	政策来源
“六税两费”政策	小规模纳税人、小型微利企业、个体工商户	资源税（不含水资源税）、城市维护建设税、房产税、城镇土地使用税、印花税（不含证券交易印花税）、耕地占用税和教育费附加、地方教育附加	减半征收	2023－01－01至2027－12－31	财政部 税务总局公告2023年第12号
小型微利企业减免企业所得税政策	小型微利企业	对小型微利企业减按25%计算应纳税所得额，按20%的税率缴纳企业所得税	应纳税所得额按5%征收企业所得税	至2027－12－31	财政部 税务总局公告2023年第12号
个体工商户年应纳税所得额不超过200万元部分减半征收个人所得税政策	个体工商户	对个体工商户年应纳税所得额不超过200万元的部分，减半征收个人所得税	应纳税所得额≤200万元的部分减半征收个人所得税	2023－01－01至2027－12－31	财政部 税务总局公告2023年第12号
500万元以下设备器具一次性税前扣除政策	企业	企业在2018年1月1日至2027年12月31日新购进的设备、器具，单位价值不超过500万元的，允许一次性计入当期成本费用，在计算应纳税所得额时扣除，不再分年度计算折旧	购进的设备、器具，单位价值不超过500万元的，允许一次性计入当期成本费用，在计算应纳税所得额时扣除，不再分年度计算折旧	2018－01－01至2027－12－31	国家税务总局公告2024年发布
减征文化事业建设费政策	符合条件的文化事业建设费缴纳义务人	对归属中央收入的文化事业建设费按50%减免，对归属地方收入的文化事业建设费按50%减免	按50%减免	2019－07－01至2024－12－31	财政部 税务总局公告2023年第11号

续表

优惠政策	享受主体	享受条件	减税金额	政策时间	政策来源
免征文化事业建设费政策	符合条件的增值税小规模纳税人	月销售额≤2万元，季度销售额≤6万元	免征	持续自然年度	财政部 税务总局公告2023年第11号
免征有关政府性基金政策	符合条件的缴纳义务人	按月纳税的月销售额不超过10万元，以及按季度纳税的季度销售额不超过30万元的缴纳义务人免征教育费附加、地方教育附加、水利建设基金	免征	持续自然年度	财政部公告 2023年第10号
阶段性降低失业保险工伤保险费率政策	失业保险、工伤保险缴费人	失业保险缴费人均可享受	降低费率至1%	2023-05-01 至 2024-12-31	人社部发〔2023〕19号

3.1.2.2 企业所得税基本优惠政策

企业所得税优惠政策具有较强的针对性，主要聚焦于小型微利企业和高新技术企业，通过精准的政策扶持，助力这两类企业的发展。近年来，我国不断加大对研发费用的加计扣除力度，提高扣除比例，鼓励企业加大研发投入。同时，对居民企业技术转让所得减免企业所得税，进一步激发企业的创新动力。① 此外，亏损结转年限延长至10年，这一举措有效缓解了企业的资金压力，使企业能够有更充裕的资金用于技术创新和业务拓展。政策着重鼓励科技型中小企业和高新技术企业的发展，通过税收优惠引导资源向这些领域倾斜，推动产业升级和经济结构调整。②

① 庞凤喜，李欣，董怡君．企业所得税创新激励政策的精准性：理论内涵、现实约束与提升路径[J]．税务研究，2025(1)：49.

② 国家税务总局江西省税务局课题组，范扎根，等．"双碳"目标下我国绿色税制体系的构建和实现路径研究[J]．国际税收，2024(12)：8.

为了更好地促进小型微利企业的发展，我国持续优化税收政策体系，通过“三步走”策略渐进式放宽小型微利企业认定标准：将年应纳税所得额上限由 3 万元逐步提升至 300 万元，从业人数限定扩展至 300 人以下，资产总额限制放宽至 5000 万元以下。这种分层递进的政策设计精准扩大了税收优惠的覆盖面，使更多初创型、成长型企业能享受到企业所得税减半征收等优惠。这些政策的实施，不仅有助于缓解企业的资金压力，还能激发企业的创新活力，更为深远的影响体现在经济结构优化层面。通过“放水养鱼”理念培育市场主体，2023 年小微企业新增就业占城镇新增就业的比例达 78%，成为稳就业的重要支柱。在新一代信息技术、生物医药等战略性新兴产业中，享受税收优惠的小微企业数量年均增长率达 22%，有力支撑了经济的高质量发展。相关内容见表 3－2和表 3－3。

表 3－2　小型微利企业优惠政策变化汇总表

执行时间	政策要点
2008 年 1 月 1 日—2009 年 12 月 31 日	至今符合小微企业标准适用 20% 税率
2010 年 1 月 1 日—2011 年 12 月 31 日	年应纳税所得额≤3 万元减按 50% 计入应税所得
2012 年 1 月 1 日—2013 年 12 月 31 日	年应纳税所得额≤6 万元减按 50% 计入应税所得
2014 年 1 月 1 日—2014 年 12 月 31 日	年应纳税所得额≤10 万元减按 50% 计入应税所得
2015 年 1 月 1 日—2015 年 9 月 30 日	年应纳税所得额≤20 万元减按 50% 计入应税所得
2015 年 10 月 1 日—2016 年 12 月 31 日	年应纳税所得额≤30 万元减按 50% 计入应税所得
2017 年 1 月 1 日—2017 年 12 月 31 日	年应纳税所得额≤50 万元减按 50% 计入应税所得

续表

执行时间	政策要点
2018 年 1 月 1 日—2018 年 12 月 31 日	年应纳税所得额≤100 万元减按 50% 计入应税所得
2019 年 1 月 1 日—2020 年 12 月 31 日	年应纳税所得额≤100 万元减按 25% 计入应税所得，100 万元 < 年应纳税所得额≤300 万元的部分减按 50% 计入应税所得
2021 年 1 月 1 日—2022 年 12 月 31 日	年应纳税所得额≤100 万元减按 12.5% 计入应税所得，100 万元 < 年应纳税所得额≤300 万元的部分减按 50% 计入应税所得

资料来源：根据国家税务总局网站信息整理。

表 3－3　研发费用扣除比例和摊销变化汇总表

执行时间	未形成无形资产	形成无形资产
2010 年 1 月 1 日至 2016 年 12 月 31 日	研发费用实际发生额 ×150%	无形资产成本 ×150%
2017 年 1 月 1 日至 2020 年 12 月 31 日	研发费用实际发生额 ×175%	无形资产成本 ×175%
2021 年 1 月 1 日至今	研发费用实际发生额 ×200%	无形资产成本 ×200%

资料来源：根据国家税务总局网站信息整理。

3.1.2.3　个人所得税基本优惠政策

我国个人所得税制度经历了从分类征收到综合与分类相结合的重大变革。自 1980 年起，我国个人所得税的基本费用扣除标准经历了多次调整，从最初的 800 元/月逐步提升至 1600 元/月、2000 元/月、3500 元/月，最终达到目前的 5000 元/月。这一变化不仅提高了基本费用扣除标准，还优化了税率结构，使得综合所得与经营所得的超额累进税率更加合理。2018 年，我国在个人所得税改革中引入专项附加扣除政策，包括子女教育、继续教育、大病医疗、住房贷款利息、住房租金和赡养老人六项专项附加扣除。这些扣除项目充分考虑了纳税人的家庭负担和生活成本，进一步减轻了中低收入群体的税负。2022 年，又新增婴幼儿照护专项附加扣除项目，进一步完善了税收优惠政策体系（见表 3－4）。这些改革举措不仅提高了个人所得税制度的公平性和合理性，还增强了税收对收入分配的调节作用，为纳税人提供了更加普惠的优惠政策。通过这些措施，国家在减轻纳税人负担的同时，也鼓励个人在教育、医疗、住房等方面的合理消费，促进了社会的和谐发展。

表3-4　个人所得税专项附加扣除规定统计表

专项附加扣除项目	扣除标准及规定
子女教育	每个子女1000元/月，父母一方100%扣除或分别50%扣除，一个纳税年度内不能变更
继续教育	学历教育期间400元/月，扣除期限≤48个月，本科及以下学历继续教育父母或本人扣除
大病医疗	15000~80000元内据实扣除，可本人或配偶扣除，未成年可选择父母一方扣除
住房贷款利息	1000元/月，扣除期限≤240个月，夫妻双方主要工作城市相同只能由一方扣除
住房租金	直辖市、省会城市、计划单列市及规定城市1500元/月，户籍人口>100万，1100元/月；户籍人口≤100万，800元/月
赡养老人	无论赡养几位老人均按以下标准扣除：纳税人为独生子女，2000元/月；非独生子女共同分摊2000元/月，每人分摊≤1000元/月
婴幼儿照护	3岁以下每个婴幼儿1000元/月，父母一方100%扣除或分别50%扣除，且一个纳税年度内不能变更

资料来源：根据国家税务总局网站信息整理。

3.2　陕西制造业高质量发展现状

3.2.1　陕西制造业空间布局

3.2.1.1　全国层面制造业空间布局

（1）我国制造业空间布局的现状

当前我国制造业空间布局呈现出高度集中化趋势，东部沿海地区和长江经济带两大制造业集中带加速崛起，成为引领全国制造业发展的主导力量。同时，中西部地区也在积极发展，形成了一批产业新增长极，为制造业的持续快速发展提供了有力支撑。①

东部沿海地区制造业起步早、规模大、水平高，占据了我国制造业的半壁江山。这一地区既有上海、北京等高精尖制造业中心，也有广东、江苏、山东等区域经济“重镇”。这些地区不仅拥有完善的产业体系和强大的制造能力，还具备较强的技术创新能力和国际竞争力。它们通过深化供给侧结构性改革，推进企业跨地区、跨所有制兼并重组，提高了行业集中度并优化了生产力布局。此外，这些地区还积极构建绿色新发展格局，推动制造业向智能化、绿色化、服务化方向转型升级。

长江经济带崛起为产业东西联动的主动脉。这一地区一江贯通东西，连通内陆腹地，既有上海、江苏、浙江等发达的经济先行地区，也有安徽、湖南、湖北等加快崛起的中间地带，还有四川、重庆等坚实的内陆腹地做支撑。长江经济带制造业梯度最完整、体系最完备、联系最便捷，成为我国制造业梯度转移和产业升级的重要载体。近年来，长江经济带沿线地区通过加强区域合作和产业联动，推动了制造业的协同发展。② 它们共同打造了一批产业转移园区和产业集群，促进了产业链、供应链、价值链的深度融合。

与此同时，中西部地区也在积极发展制造业，成为全国制造业发展的战略支撑。这些地区劳动力资源丰富，土地环境承载容量较大，基础设施不断优化，具备发展制造业的良好条件和潜力。一些中西部省份依托“三线”建设时期的重大项目建设或积极承接国内外产业转移，部分战略性产业和新兴产业领域发展取得了显著成效。例如，重庆、四川在微型电子计算机和集成电路等领域形成了较强的生产能力；湖北、安

① 徐建伟. 新时期中国制造业优化空间布局研究[J]. 宏观经济研究,2023(3):79.

② 朱彬,关京武,尹旭. 长三角地区智能设备制造业空间布局演化及影响因素[J]. 经济地理,2024,44(10):119.

徽在汽车和微型电子计算机等领域也取得了重大突破。这些地区的制造业发展不仅有助于促进区域协调发展，还增强了我国制造业体系的弹性和韧性。①

然而，我国制造业空间布局仍存在一些问题。一方面，东部地区的引领带动作用尚待增强。尽管东部地区制造业发展水平较高，但在高端环节和关键领域掌控力方面仍有不足。另一方面，中西部地区制造业发展瓶颈突出。这些地区在基础设施、科技创新、人才储备等方面与东部地区相比仍存在一定差距，制约了制造业的进一步发展。②

针对这些问题，我国采取了一系列措施来优化制造业空间布局。首先，加快提升沿海和沿江制造业集中带竞争能级。通过强化政策支持和要素保障，推动东部地区制造业向更高水平发展；同时，优化长江经济带产业分工协作体系，提高集中带的要素一体化水平和互联互通水平。其次，聚力培育一批中西部地区产业新增长极。通过分类选择培育一批高能级产业增长极，推动中西部地区制造业高质量发展。最后，优化高端要素跨区域流通配置机制。通过完善市场机制和政策引导，促进人才、技术、资金等高端要素在区域间的自由流动和高效配置。我国制造业空间布局呈现出高度集中化趋势，东部沿海地区和长江经济带两大制造业集中带加速崛起，中西部地区也在积极发展。未来，随着一系列优化措施的实施，我国制造业空间布局将更加合理、高效，为构建现代化产业体系和实现高质量发展提供有力支撑。相关内容见表3－5。

---

① 程钦良，宋彦玲，张勋．数字基础设施建设、时空成本与制造业空间布局[J]．经济学动态，2024(6)：69.

② 孔令池．中国制造业布局特征及空间重塑[J]．经济学家，2019(4)：46.

表3-5　各省（区、市）工业增加值规模梯队分布

增加值规模	省（区、市）分布	省（区、市）数量（中西部地区）
20000亿元以上	江苏（48593.6亿元）、广东（47723.0亿元）、浙江（28871.3亿元）、山东（28739.0亿元）	4个（0个）
10000亿～20000亿元	福建（19628.8亿元）、河南（19592.8亿元）、湖北（17546.3亿元）、四川（16412.2亿元）、湖南（15025.3亿元）、河北（14675.3亿元）、安徽（13792.0亿元）、陕西（13158.3亿元）、山西（12758.6亿元）、江西（11770.3亿元）、上海（10794.5亿元）、辽宁（10239.1亿元）	12个（8个）
5000亿～10000亿元	内蒙古（9703.9亿元）、重庆（8276.0亿元）、云南（7197.1亿元）、广西（6775.9亿元）、新疆（6022.8亿元）、贵州（5493.1亿元）、天津（5402.7亿元）、北京（5036.4亿元）	8个（6个）
5000亿元以下	黑龙江（4257.6亿元）、吉林（3737.9亿元）、甘肃（3297.2亿元）、宁夏（2094.0亿元）、青海（1228.7亿元）、海南（770.1亿元）、西藏（200.8亿元）	7个（4个）

资料来源：根据国家统计局数据整理。

（2）我国制造业空间布局现状分析

第一，区域发展失衡，产业分布不均。我国制造业空间布局的区域发展失衡问题显著，东部沿海地区与中西部地区的制造业发展差距较大。东部沿海地区凭借其优越的地理位置、丰富的资源和政策优势，制造业发展迅猛，形成了多个具有国际竞争力的产业集群。然而，中西部地区由于地理位置相对偏远、基础设施相对落后以及政策扶持不足，制造业发展相对滞后，产业分布不均。具体来说，东部沿海地区的制造业主要集中在电子信息、汽车、石油化工等高端产业，而中西部地区的制造业主要集中在传统的纺织、化工、冶金等行业。产业分布不均不仅加剧了地区间的经济差异，也限制了中西部地区的经济发展潜力，影响了全国制造业的整体协调发展。此外，产业分布不均还导致一些地区资源过度消耗，环境污染加剧。一些地区为了吸引投资，盲目发展高污染、

高能耗的产业，导致环境恶化，影响了人民群众的生命健康和生活质量。相关内容见表3－6。

表3－6 中西部省（区、市）主要产品产量全国占比

省（区、市）	全国占比
安徽	微型电子计算机（8.19%）、汽车（4.58%）、金属切削机床（4.49%）
四川	微型电子计算机（19.91%）、集成电路（4.07%）
湖北	汽车（8.27%）、微型电子计算机（4.55%）
河南	大中型拖拉机（18.71%）
云南	金属切削机床（7.95%）
陕西	金属切削机床（4.72%）
江西	微型电子计算机（5.79%）
广西	汽车（6.89%）
重庆	微型电子计算机（24.15%）、汽车（6.24%）
甘肃	集成电路（17.49%）

资料来源：根据国家统计局数据整理。

第二，创新能力不足，核心技术依赖进口。我国制造业在创新能力方面与国际先进水平相比仍存在较大差距，特别是在一些关键领域和核心技术上，我国仍依赖进口。这主要体现在高端装备、新材料、生物医药等领域，我国在这些领域的自主创新能力不足，核心技术和关键零部件主要依赖国外企业供应。核心技术依赖进口不仅增加了制造业的成本和风险，也限制了我国制造业在全球产业链中的话语权和竞争力。同时，由于缺乏核心技术，我国制造业在高端市场上的竞争力较弱，难以与国际先进企业抗衡。此外，创新能力不足还体现在制造业企业的研发投入不足、创新机制不完善等方面。一些企业缺乏长远眼光和战略思维，过于注重短期利益，忽视了技术创新和研发投入。同时，创新机制不完善也制约了制造业的创新发展，创新资源的配置不够合理，创新成果的转化和应用不够顺畅。

第三，资源环境压力大，可持续发展面临挑战。随着工业化进程的加快，我国制造业对资源环境的压力不断增大。一方面，制造业的发展需要消耗大量的能源和原材料，导致资源短缺和环境污染加剧；另一方面，制造业在生产过程中产生的废水、废气、废渣等污染物对生态环境造成了严重破坏。资源环境压力大不仅影响了制造业的可持续发展，也威胁着人民群众的生命健康和生活质量。同时，由于资源环境压力大，一些地区为了发展经济，不得不采取一些不利于环境保护的措施，如降低环保标准、放松监管等，这进一步加剧了环境污染和生态破坏。

（3）优化我国制造业空间布局的主要方向

第一，促进区域协调发展，优化产业布局。为了优化我国制造业空间布局，应采取措施促进区域协调发展，优化产业布局。一方面，要加大对中西部地区的政策扶持和资金投入，推动其制造业加快发展。通过完善基础设施、优化营商环境等措施，吸引更多的企业和人才向中西部地区转移、集聚。具体来说，可以制定差异化的产业政策，鼓励中西部地区发展具有比较优势的产业，如农产品加工、矿产资源开发等。同时，要加强区域间的产业合作和协同发展，形成优势互补、联动发展的产业格局。另一方面，要引导东部地区制造业向高端化、智能化、绿色化方向发展，推动其产业升级和转型。通过加强技术创新和研发投入，提高东部地区制造业的核心竞争力。同时，要加强与中西部地区的产业合作，推动产业转移和升级，实现区域间的协调发展。①

第二，加强创新能力建设，提升核心技术竞争力。为了提升我国制造业的核心技术竞争力，应加强创新能力建设。一方面，要加大研发投入，鼓励企业增加科技投入，提高自主创新能力。通过设立研发基金、提供税收优惠等措施，激励企业加大研发投入，推动技术创新和成果转化。具体来说，可以建立多元化的科技投入体系，鼓励企业、高等学校、科研机构等各方力量共同参与科技创新。同时，要加强知识产权保

① 潘彪，黄征学．数字经济时代制造业转型与空间区位变革[J]．改革，2022(10)：69.

护，提高创新成果的转化效率和应用水平。另一方面，要加大创新人才培养和引进力度，打造一支高素质的创新人才队伍。通过完善人才培养机制、优化人才发展环境等措施，吸引更多的创新人才向制造业领域集聚。同时，要加强与国际先进企业的合作与交流，引进先进的技术和管理经验，推动制造业技术创新和产业升级。此外，还可以建立创新平台和孵化器，为创新企业提供资金、技术、市场等方面的支持和服务。通过加强产学研合作、推动科技成果转化等措施，促进创新成果的产业化应用。①

第三，推动绿色发展转型，实现可持续发展。为了推动我国制造业的绿色发展转型，实现可持续发展，应采取以下措施：一是要加强资源节约和环境保护意识教育，引导企业和公众树立绿色发展理念。通过加强宣传教育、开展绿色行动等措施，提高全社会对绿色发展的认识和重视程度。同时，要加大环保法律法规的制定和执行力度，推动制造业企业加大环保投入和技术改造力度，降低能耗和排放水平。二是要完善绿色发展政策体系和监管机制。通过制定绿色标准、加强环境监管等措施，推动制造业企业加大环保投入和技术改造力度。三是要加大绿色技术研发和应用推广力度，推动制造业向绿色化、智能化方向发展。具体来说，可以建立绿色制造体系，推广绿色设计、绿色制造、绿色包装等先进技术和管理模式。同时，要加大绿色产品的认证和推广力度，提高绿色产品的市场占有率和竞争力。四是加强国际合作与交流，借鉴国际先进经验和技术成果，推动我国制造业的绿色发展转型。通过加强与国际组织的合作与交流、参与国际绿色标准制定等措施，推动我国制造业在全球绿色发展中发挥积极作用。

① 石敏俊，逄瑞，郑丹，等．中国制造业产业结构演进的区域分异与环境效应[J]．经济地理，2017，37(10)：112.

3.2.1.2　陕西层面制造业空间布局

（1）陕西制造业的空间布局现状

陕西制造业的空间布局现状，是在积极响应国家制造业发展战略、立足本省产业基础和特色优势的基础上，逐步构建起的一个多层次、多领域、特色鲜明的现代化产业体系。这一体系不仅涵盖了传统产业的升级改造，更着重于战略性新兴产业的培育壮大，以及未来产业的超前布局，旨在推动陕西制造业向高端化、智能化、绿色化方向发展，形成新的经济增长极。

陕西制造业的空间布局，首先体现在对传统产业的升级改造上。食品加工、石油（煤炭）化工、冶金钢铁、建筑建材、纺织服装等传统产业，在陕西工业体系中占有重要地位。近年来，这些产业逐步向高端化、智能化、绿色化的方向转型升级。例如，在食品加工领域，陕西省聚焦特色羊乳、富硒食品、粮油、果蔬等，重点发展安全健康、营养方便、休闲养生型产品，推动食品产业迈向中高端水平。在建筑建材领域，陕西则积极提高建材产品深加工水平和绿色建材产品比重，鼓励开发新型建材产品，提升节能减排和资源综合利用水平。

与此同时，陕西还大力培育壮大战略性新兴产业，这些产业成为制造业空间布局的新重点。新一代信息技术、高端装备制造、新能源、新材料、新能源汽车、节能环保等产业，在陕西得到了快速发展。特别是光子、超导、北斗、人工智能、第三代半导体等未来产业，陕西更是提前布局，着力打造一批国内领先、国际一流的产业创新集群。

在光子产业方面，陕西光学科研基础链条完备，攻克了一批“卡脖子”关键核心技术，转化了一批科研成果。目前，全省聚集了300余家光子领域企业，初步形成了以光子材料与芯片、先进激光与光子制造、光子传感为重点的发展格局。陕西将继续围绕光子技术优势和产业发展基础，构建以西安为中心辐射全省的光子产业创新集群跨区域空间布局。

在高端装备制造领域，陕西省以航空航天装备、先进轨道交通装备、智能制造装备等为重点，聚焦延链补链强链，着力培育一批优质产品，打造全国高端装备研发和制造中心。同时，陕西还依托省内油气盐综合资源优势，以打造“世界一流高端能源化工基地”为发展目标，深入推动能源革命，坚持走绿色低碳能源发展道路，重点发展高科技绿色环保、高附加值的精细化学品和化工新材料。

此外，陕西在新能源汽车、新材料、生物医药等领域也取得了显著进展。在新能源汽车领域，陕西坚持绿色、低碳、可持续发展，聚焦乘用车（新能源）、重卡产业链，加速推进新能源汽车科技创新和相关产业发展。在新材料领域，陕西以服务国家重大急需和省内工业转型升级需求为导向，聚焦金属材料、非金属材料和前沿新材料等优势领域，加快新品种研发，提高材料性能，推动创新成果产业化和生产推广应用。在生物医药领域，陕西省紧抓健康中国建设机遇，聚焦生物药、创新药、高端医疗器械等重点领域和重大项目，不断提升医药产业基础能力和生物医药产业链现代化水平。

在空间布局上，陕西明确了全省十个地级市在产业创新集群中的发展方向，以实现资源优化配置和产业协同发展。例如，西安作为省会城市，是光子、人工智能、超导等未来产业的核心发展区；宝鸡、咸阳等地则依托自身产业基础，重点发展钛及钛合金、硅基太阳能光伏等产业创新集群。

综上所述，陕西制造业的空间布局呈现出传统产业与新兴产业并存、多点开花、协同发展的格局。未来，随着陕西持续推动制造业高质量发展，这一格局将更加完善，为陕西乃至全国的经济社会发展注入新的活力。

（2）陕西制造业空间布局现状分析

第一，产业结构偏重传统，新兴产业比重不足。在陕西制造业的产业结构中，传统产业如煤炭、石油化工、冶金等占据较大比重，这些产业在经济发展初期为陕西的经济增长做出了重要贡献。然而，随着全球经济的转型和升级，这些传统产业逐渐暴露出高能耗、高污染、低附加值等问题，不仅对环境造成了较大压力，也限制了制造业的转型升级和高质量发展。具体而言，陕西的传统产业普遍存在技术水平落后、生产效率低下、资源利用效率不高等问题。这些产业在生产过程中往往会产生大量的废弃物和污染物，对环境造成严重的破坏。同时，这些产业的产品附加值较低，导致陕西在全球产业链中的地位和影响力受限。与此同时，新兴产业如智能制造、绿色制造、生物科技等的发展相对滞后，占比不高。这些新兴产业具有低能耗、高附加值、高创新性的特点，是制造业未来发展的方向。然而，陕西在新兴产业的布局和发展上相对滞后，导致其在全球产业链中的地位和影响力受限。这主要是由于陕西在新兴产业的研发投入、人才培养、政策支持等方面存在不足，导致新兴产业的发展缺乏足够的动力和支持。

第二，区域发展不均衡，资源配置效率待提升。陕西制造业在区域发展上存在明显的不均衡现象。关中平原地区作为陕西的经济中心，其制造业发展较快，拥有较为完善的产业体系和较高的技术水平。然而，陕北、陕南等地区的制造业发展相对滞后，这些地区产业结构单一，以资源型产业为主，缺乏高端制造业的支撑。这种不均衡不仅影响了全省制造业的整体竞争力，也导致了资源配置的不合理。关中平原地区制造业发展较快，资源需求量大，导致一些资源，如水、土地等出现短缺；而陕北、陕南等地区虽然拥有丰富的资源，但由于制造业发展滞后，这些资源没有得到充分利用，造成了资源的浪费和闲置。

此外，区域间的产业合作和协同发展也存在不足。关中平原地区与陕北、陕南等地区的产业联系不够紧密，缺乏有效的产业协同和资源共享机制。这就导致一些地区在产业发展上缺乏互补性和协同性，难以实现资源的优化配置和高效利用。

第三，创新能力较弱，科研成果转化不畅。尽管陕西在科技创新方面取得了一定成果，但与国内外先进水平相比，其制造业的创新能力仍然不足。部分制造业企业缺乏自主研发能力和创新意识，导致科研成果转化效率低。一些科研成果虽然具有较高的技术含量和较广阔的市场前景，但由于缺乏有效的转化机制和平台，难以实现产业化应用。具体而言，陕西在科技创新方面存在以下问题：一是研发投入不足，导致科技创新的水平和能力受限；二是人才短缺，尤其是高端科技人才和创新型人才匮乏；三是创新体系不完善，科研机构、高校和企业之间的合作与交流不够紧密；四是科研成果转化机制不健全，缺乏有效的转化平台和市场化运作机制。

（3）优化陕西制造业空间布局的主要方向

第一，优化产业结构，推动传统产业转型升级。为了优化陕西制造业的产业结构，需要积极推动传统产业的转型升级。通过技术改造和创新，降低传统产业能耗和污染，提高资源利用效率。政府可以出台相关政策，鼓励企业采用新技术、新工艺和新设备，推动传统产业向高端化、智能化方向发展。具体而言，可以采取以下措施：一是加强传统产业的技术改造和升级，提高生产效率和产品质量；二是推动传统产业向绿色化、智能化方向发展，降低能耗和污染；三是加强传统产业与新兴产业的融合发展，形成产业链上下游的协同和互补；四是加强传统产业的品牌建设和市场拓展，提高产品附加值和市场竞争力。同时，还应大力发展新兴产业，提高新兴产业的占比。政府应加大对新兴产业的扶持力度，包括提供资金、税收、土地等方面的优惠政策，吸引更多的企业和人才投身新兴产业。此外，还应加强新兴产业的研发和创新，推动其向更高水平发展。①

第二，促进区域协调发展，实现资源优化配置。为了解决区域发展不均衡的问题，需要促进陕西各地区的协调发展。一方面，加强政策引导和资金扶持，推动落后地区的制造业加快发展。政府可以出台相关政策，鼓励关中平原地区的企业向陕北、陕南等地区转移和拓展，带动这些地区的制造业发展。另一方面，优化资源配置，通过市场机制和政策引导，实现资源的优化配置和高效利用。② 政府可以加强区域间的产业合作和协同发展，形成优势互补、资源共享的产业发展格局。同时，加强区域间的交通、通信等基础设施建设，提高区域间的互联互通水平，为产业发展提供有力支撑。此外，还应加强区域间的科技创新和人才流动，推动科技创新和人才资源在区域间的共享及优化配置。政府可以加强科研机构、高校和企业之间的合作与交流，推动产学研深度融合，促进科技创新和成果转化。

第三，加强创新能力建设，提高科研成果转化率。为了提高陕西制造业的创新能力，需要加强创新能力建设。一方面，加大科技研发投入，鼓励企业加强自主研发和技术创新。政府可以出台相关政策，鼓励企业增加研发投入，提高研发水平和能力。同时，加强科研机构、高校和企业之间的合作与交流，推动产学研深度融合，形成科技创新的合力。另一方面，提高科研成果转化率，建立完善的成果转化机制和平台。政府可以加强科研成果转化的政策支持和资金扶持，推动科研成果向产业化应用转化。同时，加强科技成果转化平台和市场化运作机制建设，促进科研成果的产业化应用和市场推广。此外，还应加强对关键核心技术的攻关和突破。政府可以加强科技创新和人才培养的投入，推动

① 江露薇，刘国新，王静．我国装备制造业的地区差距与产业布局的空间关联性：基于生态位理论的分析[J]．科研管理，2020，41(9)：138.

② 练文华，张晓平，吴爱萍，等．中国光伏装备制造业空间布局演化及影响因素分析[J]．地理研究，2024，43(3)：694.

关键核心技术的研发和创新。同时，加强与国际先进水平的合作与交流，引进和消化吸收国际先进技术及管理经验，提升陕西制造业的整体技术水平。

3.2.2　陕西制造业高质量发展的影响因素

3.2.2.1　制造业空间布局的影响

（1）促进产业集聚与协同创新

首先，合理的空间布局能够使相关产业在特定区域内集聚，形成产业集群。例如，陕西的西安航空集群在国家先进制造业集群竞赛中胜出，这种集聚效应有利于企业之间在技术研发、生产制造、市场拓展等环节的紧密合作，实现资源共享和优势互补。企业可以共同建设技术研发平台、检测中心等公共服务设施，以降低创新成本，提高创新效率，加快新技术、新产品的研发和应用，从而提升整个产业的竞争力。其次，良好的空间布局有助于促进企业与高校、科研机构之间的地理邻近和互动合作。以西安为例，其作为大西安地区的核心，拥有丰富的科教资源。企业可以与当地的高校和科研机构建立长期稳定的合作关系，开展产学研联合攻关，加快科技成果转化，培养和吸引高素质人才，为制造业高质量发展提供强大的智力支持和技术保障。[①]

（2）优化资源配置与提升效率

科学的空间布局能够根据各地的资源禀赋、产业基础和发展条件，将制造业项目和生产要素合理分配到不同的区域。例如，陕西打造“一核两带三区”制造业空间格局，“一核”大西安地区充分发挥产业、科教、人才、金融资源丰富的优势，“两带”沿陇海铁路先进制造产业带和沿包海铁路绿色能源产业带以及“三区”陕北绿色石化和现代煤化工产业示范区、关中先进制造业协同发展示范区、陕南绿色循环高端

① 徐杰，赵春江．数字经济对产业协同集聚的影响研究[J]．经济纵横，2024(8)：122.

制造发展区，各区域依据自身特点发展相应的制造业，避免了资源过度集中或浪费，提高了土地、资金、劳动力等生产要素的利用效率。当制造业企业按照合理的空间布局进行集聚时，可以缩短企业之间的地理距离，减少原材料和零部件的运输时间和成本；同时，有利于企业之间建立更加紧密的供应链合作关系，实现原材料的及时供应、产品的快速配送和信息的高效传递，提高供应链的稳定性和响应速度，提升制造业的整体运行效率和抗风险能力。

（3）推动区域协调发展与产业转型

制造业的空间布局调整有助于缩小区域内不同地区之间的发展差距，实现区域经济的协调发展。陕西通过推动关中、陕北和陕南地区的制造业协同发展，使各地的工业经济实力都得到了稳步提升。例如，陕北和陕南地区在制造业转型升级方面不断加快步伐，改变了过去过度依赖资源型产业的局面，促进了当地经济结构的优化和可持续发展，同时也为全省制造业高质量发展提供了更广阔的空间和更均衡的支撑。[①] 合理的空间布局能够引导制造业向高端化、智能化、绿色化方向发展。在陕西，高端装备产业重点布局在西安、宝鸡、汉中等地，这些地区通过集聚高端装备制造企业，推动了航空航天装备、智能制造装备等优势产业的发展，促进了制造业的技术升级和产品附加值提升。此外，空间布局的优化也有利于淘汰落后产能，为新兴产业和优质项目腾出空间，推动制造业产业结构的优化调整，实现新旧动能转换，为制造业高质量发展注入新动力。

---

① 武赫，周雯琪. 高质量与共享发展视角下数字经济对区域协调发展的影响[J]. 经济问题，2025(2):124.

3.2.2.2 营商环境的影响

（1）减税降费政策降低企业成本

陕西全面贯彻落实国家结构性减税降费政策，2024 年通过精准施策形成政策叠加效应，全年为市场主体减免税费及办理增值税留抵退税约 400 亿元。该省聚焦“科技型中小企业—高新技术企业—瞪羚企业—专精特新企业”培育链条，构建起涵盖增值税留抵退税、研发费用分段加计扣除、先进制造设备购置抵免等在内的组合式政策体系，其中仅研发费用基础研究加计扣除比例提升至 120%、数智化改造设备加速折旧两项政策，预计就可以为制造业企业释放超 50 亿元的资金红利。这些政策直接减轻了企业的财务负担，使企业有更多的资金用于技术研发、设备更新和市场拓展，增强了企业的盈利能力和市场竞争力。同时，减税降费政策激发了企业的投资热情，鼓励企业加大在高端装备制造、新能源、新材料等战略性新兴产业领域的投入。[①] 例如，通过研发费用加计扣除等优惠政策，企业可以降低研发成本，提高研发投入的积极性，加快新技术、新产品的研发和应用，推动制造业向高端化、智能化、绿色化方向发展。

（2）财政资金支持推动产业升级

财政资金支持重点产业链发展，陕西安排省级产业类资金 185 亿元，支持重点产业链延链补链强链。这些资金用于扶持关键产业环节，如高端装备制造、半导体及集成电路、光伏等，通过财政资金的引导，吸引社会资本投入，形成产业集群，提升产业链的整体竞争力。例如，西安航空集群在国家先进制造业集群竞赛中胜出，成为航空装备领域唯一胜出集群，这与财政资金的支持密切相关。财政资金还可以助力企业

---

① 杜运周，孙宁，刘秋辰．运用混合方法发展和分析复杂中介模型：以营商环境促进创新活力，协同新质生产力和“就业优先”为例[J]．管理世界，2024，40（6）：226.

技术改造，用于支持企业的技术改造项目，提升企业的生产效率和产品质量。通过设立省级中小企业技术改造专项资金，陕西省鼓励企业进行设备更新和技术升级，推动传统产业向现代化制造业转型。例如，对全省规模以上工业企业亩均效益领跑者、省级以上园区亩均效益领跑者和市（区）“亩均论英雄”综合改革领跑者给予奖励，引导资源要素向高产区、高端产业、优质企业集聚。

（3）优化政务服务提升企业效率

优化政务服务简化了审批流程，陕西深化“放管服”改革，精简项目审批流程，压缩审批时间，创建高效便捷的项目审批服务窗口，保障企业一般事务“最多跑一次”。这大大减少了企业在项目立项、建设、运营等环节的时间成本，提高了企业的运营效率，使企业能够更快地响应市场变化，抓住发展机遇。同时，陕西加快推进“互联网+政务服务”平台建设，强化“互联网+监管”，为制造业企业在投资落户、开办经营、工程项目审批、资本市场对接等环节提供更加优质、高效、便捷的政务服务。例如，建设“一指减负”平台，实现企业减负政策“一指申报”“一指评估”“一指办理”，提高了政策的透明度和可操作性，使企业能够更便捷地享受各项优惠政策。

3.2.2.3 公共服务的影响

（1）促进两业融合，提升产业附加值

推动先进制造业与现代服务业深度融合，陕西积极推动先进制造业与现代服务业的融合发展，开展两业融合试点，培育总集成总承包、供应链管理、服务衍生制造等融合发展新业态、新模式。例如，通过认定一批服务型制造示范企业（项目、平台），培育定制化服务、全生命周期管理、共享制造等服务型制造新业态、新模式，推动服务型制造理念得到普遍认可，服务型制造主要模式深入发展。[①] 发挥工业设计创新引领作用，陕西培育认定一批省内专业化工业设计平台，争创国家级工业设计研究院，通过工业设计创新引领制造业的转型升级。这不仅提升了产品的设计水平和附加值，还促进了制造业向高端化、智能化、绿色化方向发展。

（2）提升技术创新能力，加快产业升级

支持研发设计和技术创新，陕西通过公共服务平台，支持企业进行研发设计和技术创新。例如，建设"产业大脑＋数字工厂"融合体系服务，提升"8372"战略性产业集群数字化发展水平，提高企业"上云上平台"效能，赋能上下游中小企业"链式"两业融合。推动生产性服务业发展，陕西大力发展研发设计、物流和供应链管理、信息服务、节能与环保、生产性租赁、商务服务等知识技术密集型生产性服务业。这些服务的提升，为制造业企业高质量发展提供了更高效的技术支持和创新环境，加快了制造业的转型升级。[②]

（3）强化人才支撑，提升企业竞争力

陕西省在推进制造业服务化进程中，将人才队伍建设作为关键突破口，构建起"教育改革—产教协同—考评创新"三位一体的育才体系。在高等教育供给侧结构性改革方面，聚焦产业链现代化需求，鼓励省内62所高校优化专业结构，新增"智能制造服务工程""装备运维管理""工业数字孪生技术"等22个交叉学科专业。通过嵌入"制造业服务化转型导论""智能装备全生命周期管理"等实务课程，重构复合型人才培养方案，培养和引进高素质人才。深化产教融合，支持高等学校与制造业服务化示范企业共建人才培养基地，培育造就大批产业发展需要

① 杨蕙馨，齐超，冯文娜."两业"融合背景下大数据何以驱动产品与服务质量双提升：海尔案例[J]. 宏观质量研究，2024，12(5)：112.

② 张建宇，杨旭，王师静云. 知识中介如何助力制造企业实现数字化创新？——技术机会能力的中介作用[J]. 软科学，2024，38(4)：84.

的高素质应用型、复合型、创新型人才。完善人才评价机制，陕西省整合高等学校、科研院所、社会组织、龙头企业等资源，探索建立制造业服务化“机构库+专家库”。开展相关职业技能等级认定试点工作，完善制造业服务化相关人才职称评聘机制，推进制造业和服务业专技人才评价互通。

3.2.2.4 产业政策与财政支持的影响

(1) 资金投入助力技术创新与产业升级

专项财政资金支持关键技术研发，政府通过设立产业基础再造和制造业高质量发展专项资金，如2024年中央财政安排的104亿元专项资金，重点支持基础产品、核心技术等短板的突破，增强产业链供应链的韧性和竞争力，推动解决产业关键共性技术难题，助力制造业向高端化、智能化、绿色化方向发展。财政奖补激励企业增加创新投入，对制造业企业进行财政奖补，如对专精特新中小企业、高新技术企业等给予资金奖励，鼓励企业加大研发投入，提升自主创新能力。以湖南省为例，其通过财政支持政策，培育了大量专精特新中小企业，推动制造业的高质量发展。此外，财政部门还对首台（套）重大技术装备、首批次重点新材料等的应用给予保险补偿，促进创新产品的市场应用，加快科技成果向现实生产力的转化。

(2) 税收优惠政策降低企业成本与风险

减税降费减轻企业负担，实施结构性减税降费政策，如研发费用税前加计扣除、先进制造业企业增值税加计抵减等，直接降低了企业的税收成本，使企业有更多的资金用于扩大生产、技术改造和研发，增强企业的市场竞争力和盈利能力。据统计，2024年1—8月，支持科技创新和制造业发展的主要政策减税降费及退税超1.8万亿元。税收优惠引导企业绿色转型，落实企业购置用于环境保护、节能节水、安全生产专用设备所得税抵免政策，引导企业加大在环保、节能等软硬件设备上的投入，推动传统制造业向绿色制造转型，促进制造业的可持续发展。

（3）财政引导促进资源优化配置与协同发展

财政资金撬动社会资本投入，财政部门充分发挥财政资金的引导作用，通过政府投资基金等方式，吸引社会资本向制造业重点领域集聚，形成“四两拨千斤”的效应，为制造业发展提供更充足的资金支持。例如，国家中小企业发展基金带动社会资本共同支持种子期、初创期成长型中小企业创新发展。促进产业链供应链协同发展，安排财政专项资金支持链主企业、龙头企业制定产业链上下游协同技术改造方案，推动产业链供应链的协同数字化改造，助力建设智慧供应链、绿色供应链，提升产业链供应链的整体效率和韧性，促进制造业内部各环节以及制造业与其他产业之间的协同发展。

3.2.2.5　科技创新投入的影响

（1）推动智能化转型与产业升级

科技创新投入是制造业智能化转型的关键驱动力。随着数字技术、人工智能、物联网等新兴技术的快速发展，制造业企业通过加大科技创新投入，实现了生产过程自动化、智能化和高效化。例如，许多传统制造业企业通过引入工业机器人、智能传感器和自动化生产线，显著提高了生产效率、产品质量和生产灵活性。鞍钢集团关宝山矿业有限公司通过智能化改造，利用巡检机器人和清扫机器人，提高了原矿处理量、精矿产量和金属回收率，同时降低了综合能耗。此外，科技创新投入还能够推动制造业向高端化、绿色化方向发展。2024 年，我国制造业技术改造投资比上一年增长 8%，2025 年计划建成 500 个以上智能制造示范工厂。这些举措不仅提升了企业的生产效率，还减少了资源浪费和环境污染，推动了制造业的可持续发展。例如，通过绿色技术创新，许多制造业企业实现了节能减排和资源循环利用，提升了企业的环境效益和社会形象。

（2）提升产业竞争力与创新能力

科技创新投入是提升制造业企业核心竞争力的关键因素。通过加大研发投入，企业能够突破关键核心技术，解决“卡脖子”问题，从而在全球市场中占据更有利的位置。2024 年，我国在新型储能、人形机器人等领域布局了多家国家级制造业创新中心，累计突破关键共性技术 672 项，实现技术成果转化 690 项。这些成果不仅提升了企业的技术水平，还增强了我国制造业在全球市场中的竞争力。科技创新投入还能够促进科技成果转化，推动高技术产业和数字经济核心产业的快速发展。数据显示，2024 年我国高技术产业销售收入同比增长 9.6%，科技成果转化服务销售收入同比增长 27.1%，数字经济核心产业同比增长 7.1%。这些数据表明，科技创新投入不仅提升了企业的创新能力，还推动了新兴产业的快速发展，为制造业的高质量发展注入了新的动力。

（3）加速新旧动能转换与新质生产力发展

科技创新投入能够加速传统产业的转型升级，推动新旧动能转换。在数字技术、绿色技术等新兴技术的赋能下，传统产业焕发出新的活力。例如，从无人矿山到智慧港口，传统产业中的新质生产力正在加快形成。2024 年，我国制造业投资增长 9.2%，其中高技术制造业投资增长 7.0%，高技术服务业投资增长 10.2%。这些数据表明，科技创新投入正在推动制造业向绿色化、智能化方向发展，助力新质生产力的形成和壮大。此外，科技创新投入还能够培育新兴产业，打造新的经济增长引擎。例如，新一代信息技术、人工智能、新能源等领域的发展，为制造业提供了新的发展机遇。通过加大对这些领域的投入，制造业企业能够实现从传统生产模式向创新驱动模式的转变，提升企业的核心竞争力。例如，2024 年我国在数字经济核心产业的投入显著增加，推动了相关产业的快速发展。

3.3 陕西制造业新质生产力发展分析

3.3.1 陕西制造业新质生产力发展情况

3.3.1.1 陕西制造业新质生产力发展的基础

（1）陕西制造业产业体系的完整性

陕西是我国重要的制造业基地，拥有门类齐全、结构完善、基础雄厚的制造业体系。陕西的工业体系涵盖了装备制造、汽车、电子信息、航空航天、新材料等多个领域，形成了较为完整的产业链条。例如，在航空航天领域，陕西拥有西安飞机工业（集团）有限责任公司等龙头企业，是我国重要的大中型飞机制造基地。在电子信息领域，陕西的半导体产业规模居全国前列，形成了从芯片设计、制造到封装测试的完整产业链。此外，陕西在新能源汽车、太阳能光伏等战略性新兴产业领域也具备较坚实的产业基础。

陕西制造业不仅在传统产业上具有深厚基础，在新兴产业上也展现出强劲的发展势头。例如，陕西的光伏产业已形成涵盖晶硅材料制造、硅片加工、太阳能电池、太阳能电池组件等多个领域的较为完整的产业链。此外，陕西的现代煤化工发展水平全国领先，单晶硅片、重卡变速器产量全球第一。这些产业的协同发展，为陕西制造业的高质量发展提供了坚实支撑。

（2）陕西传统制造业的优势

陕西传统制造业优势显著，陕汽集团、法士特公司等龙头企业在行业内占据着重要地位。陕汽集团是我国重要的重型汽车生产基地，其重卡产品在国内市场占有率较高。法士特公司作为全球最大的重型汽车变速器生产企业，其产品在国内市场占有率稳居第一位。这些龙头企业不仅自身实力强大，还带动了上下游相关产业的发展，形成了较为完整的产业链条。

法士特公司通过数字化转型，成功创建了商用车变速器大数据云平台和远程运维管理系统，填补了我国商用车变速器载荷谱领域的空白。此外，法士特高智新工厂采用先进设备，应用数字孪生、黑灯生产、万物互联等技术，生产效率提高70%以上，能源消耗降低14%。陕汽集团也在加快数字化生产线、数字化车间、智能工厂建设步伐，推动产业数字化转型。这些企业的数字化转型，不仅提升了自身的竞争力，也为陕西传统制造业的转型升级提供了示范引领。

3.3.1.2 新质生产力在陕西制造业中的体现

（1）智能制造场景的构建与柔性生产线的应用

陕汽重卡扩能基地是陕西制造业新质生产力的典型代表。该基地通过构建丰富的“智造”场景，实现了无人搬运车、全自动零部件输送等智能化生产方式，装配一辆重型卡车仅需4.8分钟，一条生产线可同时装配10多款车型，是国内重卡领域速度最快的柔性生产线之一。这种智能化、柔性化的生产方式不仅提高了企业的生产效率，还增强了企业的市场竞争力。

陕汽集团的智能化生产不仅体现在生产线上，还体现在产品的智能化升级上。陕汽的新能源重卡和氢能重卡在国内市场占据领先地位，其电动重卡产量增长3倍，氢能重卡交付量位居全国第一。这些智能化、绿色化的产品，展现了陕汽集团在新质生产力推动下的强大创新能力。

（2）新兴产业的快速增长

陕西在新能源汽车和太阳能光伏等新兴产业领域取得了显著进展。新能源汽车产业方面，陕西抓住新能源汽车产业发展的风口，汽车产量全国排名跃升至第七位，跻身全国汽车产业第一梯队。西安在2022年成为国内新能源汽车产量“第一城”。2024年，陕西新能源汽车产量达119.8万辆，同比增长13.9%，占全省汽车总产量的

68.3%。比亚迪在陕西整车产量突破百万辆，达到107万辆，占比亚迪全球产量的1/4。

太阳能光伏产业方面，陕西依托隆基绿能等行业龙头企业，利用其突出的创新能力、完整的产业体系和明显的集群优势，推动硅基太阳能光伏产业的发展。隆基绿能晶硅电池研发转换效率连续打破世界纪录，2023年其自主研发的背接触晶硅异质结太阳能电池的转换效率达到27.09%。陕西光伏产业已形成涵盖晶硅材料制造、硅片加工、太阳能电池、太阳能电池组件等多个领域的较为完整的产业链。

（3）绿色生产力的发展

陕西制造业的绿色生产力发展迅速，煤矿智能化建设是其中的重要内容。目前，陕西全省建成158个智能化采煤工作面、107个智能化掘进工作面，煤矿采煤机械化程度超99%。例如，陕煤曹家滩矿业有限公司通过智能化改造，实现了无人驾驶矿车、智能巡检机器人等技术的应用。此外，陕西还实施节能降碳技术改造项目，持续提高经济绿色化程度，加快形成绿色发展新的增长点。

陕南地区立足优势资源禀赋，基本构建起绿色循环产业体系。中成药、富硒茶、林果业、养殖业、有机食品等绿色食药产业初具规模，健康旅游产业蓬勃兴起。一批重大节能环保项目和工程陆续落地建设，航空、蓄能、电子产业规模不断壮大。这些绿色产业的发展，不仅推动了陕西制造业的可持续发展，也为全省经济的高质量发展注入了新动力。

3.3.1.3　陕西制造业新质生产力发展的政策与平台支持

秦创原是陕西推动新质生产力发展的重要平台。该平台是陕西省创新驱动发展的总平台，是推动陕西从科教大省向创新强省转变的重要载体。平台聚焦立体联动“孵化器”、成果转化“加速器”和两链融合“促进器”三大目标，通过整合高校、科研机构和企业的创新资源，加快科技成果转化。例如，西安煤矿机械有限公司在秦创原的支持下，研制出世界首台10米超大采高智能化采煤机。此外，秦创原还推动了新能源汽车、太阳能光伏等产业的发展。通过政策引导和市场化机制，秦创原将创新资源转化为产业发展新势能，推动陕西制造业向高端化、智能化、绿色化迈进。

3.3.1.4 政府在产业政策与研发投入方面的支持

陕西省政府出台了一系列支持新质生产力发展的政策。例如，《关于支持企业建立研发机构 加大研发投入 加强研发活动的若干措施》提出，到2025年，建设新型研发机构100家、“四主体一联合”校企联合研究中心160家、工程技术研究中心300家、省级企业技术中心500家，实现省属国有规模以上工业企业研发机构100%覆盖。此外，陕西还实施科技型企业“登高”“升规”“晋位”“上市”四大工程，力争到2025年，全省科技型中小企业达到2万家，高新技术企业突破1.5万家。

陕西还加强财政科技计划项目支持引导，深化科技计划项目改革。通过“揭榜挂帅”“赛马”等制度，提升科技计划精准支持企业技术创新的时效性。同时，陕西鼓励企业加大研发投入，支持产业链企业开展智能化、绿色化、数字化改造提升。这些政策和平台的支持，为陕西制造业新质生产力的发展提供了有力保障。

3.3.2 陕西制造业新质生产力指标体系构建及测算方法

3.3.2.1 新质生产力的内涵与特征

（1）新质生产力的内涵

新质生产力是指以创新为主导，摆脱传统经济增长方式和生产力发展路径，具有高科技、高效能、高质量特征，符合新发展理念的先进生产力质态。它由技术革命性突破、生产要素创新性配置、产业深度转型升级而催生，以劳动者、劳动资料、劳动对象及其优化组合的跃升为基本内涵，以全要素生产率大幅提升为核心标志。①

与传统生产力相比，新质生产力具有以下显著特点。第一，要素构成的差异。传统生产力依赖土地、劳动、资本等基础生产要素，而新质生产力更加倚重知识、数据和技术。这些新要素的应用突破了物理资源的限制，使得生产活动能够打破时空界限，呈现出更高的产出弹性。第二，运作模式的变革。传统生产力通常以线性供应链模式为主，新质生产力则以网络化协同为特征。在数字化平台的支持下，生产流程被智能化重构，资源配置更加精准，极大地提升了效率与效益。第三，价值创造方式的升级。传统生产力强调规模化生产和成本控制，而新质生产力注重用户价值和创新驱动。个性化服务、多样化产品以及快速迭代的生产方式，满足了现代消费者日益多元化的需求。

以制造业为例，新质生产力的优势体现得尤为明显。第一，生产效率提升。新质生产力通过引入智能化设备和自动化生产线，优化生产流程，显著提高了生产效率。例如，企业运用数智技术优化能源管理策略，从高投入、高产出、高能耗的传统生产模式向低碳、节能、高效的新生产模式转变。在品控检验过程中应用人工智能技术，分析次品形成原因并不断改进生产工艺，能够有效提升良品率，提高生产效率，减少废弃物产生。第二，产品附加值增加。新质生产力推动制造业企业从传统的规模化生产向个性化、定制化生产转变，以满足消费者多样化的需求，从而提升产品的附加值。例如，通过科技创新和智能化生产，企业能够生产出更高质量、更加差异化的产品，提升产品在市场上的竞争力。第三，资源利用优化。新质生产力注重绿色可持续发展，通过节能减排、资源循环利用等方式，实现资源的高效利用。例如，结合物联网和大数据技术构建智能电网系统，实现清洁能源的全网优化调度与配

① 谷成，秦亦兵，王巍．促进新质生产力形成与发展的税收思考[J]．国际税收，2025(1)：33.

置，减少输电损耗和碳排放，提高供电稳定性和可靠性。同时，通过绿色科技创新以及先进绿色技术推广应用，推动制造业走绿色可持续发展道路。

（2）新质生产力的特征分析

第一，创新驱动性。新质生产力的特征首先体现在其强大的创新驱动性上。这种生产力形态将技术创新、管理创新和商业模式创新作为核心驱动力，推动经济与产业的深度变革。技术创新是新质生产力的基石，它依赖于人工智能、物联网、大数据和区块链等前沿技术的应用。这些技术不仅为传统行业的转型赋能，还催生了新兴产业，为经济发展注入新的活力。例如，企业利用大数据分析能够精准预测市场需求，从而优化生产计划；物联网技术则实现了设备之间的互联互通，使得生产过程的智能化监控与优化成为可能。除此之外，管理创新也至关重要，它要求企业采用更加灵活、高效的管理模式。数字化平台的出现使得供应链的智能化管理得以实现，资源配置的效率显著提高。[①] 企业还需要建立更加开放、协同的创新生态，促进产学研用的深度融合，从而推动技术创新和产业升级。商业模式创新同样是新质生产力的重要组成部分，它促使企业从传统的生产销售模式向服务型制造模式转变。个性化定制服务满足了消费者多样化的需求，增加了产品的附加值。此外，企业还需要积极探索共享经济、平台经济等新的商业模式，以更好地适应新质生产力的发展要求。

第二，数字化赋能。数字化赋能也是新质生产力的关键特征之一。在制造业中，数字技术如大数据、人工智能和物联网的应用，正在推动生产方式的深刻变革。智能化生产的实现得益于智能化设备和自动化生产线的引入，这使得制造业企业能够显著提高生产效率和产品质量。以

---

① 杜传忠，疏爽，李泽浩．新质生产力促进经济高质量发展的机制分析与实现路径［J］．经济纵横，2023（12）：25.

华为云为例，其利用全栈 AI 能力为制造业企业提供智能化解决方案，实现了生产流程的智能化监控与优化。精准资源配置的实现依赖于大数据和人工智能技术，企业通过对海量数据的采集、分析和应用，能够做出更精准的决策，从而优化生产流程和市场策略。实时数据监控和反馈机制使得能源的高效调度成为可能，进而提高了企业的生产效率。[①] 供应链协同的高效性也得益于数字化平台的应用，企业可以通过这些平台实现供应链的智能化管理，提高资源配置的效率，降低生产成本。物联网技术使得企业能够实时监控供应链中的物流、信息流和资金流，实现供应链的可视化和智能化管理。

第三，绿色可持续性。绿色可持续性是新质生产力的又一个重要特征。它通过节能减排、资源循环利用等方式，致力于实现制造业的可持续发展。在节能减排方面，新质生产力强调通过技术创新和管理创新，减少生产过程中的能源消耗和污染物排放。企业可以通过优化能源管理策略，采用清洁能源和节能技术，实现低碳、节能、高效的新生产模式。资源循环利用也是新质生产力关注的重点内容，它注重资源的高效利用和循环利用。通过发展循环经济，企业可以实现废弃物资源化利用，减少对自然资源的依赖。同时，绿色科技创新以及先进绿色技术的推广应用，能够提高资源的利用效率，降低生产成本。[②] 生态化发展是新质生产力追求的目标，旨在实现经济效益与社会效益的平衡。通过技术赋能生态保护，企业可以实现绿色增长，推动经济社会发展全面绿色转型。例如，智能电网系统实现了清洁能源的全网优化调度与配置，减少了输电损耗和碳排放。

---

① 阮素梅，邵恬恬．长三角区域新质生产力发展水平、区域差异与时空演变特征[J]．经济问题，2025(1):118.

② 任保平，王子月．数字经济推动形成新质生产力“技术—经济范式”的框架与路径[J]．经济纵横，2025(1):79.

3.3.2.2 陕西制造业新质生产力指标体系构建

制造业新质生产力的测算指标体系构建是衡量和评估制造业转型升级成效的关键环节。科学合理的指标体系能够全面、准确地反映制造业新质生产力的发展水平和特征，为政策制定和企业决策提供有力支持。

（1）指标选取原则

在构建制造业新质生产力的测算指标体系时，需要遵循科学性与系统性、可操作性与数据可得性、代表性与导向性等原则。①

科学性与系统性原则，即所选指标必须能够全面反映制造业新质生产力的各个方面，涵盖技术创新能力、数字化水平、绿色生产、生产效率和产品附加值等关键要素。这些指标应相互关联，形成一个有机的整体，以确保从多个维度全面评估新质生产力的发展水平。例如，技术创新能力不仅包括研发投入占营业收入的比重，还应涵盖专利申请数量和新产品销售收入占比等指标，以全面反映企业在技术创新方面的投入和产出。

可操作性与数据可得性原则，即所选指标应具有明确的定义和可靠的数据来源，便于实际测算和应用。数据的可得性是确保指标体系能够有效运行的重要基础。例如，企业信息化投入占比可以通过企业财务报表中的相关数据计算得出，而生产设备数字化率可以通过企业设备台账和数字化改造记录进行统计。这些数据的获取不仅需要企业内部的配合，还需要政府部门和行业协会的支持，以确保数据的准确性和完整性。

代表性与导向性原则，即所选取的指标应具有代表性，能够突出新质生产力的关键要素和发展方向。同时，指标应具有一定的导向性，引导企业和社会资源向新质生产力的重点领域和关键环节倾斜。例如，高

① 蒋永穆，乔张媛．新质生产力发展评价指标体系构建［J］．经济体制改革，2024（3）：11.

附加值产品占比和产品毛利率等指标不仅反映了企业的产品竞争力，还引导企业注重产品附加值的提升和技术创新的投入，从而推动制造业向高端化、智能化、绿色化方向发展。

(2) 指标体系框架

基于上述原则，制造业新质生产力的测算指标体系可以分为技术创新指标、数字化水平指标、绿色生产指标、生产效率指标和产品附加值指标五个方面。

第一，技术创新指标。技术创新是新质生产力的核心驱动力，因此技术创新指标在测算体系中占据着重要地位。具体指标包括研发投入占营业收入比重、专利申请数量、新产品销售收入占比等。研发投入占营业收入比重反映了企业在技术创新方面的投入力度，专利申请数量体现了企业的创新能力和技术积累，新产品销售收入占比则反映了企业技术创新的市场转化能力。这些指标共同构成了技术创新能力的评估体系，能够全面反映企业在技术创新方面的投入和产出情况。

第二，数字化水平指标。数字化技术的应用是新质生产力的重要特征之一，因此数字化水平指标也是测算指标体系的重要组成部分。具体指标包括生产设备数字化率、企业信息化投入占比、工业互联网平台应用率等。生产设备数字化率反映了企业生产设备的智能化水平，企业信息化投入占比体现了企业在数字化转型方面的投入力度，工业互联网平台应用率则反映了企业对工业互联网技术的应用程度。这些指标能够全面反映企业在数字化转型方面的进展和成效，为评估企业的数字化水平提供有力支持。

第三，绿色生产指标。绿色可持续性是新质生产力的重要特征，因此绿色生产指标在测算体系中也占据着重要地位。具体指标包括单位产品能耗、污染物排放量、资源回收利用率等。单位产品能耗反映了企业的能源利用效率，污染物排放量体现了企业的环境友好程度，资源回收利用率则反映了企业的资源循环利用能力。这些指标能够全面反映企业在绿色生产方面的表现，为推动制造业的可持续发展提供重要参考。

第四，生产效率指标。提升生产效率是新质生产力的重要目标之一，因此生产效率指标也是测算指标体系的重要组成部分。具体指标包括劳动生产率、设备利用率、生产周期缩短率等。劳动生产率反映了企业的劳动效率，设备利用率体现了企业的设备管理水平，生产周期缩短率则反映了企业的生产流程优化能力。这些指标能够全面反映企业在生产效率方面的表现，为评估企业的生产管理水平提供重要依据。

第五，产品附加值指标。产品附加值的提升是新质生产力的重要体现之一，因此产品附加值指标也是测算指标体系的重要组成部分。具体指标包括高附加值产品占比、产品毛利率等。高附加值产品占比反映了企业的市场竞争力，产品毛利率则反映了企业的盈利能力。这些指标能够全面反映企业在产品附加值提升方面所取得的成效，为推动制造业的高质量发展提供重要支持。

（3）指标权重确定方法

在确定指标权重时，可以采用层次分析法（AHP）、主成分分析法（PCA）、德尔菲法等常用方法。这些方法各有优缺点，适用于不同的应用场景。

第一，层次分析法。层次分析法是一种将复杂问题分解为多个层次和因素，并通过专家打分的方式确定各因素权重的分析方法。在制造业新质生产力的测算中，可以将技术创新、数字化水平、绿色生产、生产效率和产品附加值五个指标作为一级指标，再将每个一级指标下的具体指标作为二级指标。通过专家打分的方式，确定各一级指标和二级指标的权重。[①] 这种方法的优点是能够充分发挥专家经验和智慧的作用，其

① 申志东．运用层次分析法构建国有企业绩效评价体系[J]．审计研究，2013(2)：109.

缺点是主观性较强，可能受到专家个人偏好的影响。

第二，主成分分析法。主成分分析法是一种通过数学方法将多个相关变量降维为少数几个主成分的分析方法。在制造业新质生产力的测算中，可以将所有指标作为输入变量，通过主成分分析法提取出少数几个主成分，并根据主成分的方差贡献率确定各指标的权重。[①] 这种方法的优点是客观性强，能够有效避免主观因素的干扰，其缺点是计算过程较为复杂，需要专业统计软件的支持。

第三，德尔菲法。德尔菲法是一种通过多轮专家调查的方式确定指标权重的分析方法。在制造业新质生产力的测算中，可以邀请多位专家对各指标的重要性进行评分，通过多轮调查和反馈，逐步缩小专家意见的分歧，最终确定各指标的权重。这种方法的优点是能够充分发挥专家的集体智慧，其缺点是过程较为烦琐，需要耗费较多的时间和精力。

在实际应用中，可以根据具体情况选择合适的方法确定指标权重。例如，可以结合层次分析法和主成分分析法的优点，先通过层次分析法确定一级指标的权重，再通过主成分分析法确定二级指标的权重。同时，可以结合德尔菲法，邀请专家对权重结果进行验证和调整，以确保权重的合理性和科学性。

通过科学合理的指标体系构建和指标权重确定方法，可以全面、准确地测算制造业新质生产力的发展水平，为推动制造业的高质量发展提供有力支持。

3.3.2.3 陕西制造业新质生产力的测算方法

制造业新质生产力的测算方法多种多样，常用的有综合指数法、数据包络分析（DEA）和随机前沿分析（SFA）。这些方法各有特点，适

① 孔宁宁，魏韶巍．基于主成分分析和 Logistic 回归方法的财务预警模型比较：来自我国制造业上市公司的经验证据[J]．经济问题，2010(6)：114.

用于不同的研究场景和数据条件。

（1）综合指数法

综合指数法是一种通过加权求和的方式，将多个指标综合为一个指数的测算方法，用于衡量制造业新质生产力的整体水平。这种方法的核心在于确定各指标的权重，权重的确定可以通过层次分析法、主成分分析法等方法实现。综合指数法的优点是计算过程相对简单，易于理解和应用。① 其缺点是权重的确定可能存在主观性，且对极端值较为敏感。具体计算公式如下。

$$S = \sum_{i=1}^{n} \omega_i \times x_i \tag{3.1}$$

其中，S 为综合指数，ω_i 表示第 i 个指标的权重，x_i 表示第 i 个指标的标准化值。通过综合指数法，可以将多个指标综合为一个指数，从而对制造业新质生产力的整体水平进行量化评估。

（2）数据包络分析

数据包络分析是一种用于评价制造业企业在新质生产力方面的效率的测算方法，通过输入输出指标的比较，识别效率前沿和改进方向。这种方法的核心在于构建一个效率前沿面，将所有企业分为有效率和无效率两类。有效率的企业位于效率前沿面上，而无效率的企业位于效率前沿面之下。数据包络分析的优点是不需要事先设定生产函数形式，能够处理多输入多输出的情况，且对数据要求相对较低。② 其缺点是无法考虑随机误差和生产前沿的不确定性。数据包络分析的基本模型如下。

$$\text{目标函数：} \max\theta \tag{3.2}$$

约束条件：

① 徐敏，姜勇．中国产业结构升级能缩小城乡消费差距吗？［J］．数量经济技术经济研究，2015，32（3）：11．

② 梅昌新．基于数据包络分析的我国营改增效应评价：以吉林省数据为例［J］．税务研究，2017（10）：10．

$$\sum_{j=1}^{n} \lambda_j y_{ij} \geqslant \theta y_{io}, i = 1,2,3,\cdots,m \tag{3.3}$$

$$\sum_{j=1}^{n} \lambda_j x_{kj} \leqslant x_{ko}, k = 1,2,3,\cdots,s \tag{3.4}$$

$$\lambda_j \geqslant 0, j = 1,2,3,\cdots,n \tag{3.5}$$

其中，y_{ij}是第 j 个决策单元的第 i 种产出量，x_{kj}是第 j 个决策单元的第 k 种投入量，λ_j是权重变量，θ 是效率得分，约束条件中的下标 o 代表被评估的决策单元（DMU）。通过数据包络分析，可以识别出哪些企业在新质生产力方面表现优秀，哪些企业需要改进及其改进的方向。

（3）随机前沿分析

随机前沿分析是一种考虑随机误差和生产前沿不确定性的测算方法，能够更准确地评估制造业新质生产力的潜在水平和实际差距。该方法通过设定一个随机前沿生产函数，将实际产出与潜在产出之间的差距分解为随机误差和效率损失两部分。它的优点是能够处理随机误差和生产前沿的不确定性，提供更为准确的效率评估。① 其缺点是模型设定较为复杂，对数据要求较高。随机前沿分析的基本模型如下。

$$Y_i - f(X_i;\beta) + V_i - U_i \tag{3.6}$$

其中，Y_i为第 i 个决策单元的产出，X_i为第 i 个决策单元的投入向量，β 为未知参数向量，V_i为随机误差项，U_i为非负随机变量。通过随机前沿分析可以估算出企业的潜在产出水平，从而评估企业的效率损失和改进空间。

3.3.3　陕西制造业新质生产力的驱动因素

新质生产力是推动制造业高质量发展的重要力量，其发展受到多种因素的综合影响。在陕西省，技术因素、组织与产业因素、政策与环境因素共同作用，推动了制造业新质生产力的快速提升。

① 范鑫．数字经济与出口：基于异质性随机前沿模型的分析[J]．世界经济研究，2021(2)：72.

3.3.3.1 技术因素

技术因素是推动陕西制造业新质生产力发展的核心驱动力。新一代信息技术、智能制造技术等在陕西制造业中的广泛应用，显著提升了企业的生产效率和创新能力。以隆基绿能等企业为例，技术创新在提升企业新质生产力方面发挥了重要作用。隆基绿能通过不断加大研发投入，掌握了多项国际领先的核心技术，如高效单晶硅片生产技术，不仅提升了产品的质量和性能，还大幅降低了生产成本。① 此外，陕汽集团、法士特公司等企业通过数字化生产线、数字化车间和智能工厂建设，实现了生产过程的智能化和自动化，显著提升了生产效率。这些企业的成功实践表明，技术创新是提升制造业新质生产力的关键。

3.3.3.2 组织与产业因素

组织与产业因素对陕西制造业新质生产力的发展具有重要影响。企业数字化转型和产业集群发展是推动新质生产力提升的重要途径。陕西省在推动企业数字化转型方面取得了显著成效。例如，陕汽重卡扩能基地通过构建丰富的"智造"场景，实现了生产过程的高度自动化和智能化。此外，陕西还通过建设多个国家级和省级产业集群，促进了产业的集聚发展。例如，陕西已形成航空工业、集成电路、先进结构材料等国家级产业集群。这些产业集群通过整合产业链上下游资源，实现了资源共享和协同创新，提升了产业的整体竞争力。同时，陕西还积极推动传统产业的智能化、绿色化、融合化转型。例如，陕北能源化工基地通过数字化改造，实现了煤炭开采的智能化和绿色化。

3.3.3.3 政策与环境因素

政策与环境因素对陕西制造业新质生产力的发展起到了重要的促进

① 温科，李常洪．数实技术融合对企业新质生产力的影响研究[J/OL]．科研管理，1－12[2025－06－16]．http://kns.cnki.net/kcms/detail/11.1567.G3.20250122.1420.009.html.

作用。陕西省政府通过出台一系列政策措施，支持制造业的转型升级。例如，秦创原的建设为新质生产力的发展提供了强大的动力。秦创原通过整合全省的科技资源，推动了科技成果的转化和产业化。此外，陕西还通过实施“链长制”工作机制，加快构建具有陕西特色的现代化产业体系。这些政策措施为制造业的发展提供了良好的政策环境。同时，陕西还通过优化营商环境，吸引了大量国内外投资，为制造业的发展提供了充足的资源支持。例如，陕西在新能源汽车、太阳能光伏等领域的快速发展，得益于良好的政策环境和市场需求。这些外部因素共同作用，推动了陕西制造业新质生产力的快速发展。

3.4 本章小结

减税降费政策作为国家宏观调控的重要手段，在国际经济竞争加剧、国内经济转型的背景下应运而生。在全球经济一体化的进程中，国际税收竞争日益激烈，各国纷纷通过减税政策来吸引外资，促进企业发展，增加就业，提升国际竞争力。这一全球性减税趋势给我国经济发展带来了新的机遇和挑战。我国出台减税降费政策，旨在减轻企业负担，激发市场活力，促进经济结构的优化升级。在国内，中国经济进入新常态，面临多重转型挑战和结构性问题。随着经济增长速度的放缓，传统的投资和出口驱动模式优势逐渐减弱，中国经济需要寻找新的增长点，实现由高速增长向高质量发展的转变。减税降费政策通过减轻企业和个人的税费负担，激发市场主体活力，促进创新和消费，从而推动经济结构的优化升级。这一政策的实施，不仅是对供给侧结构性改革的深化，通过降低企业成本，提高企业竞争力，促进产业升级和新旧动能转换，也是对国内需求侧管理的加强，通过刺激消费和投资，扩大内需，增强经济的内生增长动力。同时，减税降费还有助于缓解中小企业融资难、融资贵的问题，增强其生存和发展能力，这对于稳定就业、保障民生和社会稳定具有重要意义。陕西作为中国西北地区的经济强省，积极响应国家政策，结合自身经济发展特点，出台了一系列减税降费措施。这些措施旨在激发市场活力，减轻企业负担，推动经济高质量发展。通过减税降费，陕西不仅优化了营商环境，还促进了民营经济的发展，减少了对土地财政的依赖，为经济结构的优化升级提供了有力支持。这些政策的实施，不仅有助于应对经济下行压力，还为陕西经济的长远发展和国际竞争力的提升奠定了坚实基础。

陕西作为我国重要的制造业基地，拥有完善的工业体系和深厚的传统制造业基础。近年来，陕西制造业转型升级取得了显著成效，特别是在新质生产力的推动下，制造业呈现出智能化、绿色化、高端化的发展趋势。陕汽集团、法士特公司等龙头企业通过数字化转型，提升了生产效率和市场竞争力。同时，陕西在新能源汽车、太阳能光伏等新兴产业领域也取得了突破性进展，形成了较为完整的产业链条。此外，陕西还通过优化空间布局，推动产业集群发展，进一步提升了制造业的整体竞争力。陕汽重卡扩能基地是陕西制造业转型升级的典型代表。该基地通过构建丰富的“智造”场景，实现了无人搬运车、全自动零部件输送等智能化生产方式。陕汽的智能化生产不仅体现在生产线上，还体现在产品的智能化升级上。新能源汽车产业方面，陕西抓住新能源汽车产业发展的风口，汽车产量全国排名跃升至第七位，跻身全国汽车产业第一梯队。太阳能光伏产业方面，陕西依托隆基绿能等行业龙头企业，利用其突出的创新能力、完整的产业体系和明显的集群优势，推动硅基太阳能光伏产业的发展。陕西的光伏产业已形成涵盖晶硅材料制造、硅片加工、太阳能电池、太阳能电池组件等多个领域较为完整的产业链。然而，陕西制造业在发展过程中仍面临一些挑战。首先，财政实力相对不足。陕西在基础设施建设、公共服务供给等方面仍需大量的资金投入，而财政收入的有限性使得政府在支持制造业发展方面的资金支持力度受到一定限制。其次，土地财政依赖问题较为突出。长期以来，陕西部分地区的经济发展过度依赖土地出让收入，这种发展模式不仅不可持续，还可能导致房地产市场泡沫化，影响实体经济的发展。此外，陕西制造业在技术创新能力、高端人才储备、产业协同创新等方面仍存在不足，需要通过持续的政策支持和创新加以解决。

新质生产力作为推动制造业高质量发展的核心动力，具有创新驱动性、数字化赋能和绿色可持续性等显著特征。与传统生产力相比，新质生产力更加倚重知识、数据和技术等新要素，强调网络化协同和个性化服务，注重绿色可持续发展。陕西制造业在新质生产力的推动下，实现了生产效率的提升、产品附加值的增加以及资源利用的优化。

为了科学衡量新质生产力的发展水平，本章构建了一套涵盖技术创新、数字化水平、绿色生产、生产效率和产品附加值五个方面的测算指标体系。技术创新指标包括研发投入占营业收入比重、专利申请数量、新产品销售收入占比等，反映了企业在技术创新方面的投入和产出情况。数字化水平指标包括生产设备数字化率、企业信息化投入占比、工业互联网平台应用率等，反映了企业在数字化转型方面的进展和成效。绿色生产指标包括单位产品能耗、污染物排放量、资源回收利用率等，反映了企业在绿色生产方面的表现。生产效率指标包括劳动生产率、设备利用率、生产周期缩短率等，反映了企业的生产管理水平。产品附加值指标包括高附加值产品占比、产品毛利率等，反映了企业的市场竞争力和盈利能力。

在确定指标权重时，本章采用层次分析法、主成分分析法和德尔菲法等常用方法。层次分析法通过专家打分的方式确定各因素权重，能够充分发挥专家的经验和智慧，但主观性较强。主成分分析法通过数学方法将多个相关变量降维为少数几个主成分，客观性强，但计算过程较为复杂。德尔菲法则通过多轮专家调查的方式来确定指标权重，能够充分发挥专家的集体智慧，但过程较为烦琐。通过综合运用这些方法，本书确定了各指标的权重，为新质生产力的测算提供了科学依据。在测算方法上，本书采用了综合指数法、数据包络分析和随机前沿分析等多种方法。综合指数法通过加权求和的方式，将多个指标综合为一个指数，计算过程相对简单，易于理解和应用。数据包络分析通过输入输出指标的比较，识别效率前沿和改进方向，能够处理多输入多输出的情况，对数据要求相对较低。随机前沿分析则考虑了随机误差和生产前沿的不确定性，能够更准确地评估企业的潜在产出水平和效率损失。通过这些测算方法，本章全面、准确地评估了陕西制造业新质生产力的发展水平。技术因素、组织与产业因素，政策与环境因素是陕西制造业新质生产力发展的主要驱动因素。陕西省通过加大研发投入、推动企业数字化转型、建设产业集群和优化政策环境等措施，为新质生产力的发展提供了有力支持。

本章通过对陕西减税降费政策、制造业高质量发展现状及制造业新质生产力发展的深入分析，揭示了陕西制造业在政策支持及创新驱动下的发展规律和趋势。本章研究结果不仅为陕西省政府制定相关政策提供了理论依据，也为制造业企业转型升级提供了实践指导。通过减税降费政策的实施，陕西优化营商环境，促进民营经济发展，减少了对土地财政的依赖，为经济结构的优化升级提供了有力支持。同时，陕西制造业在新质生产力的推动下，实现了生产效率的提升、产品附加值的增加以及资源利用的优化，为经济的高质量发展奠定了坚实的基础。未来，陕西应继续深化减税降费政策，加大科技创新投入，推动制造业向智能化、绿色化、高端化方向发展。首先，要进一步优化营商环境，加强政策支持和服务保障，降低企业运营成本，激发市场主体活力。其次，要加大对科技创新的投入，支持企业开展技术研发和创新活动，提升企业的核心竞争力。最后，要推动企业数字化转型，建设智能化生产线和智能工厂，提高生产效率和产品质量。同时，要优化空间布局，推动产业集群发展，加强产业链上下游企业的协同合作，提升制造业的整体竞争力。陕西还应进一步加大政策与环境方面的支持力度，为新质生产力的发展创造良好的外部条件。通过秦创原等载体，整合全省的科技资源，推动科技成果的转化和产业化。同时，要优化营商环境，吸引更多的国内外投资，为制造业的发展提供充足的资源支持。此外，要注重绿色可持续发展，推动制造业向低碳、节能、高效的方向发展，以提升经济效益。

4 减税降费影响陕西制造业高质量发展的理论分析与研究假设

减税降费政策对制造业企业高质量发展具有积极的促进作用。首先，本章回顾了古典学派减税理论、凯恩斯学派减税理论、供给学派减税理论、公共选择学派减税理论和最优税收理论等。其次，在此基础上从企业融资约束、企业创新能力以及企业投资等方面分析了减税降费对制造业高质量发展的影响机理。最后，从企业所有制和企业所处产业技术水平两个方面分析减税降费对制造业高质量发展影响的异质效应。

4.1 减税降费的理论基础

4.1.1 古典学派减税理论

古典学派产生于对重商主义的批评中，代表人物有英国的威廉·配第、亚当·斯密和大卫·李嘉图，他们主张经济自由。作为英国古典经济学的创始人，威廉·配第认为赋税对一国经济既能产生积极影响，又能产生消极影响。他在《赋税论》中力图从理论上说明正确的征税原则，认为赋税最终会落到土地和劳动的收入上，因此财富的最终源泉是土地与劳动。课税的对象会因劳动者与土地的分离而变成土地的地租和派生的收入，只有以此为限，才能使农业生产顺利地发展。[①] 亚当·斯

① 李尚远. 威廉·配第《赋税论》中的税收思想研究[J]. 企业导报,2015(9):159.

密在《国民财富的性质和原因的研究》中提出了著名的四项税收原则：一是公平原则。一国国民应该按照自己收入的一定比例或各自能力纳税，做到税负公平。二是确定原则。纳税的日期、数额和方法都应当明确，不能随意变更。三是便利原则。纳税的日期和方法需要考虑纳税人是否方便执行。四是经济原则。最小化征收的税收费用。在遵循税收原则的基础上，他不排斥向工资和利润课税，但认为最适合课税的是地租。与亚当·斯密的看法一致，大卫·李嘉图也主张支出节俭的"廉价政府"，他心目中最好的财政计划就是支出最少的财政计划，最好的赋税就是税额最少的赋税。李嘉图指出，赋税总是来自该国的资本或该国的收入，而合理的赋税应该是落在收入或剩余价值上而不是直接落在资本上，这样才能更有利于资本主义经济增长①。

总之，古典学派主张税收中性，强调节俭的政府，认为任何赋税都会有减少资本积累的趋势，且不同的赋税类型引起的不利后果会有显著的差异性。他们相信资本主义具有自行调节的功能，主张各行各业自由竞争，认为政府需要做的是为资本主义创造或提供良好的发展环境，避免对资本主义生产的干预。

4.1.2　凯恩斯学派减税理论

凯恩斯学派经济学是资本主义经济危机的产物。20 世纪 30 年代，世界爆发了资本主义历史上最严重、最持久、最广泛的经济危机。在经济危机、金融危机与政治危机交织的复杂背景下，凯恩斯主义应运而生。凯恩斯认为"有效需求不足"是造成失业和企业生产下降的原因，而解决"有效需求不足"的问题需要国家运用财政政策和货币政策加强对经济的干预。

---

① 大卫·李嘉图．政治经济学及赋税原理[M]．郭大力，王亚南，译．北京：商务印书馆，2013.

凯恩斯的税收理论建立在“有效需求”原理上，他认为所得税、资本利润率和遗产税等都与储蓄有关，政府将完善税收体系作为干预经济的主要方法会促使消费倾向提升，从而促进有效需求增加[①]。对于税收体系的完善，凯恩斯认为应当加大直接税在税收体系中的比重，因为社会上大量的财富集中在少数人手中，这些人节俭储蓄的特质会降低消费倾向，抑制资本积累。而直接税比重加大，采用累进税率对富有阶级课税会重新分配社会财富，进而提高消费倾向，增加资本积累，最终解决就业和经济危机。

此外，阿尔文·汉森提出的补偿性财政政策可以用来调节经济周期波动[②]。他认为基准的个人所得税税率是调节经济短期波动的最佳选择。在经济繁荣发展时期提高税率可以限制消费过度扩张，抑制通货膨胀的发展，在经济衰退时降低税率，退还一部分以前征收的税收，刺激消费，增加有效需求，稳定社会经济。萨缪尔森认为税收在减小经济周期波动方面具有一种内在的稳定作用，即税收在经济繁荣发展时期趋于上升，而在经济萧条时期趋于下降，这是在不受外力作用下自动对经济波动做出的调整。

总之，凯恩斯学派主张政府干预经济，他们认为刺激经济增长离不开政府强有力的干预，而且税收是政府实施调节的主要手段。他着重从宏观层面研究税收对社会经济的影响，并最终用这种影响稳定经济。

4.1.3　供给学派减税理论

供给学派是20世纪70年代中期出现在美国的新自由主义学派。供给学派批评凯恩斯主义从需求着眼的稳定经济的政策带来了经济滞胀，主张从供给出发提出稳定经济的政策。供给学派的减税思想主要分为以

---

① 约翰·梅纳德·凯恩斯．就业、利息和货币通论[M]．高鸿业，译．北京：商务印书馆，1999.

② 阿尔文·汉森．财政政策与经济周期[M]．刘涤源，译．上海：商务印书馆，1941.

下两点。

供给学派的思想精髓是反映政府税率和税收量之间关系的拉弗曲线，该曲线表明税率和税收收入之间呈现非线性关系，两者既可能同方向变动，也可能反方向变动。拉弗曲线形成的原因：①税收收入取决于税率和税基。在税率过高的情况下，企业和个人会因税负过重而降低生产经营、投资以及劳动的积极性，进而导致社会总产出减少，税基降低，最终导致税收收入减少。②高税率会变相鼓励企业和个人寻找税收漏洞，逃税避税，向税收征管部门虚报收入，造成税收收入减少。相反，在低税率的情况下，逃税避税的成本比正常纳税高得多，纳税主体自然会按实际收入纳税，从而扩大税基，使税收收入增加。

供给学派主张“供给创造需求”，认为供给是使需求得以保持的唯一源泉，其指出20世纪70年代美国出现经济滞胀的根本原因在于供给而不是需求，而当时供给不足的主要原因是税收制度的问题。只有降低过高的累进所得税税率和资本收益税率，才能刺激企业增加投资、扩大生产规模，从而增加社会供给和拉动就业，最终扭转经济停滞与通货膨胀并存的局面。

总体而言，供给学派并不排除国家对市场的干预，该学派以总供给为出发点，认为减税会减少消费、增加投资、减少闲暇、激励劳动，进而增加劳动者的实际收入和企业的实际产出，最终使社会总供给增加。

4.1.4 公共选择学派减税理论

公共选择学派兴起于20世纪50年代，是将经济学分析方法应用于政治决策过程的跨学科理论，核心代表人物包括詹姆斯·M. 布坎南（James M. Buchanan）和戈登·塔洛克（Gordon Tullock）。该学派认为政府并非“仁慈的社会计划者”，政治决策本质上是选民、政客与官僚基于自身利益最大化的博弈过程。在税收领域，公共选择学派从宪政经济学视角提出限制政府征税权的理论框架。

布坎南在《民主财政论》中指出，政府的税收和支出决策是政治过程的结果，受到各种利益集团的影响①。在民主政治体制下，选民会根据自身利益对税收政策表达偏好，政治家为了赢得选票，会倾向于制定符合选民利益的税收政策。当大部分选民认为税负过重时，政治家可能会推动减税政策的实施。而官僚机构在执行税收政策时，也会基于自身利益考虑，可能会对减税政策的实施效果产生影响。

公共选择学派认为，政治市场中存在信息不对称、利益集团博弈等问题，这可能导致政府的税收政策并非总是最优的。在减税政策制定过程中，不同利益集团会为了自身利益进行游说。塔洛克通过“寻租理论”揭示，高税率会刺激利益集团游说政府以获取税收豁免特权，形成“税收—补贴”循环的分配性竞争，造成社会福利净损失②。但从另一个角度来看，这种利益集团的博弈也可能促使政府在一定程度上调整税收政策，以满足不同群体的需求，当多个利益集团都支持减税时，减税政策就更有可能得以实施。

此外，公共选择学派还强调政府规模和财政支出效率对税收政策的影响。他们认为，过大的政府规模可能导致财政支出的低效率，增加纳税人的负担。通过减税，可以对政府的财政支出形成约束，促使政府提高财政支出效率，优化资源配置。如果政府面临减税带来的财政收入下降的压力，可能会更加谨慎地规划财政支出，减少不必要的开支，提高资金的使用效率。

总体而言，公共选择学派从政治决策过程的角度出发，认为减税政策是政治市场中各利益主体相互作用的结果，同时减税也可以作为一种约束政府行为、提高财政效率的手段。其理论为理解减税降费政策的制

---

① 詹姆斯·M. 布坎南. 民主财政论［M］. 穆怀朋，译. 北京：商务印书馆，1993.

② 戈登·塔洛克. 寻租：对寻租活动的经济学分析［M］. 李政军，译. 成都：西南财经大学出版社，1999.

定和实施提供了一个独特的政治经济学视角，有助于深入分析政策背后的利益驱动机制和政治因素影响。

4.1.5 最优税收理论

最优税收理论是现代税收理论的重要组成部分，它主要探讨在既定的政府财政收入目标下，如何构建一个能使社会福利最大化的税收体系，同时最小化税收对经济效率的扭曲。该理论在20世纪70年代逐渐发展起来，融合了经济学中的福利经济学、博弈论等多方面的知识。

詹姆斯·米尔利斯（James Mirrlees）[①] 和彼得·戴蒙德（Peter Diamond）在最优税收理论的发展中做出了重要贡献。米尔利斯在其经典论文《最优所得税理论探讨》中，深入研究了所得税的最优税率结构问题[②]。他指出，在信息不对称的情况下，政府无法完全知晓纳税人的真实能力和收入水平。如果税率设计不合理，过高的边际税率会抑制高能力者的工作积极性，导致效率损失。因此，最优的所得税税率结构应是倒“U”形，即对中等收入群体征收相对较高的税率，而对低收入和高收入群体征收较低的税率。这种税率结构在保证一定财政收入的同时，能尽量减少对经济主体行为的扭曲，促进社会公平与效率平衡。

从商品税角度来看，拉姆齐（Frank Plumpton Ramsey）提出的拉姆齐法则为最优商品税的设计提供了理论基础[③]。拉姆齐法则认为，为了实现税收的效率目标，应对需求弹性较小的商品征收较高的税率，对需求弹性较大的商品征收较低的税率。这是因为对需求弹性小的商品征税，消费者对价格变动的反应较小，税收引起的额外负担相对较小；而对需求弹性大的商品征收高税率，会导致消费者大幅减少购买量，造成

---

① MIRRLEES J A. Optimal tax theory: a synthesis[J]. Journal of Public Economics, 1976(6): 327.

② 詹姆斯·米尔利斯. 最优所得税理论探讨[J]. 经济研究评论，1971，33(2)：175.

③ RAMSEY F P. A contribution to the theory of taxation [J]. The Economic Journal, 1927, 37(145): 52.

较大的效率损失。例如，生活必需品的需求弹性较小，对其征收较高的税率，在满足财政收入需求的同时，对经济效率的影响相对较小。

最优税收理论还强调税收的公平与效率之间的权衡。埃奇沃思（Francis Ysidro Edgeworth）的公平理论为最优税收的公平考量提供了思路①。他认为，在社会福利函数的框架下，通过使每个人的边际效用相等来实现社会公平。在税收中体现为，高收入者应承担更多的税负，但同时要注意不能过度打击高收入者的积极性，从而影响经济效率。在实际的减税降费政策制定中，依据最优税收理论，需要综合考虑不同税种对经济效率和公平的影响。对于一些阻碍企业创新和投资的高税率税种，可以适当降低税率，以促进经济增长；同时，通过调整税收结构，加强对高收入群体的税收调节，实现一定程度的公平。

在最优税收理论的指导下，减税降费并非简单地降低税率，而是要根据经济主体的行为反应、市场的供求弹性以及社会公平目标等多方面因素，对税收体系进行优化调整。通过合理的减税降费政策设计，可以在促进经济增长的同时，保障社会公平，提高社会整体福利水平。

4.2 减税降费对制造业高质量发展的影响机理

4.2.1 减税降费与制造业企业高质量发展

主张“供给创造需求”的供给学派从总供给的角度出发，认为减税降费政策的实施会影响生产要素的供给关系以及经营活动，从而影响社会的总供给，最终满足社会的总需求。一方面，减税降费政策的实施增加企业的可支配资金和个人的可支配收入。以所得税为例，企业所得税的降低会直接降低企业的税费支出，企业的现金流由此增加，从而增

① EDGEWORTH F Y. The pure theory of taxation[J]. The Economic Journal, 1897,7(27):56.

加企业提升全要素生产率的投资，进而促进企业高质量发展；个人所得税的降低会直接增加个人的实际收入，从而增加个人的消费需求，企业也会因此提高收入并将部分收入用于研发投资，进而提升企业全要素生产率。另一方面，减税降费政策的实施会改变企业的资本结构，降低企业研发创新的风险。企业的研发创新不仅需要投入大量时间，还需要投入大量的人力和物力，然而在大量的投入下并不一定能够产生有价值的成果，而且在成果向市场应用转化的过程中也需要解决转化渠道和资金回流模式及速度等问题。因此，企业在整个研发创新的过程中面临着巨大的风险。为此，除了一些普惠性的减税降费政策，还有针对企业研发创新的优惠条款以及鼓励企业购买新设备的条款等。这些优惠条款的实施意味着企业研发创新的风险由政府和企业共同承担，企业进行技术创新的风险由此降低，从而会更加积极主动地进行技术创新，提升企业的全要素生产率。

在系统地研究了减税降费政策的实施效果后，有学者发现企业主要面临着来自原材料成本、用工成本、房租成本、财务成本以及税费成本的压力（李艳等，2022）[①]，税费减免政策能够显著降低市场制造业企业的经营负担，缓解其资金压力，从而激发它们的研发创新活力。税收负担过高会使得制造业企业的盈利空间缩小，特别是对于受到融资约束较大的小微企业来说，这可能对其未来长期稳定的发展产生非常不利的影响。减税降费政策对企业的降低成本效应体现在：首先，直接减轻市场中制造业企业的财务压力，使其更有能力应对市场的各种变化；其次，减少税费也能降低市场主体通过寻租和避税来节约成本的动力，促使他们将更多的资源投入实质性的业务拓展和创新中；最后，更重要的是，减税降费还能作为一种积极的信号，增强外部投资者对市场主体的

---

① 李艳，汪德华，史宇鹏．大规模减税降费政策的效果评估：基于企业满意度调查的研究［J］．学习与探索，2022（6）：127.

信心，从而拓宽其融资渠道，进一步缓解融资难题（梁季等，2022）[①]。将“营改增”政策和养老保险费率降低政策分别作为减税政策和降费政策的代理政策，研究减税降费与企业高质量发展之间的关系，实证发现减税降费可以通过研发投入、融资约束和规模效应等路径提升企业全要素生产率，且减税政策和降费政策协同促进企业高质量发展的作用大于单个政策对企业高质量发展的促进作用（段姝等，2022）[②]。减税政策对小微企业的作用效果更加明显，而降费政策对大规模企业的影响更大（马金华等，2021）[③]。

基于此，本文提出假设 H1。

H1：减税降费通过影响企业税负来影响陕西制造业高质量发展。

4.2.2 减税降费影响制造业企业高质量发展的机制

在当前全球经济竞争日益激烈的背景下，制造业作为实体经济的核心组成部分，其高质量发展对于国家经济的稳定增长和竞争力提升至关重要。减税降费具有多方面的政策效应，这是因为减税降费的核心思想是“放水养鱼”，采用“让利于企、让利于民”的方式激励市场微观主体扩大投资、加大生产、聚力研发和更好经营（潘士远等，2023）[④]，为制造业企业的高质量发展提供有力支持。具体来看，减税降费促进制造业企业高质量发展有以下影响机制。

4.2.2.1 减税降费通过影响企业融资约束来影响制造业企业高质量发展

在现代经济运行中，企业的发展高度依赖资金的顺畅流转和充足供

① 梁季，吕慧，郭宝棋．减税降费促进创业了吗？——基于营商环境的有调节中介模型[J]．财政研究，2022(12)：72.

② 段姝，刘霞，殷蓉，等．减税降费赋能企业高质量发展了吗？[J]．经济问题，2022(1)：25.

③ 马金华，林源，费堃桀．企业税收负担对经济高质量发展的影响分析：来自我国制造业的证据[J]．当代财经，2021(3)：44.

④ 潘士远，陈秀茂，任晓猛，等．优化减税降费结构：提振民营经济发展的重要路径[J]．经济学家，2023(7)：102.

应。税负水平对企业的现金流有着直接且关键的影响，税负加重会导致企业现金流显著减少，进而加剧企业的融资约束（陈海宇等，2023）①。从理论层面来看，融资约束与企业高质量发展之间存在明确的负向关系。

减税降费会减少融资约束来促进企业在研发和产出两方面的增加（杨青等，2022）②，进而促进企业高质量发展。技术进步是企业实现高质量发展过程中不可或缺的驱动力。企业实现高质量发展，往往需要在技术创新、设备更新、人才培养等多个关键领域进行大规模的资金投入，以提升产品质量、优化生产流程、增强市场竞争力。然而，技术研发活动具有特殊性，它涉及企业的核心竞争力，研发周期通常较长，且成果具有不确定性。为了保护自身的竞争优势，企业往往会对研发活动予以严格保密，这就导致外界难以全面、准确地获取研发活动的详细信息。在这种信息不对称的情况下，投资者在评估企业研发项目的价值和风险时面临较大困难，出于风险规避的本能，他们通常会对高风险的研发项目持谨慎态度，这无疑加大了企业获取外部融资的难度。当外部融资成本居高不下时，企业不得不更加依赖内部资金来维持运营和发展。但企业内部资金的积累往往有限，这使得企业的资金状况越发紧张，进一步限制了企业在研发创新、扩大生产等方面的投入，严重阻碍了企业的高质量发展进程。此时，减税降费政策的重要性便凸显出来。根据资金流动性理论，企业的资金流动性越强，其应对风险和进行投资的能力就越强。减税降费政策通过减少企业的税费支出，直接增加了企业的可支配资金，提升了企业的资金流动性，为企业缓解融资压力提供了有力支持。企业由此获得了更多的内源现金流，这些资金可以被投入高风

① 陈海宇，杜丽，张晓颖．减税降费、融资纾困与企业高质量发展[J]．国际税收，2023(9)：48.

② 杨青，胡洋，孙刚，等．如何协调减税降费与去杠杆？——基于地方政府行为的视角[J]．财经论丛，2022(2)：22.

险、高资金需求的研发活动中，为企业的技术创新提供了必要的资金保障。

企业的资产负债表在获取外部资金及缓解外部融资约束中发挥着至关重要的作用。另外，减少企业缴纳增值税是一种积极的财税政策，这会增强银行等金融机构对企业和市场的信心，增加对企业高质量发展的资金支持。通过实施减税降费政策，企业能够更好地应对外部融资的挑战，从而有更多的资源用于研发和创新。这不仅有利于企业的技术进步，更能推动企业实现高质量发展。

此外，企业的资产负债表在其获取外部资金以及缓解外部融资约束的过程中扮演着至关重要的角色。减税降费政策通过减轻企业缴纳增值税的负担，减少企业现金流出，从而改善企业资产负债表的状况，从金融机构的角度来看，企业资产负债表的改善意味着企业的偿债能力增强、财务风险降低，这会增强银行等金融机构对企业和市场的信心（崔惠玉等，2023）①。基于这种信心，金融机构更愿意为企业提供贷款支持，并且可能会给予更优惠的贷款条件。

4.2.2.2 减税降费通过影响营商环境来影响制造业企业高质量发展

营商环境是市场经济运行的基础条件，涵盖经济、政治、文化、社会、生态等一般环境，以及政务、市场、创新和公共服务等具体环境（沈建波等，2023）②。良好的营商环境如同肥沃的土壤，是企业茁壮成长、实现高质量发展的关键因素。它不仅能降低企业的运营成本，还能提高资源配置效率，激发企业的创新活力和市场竞争力。然而，在过去较长一段时间里，营商环境面临诸多挑战。较高的宏观税负增加了企业

① 崔惠玉，吕炜，徐颖．减税降费与地方债务风险：基于城投债的证据[J]．经济学家，2023(3)：65.

② 沈建波，卢艺，郭君．减税降费：基于税收职能作用视角[J]．财会通讯，2023(14)：168.

的经营成本，压缩了企业的利润空间；资源成本的不断攀升，如原材料、能源等价格上涨，进一步加重了企业负担；而腐败现象的存在，不仅破坏了公平竞争的市场秩序，还增加了企业的隐性成本，干扰了企业的正常经营决策。这些因素共同作用，使得营商环境恶化，阻碍了企业的发展。

减税政策通过打通税收征收环节，简化办税流程，降低了企业在纳税过程中的时间成本和经济成本，从而降低了企业整体税负成本。例如，"营改增"政策的全面推行，避免了重复征税，使得企业的税收负担更加合理。降费政策则通过削减各类不合理的收费项目，缩小了政府部门与企业之间的寻租空间（李真等，2021）①。因此，减税降费政策的实施会切实改善企业的营商环境。

营商环境的优化带来了一系列积极效应。从行政办事效率提升方面来看，减税降费政策与行政审批制度改革相辅相成，形成了政策红利释放—流程优化—服务升级的良性循环。这使得初创市场主体能够更便捷地进入市场，降低了市场准入门槛，促进了市场主体的多元化和市场竞争的充分性。在经济活动环节，良好的营商环境能够减少企业在市场交易中的信息不对称、降低合同执行成本等。企业可以更高效地与供应商、客户进行合作，降低采购成本和销售成本，提高生产效率和经营效益。此外，优化后的营商环境为市场中的各类主体营造了更有利的成长环境。企业能够更顺畅地获取资金、技术、人才等关键资源，并更好地整合和利用这些资源。在这样的环境下，企业家们的创新积极性被充分调动起来，更乐于开展具有冒险精神的研发创新活动，进一步推动企业生产效率的提升，促进企业向高质量发展迈进（梁季等，2022）②。

---

① 李真，李茂林．减税降费对企业创新的激励机制与调节效应[J]．上海经济研究，2021(6)：116.

② 梁季，吕慧，郭宝棋．减税降费促进创业了吗？——基于营商环境的有调节中介模型[J]．财政研究，2022(12)：58.

4.2.2.3 减税降费通过影响企业创新能力来影响制造业企业高质量发展

在创新驱动发展的时代背景下，技术创新已成为企业提升竞争力、实现高质量发展的核心要素。对于制造业企业而言，创新不仅意味着开发新产品、探索新技术，还包括对生产流程的优化以及产品质量的提升。然而，创新活动往往伴随着高投入、高风险和长周期等特点，这使得企业在开展创新时面临诸多挑战，其中资金短缺是最为突出的问题之一。

减税降费政策的实施会切实减轻企业的税费负担，使得企业有更多的资金用于技术创新和研发。企业可以增加研发投入，开发新的产品或技术，提高生产效率，或者改进现有产品的性能和质量。通过这些创新活动，企业可以获得更多的竞争优势，提高自身的核心竞争力，从而在市场竞争中获得更大的优势。实施税收优惠政策会促进制造业企业的创新投入和技术创新绩效，相较于联合技术创新，对独立技术创新绩效的促进作用更加明显（王译等，2023）①。减税降费政策的实施，直接减轻了企业的税费负担，为企业释放出更多可用于创新的资金。从理论层面来看，企业所得税和增值税是企业负担的主要税种，对企业的资金流影响较大。研发费用加计扣除政策作为减税降费政策的重要组成部分，允许企业在计算应纳税所得额时，对符合条件的研发费用进行额外扣除，这实际上降低了企业开展研发活动的成本（江三良等，2023）②。这种成本的降低，极大地激发了企业加大研发投入的积极性，促使企业更愿意投身于新技术、新产品的研发中。相较于企业所得税减少而言，增值税减少对企业进行技术创新的促进作用更大（何邓娇等，2021）③。

---

① 王译，徐焕章．税费优惠助力企业促进技术创新研究：基于制造业上市公司数据的实证分析[J]．价格理论与实践，2023(3)：89.

② 江三良，宁馨雨．减税降费为企业提质增效了吗？[J]．管理现代化，2023，43(1)：71.

③ 何邓娇，孙亚平．减税降费对财政收入的影响：基于广东省的分析[J]．湖南财政经济学院报，2021，37(2)：42.

增值税作为流转税，贯穿企业生产经营的各个环节。降低增值税税率，一方面减轻了企业在采购原材料、生产设备等环节的税负，降低了企业的生产成本，使企业有更多资金用于技术创新；另一方面，增值税的减少改善了企业的现金流状况，增强了企业的资金流动性，为企业开展创新活动提供了更坚实的资金保障。相比之下，企业所得税的减少主要影响企业的利润分配环节，对企业创新的直接激励作用相对较弱。

增降费政策同样对制造业企业的创新投入和产出有着显著影响，但是该政策通过激励创新投入来促进制造业企业高质量发展（薛菁，2022）[①]。以社会保险费率下调为例，这一政策直接降低了企业的用工成本，使得企业在人力资源方面的支出减少。企业可以将节省下来的资金用于引进高技术创新人才、开展员工培训或者投入创新项目中（曾益等，2021）[②]。从企业创新的整体过程来看，减税降费政策从创新投入和创新绩效两个关键环节入手，全面激励企业开展创新活动（李传宪等，2022）[③]。通过增加创新投入，企业能够提升自身的技术水平和研发能力，开发出更具竞争力的产品或技术，进而提高创新绩效，在市场竞争中占据更有利的地位，推动企业向高质量发展迈进。

4.2.2.4　减税降费通过影响企业投资来影响制造业企业高质量发展

在现代经济体系中，投资是企业进行资源配置和价值创造的重要活动（钱雪松等，2018）[④]。对于制造业企业而言，扩大投资是实现规模经济和范围经济的关键途径。通过扩大生产规模，企业可以充分利用生产设备和劳动力，降低单位生产成本，实现成本的分摊和效率的提升；

---

① 薛菁．新一轮减税降费、创新促进与制造业高质量发展[J]．财经论丛，2022(6)：22.

② 曾益，杨悦．社会保险缴费率下调能促进企业创新吗？[J]．保险研究，2021(6)：115.

③ 李传宪，李琪航．减税降费对上市公司创新影响研究[J]．经济问题探索，2022(3)：57.

④ 钱雪松，康瑾，唐英伦，等．产业政策、资本配置效率与企业全要素生产率：基于中国2009年十大产业振兴规划自然实验的经验研究[J]．中国工业经济，2018(8)：55.

而通过拓展业务范围，开展多元化投资，企业能够涉足更多领域，分散经营风险，提高产品的多样性和市场适应性，进而提高产品质量、提高市场份额，最终增强企业的盈利能力。然而，在现实经营中，众多制造业企业常常面临资金短缺的困境，这使得许多具有潜力的投资机会不得不被放弃。资金不足限制了企业在先进设备购置、新技术研发、人才培养引进等方面的投入，阻碍了企业的升级和发展。

减税降费政策的实施为企业带来了转机，有效提升了企业的可支配收入，为企业扩大生产规模、更新设备以及提升生产效率提供了更多资金支持。这一政策主要聚焦于增值税和企业所得税的改革。从增值税角度来看，尽管在理论上它由消费者承担，但在实际的商业活动中，企业的运营并非如此简单直接。企业常常需要垫付甚至承担销项税额，特别是在下游客户延迟付款的情况下，这种垫付行为会占用企业大量的资金流。例如，一家制造业企业在销售产品后，由于下游客户资金周转问题，未能及时支付货款，而企业却需要按时缴纳增值税，这无疑加重了企业的资金压力。此时，增值税税率的降低将直接减少企业的现金流支出（崔惠玉等，2023）①，缓解企业的资金紧张状况，使企业有更多资金用于投资活动。

从企业投资决策的角度分析，预期回报率是影响企业投资行为的关键因素。企业投资决策受到未来净收益规模和不确定性的双重影响。减税降费政策不仅降低了企业新增投资的成本，还能稳定企业的投资预期，进而激励企业扩大投资规模（晏国菀等，2023）②。当企业预期到减税降费政策将持续，其投资成本将长期降低，且未来的收益更具可预测性时，会更有信心进行投资。

① 崔惠玉，王宝珠，王伟同．降低增值税税率能够提升企业全要素生产率吗[J]．会计研究，2023(2):138.

② 晏国菀，夏雪．减税降费与企业高质量发展:来自全要素生产率的证据[J]．当代经济科学，2023,45(2):120.

进一步深入研究发现，税费负担会通过内源融资能力、外源融资约束以及投资者关注这三重机制刺激企业增加投资，其中内源融资能力为主要传导渠道（闫坤等，2024）[①]。内源融资是企业利用自身积累的资金进行投资的方式，具有成本低、自主性强的优势。减税降费政策直接增加了企业的利润留存，提高了企业的内源融资能力，使企业在进行投资决策时有更多的自有资金可供调配。而外源融资约束方面，减税降费改善了企业的财务状况，降低了企业的违约风险，增强了金融机构对企业的信心，从而缓解了企业的外源融资约束，为企业获取外部资金提供了更有利的条件。此外，减税降费政策也会吸引更多投资者的关注，增加企业的市场吸引力，为企业的投资活动提供更多的资金来源。将“营改增”政策作为减税降费的代表性政策，研究减税降费与企业投资结构优化的关系，有学者发现减税降费一方面会通过影响资本要素成本和激励研发创新来提升企业长期投资规模和占比；另一方面会通过改善流动性约束来推动企业短期投资规模扩张，但在一定程度上会抑制长期投资（张伯超，2022）[②]。

4.2.2.5 减税降费通过影响企业活力来影响制造业企业高质量发展

在经济运行过程中，企业面临着诸多不确定性因素，如市场需求的波动、宏观经济形势的变化、政策调整的影响等。这些不确定性使得企业为了应对可能出现的风险，往往会出于预防动机而持有大量现金。然而，过高的现金持有量也会带来一系列问题，一方面，大量资金闲置会降低资金的使用效率，减少企业的投资收益；另一方面，过多的现金储备可能意味着企业错过一些潜在的投资机会，不利于企业的长期发展。

① 闫坤，刘诚．财税政策如何支持加快现代化产业体系构建[J]．中国税务，2024(3)：43.
② 张伯超．减税降费与企业投资结构优化[J]．上海经济研究，2022(3)：118.

减税降费政策增强了企业对经济发展前景的乐观预期，降低了其出于预防动机而保持高现金持有量的需求，进而降低了企业的现金储备水平（张世敬等，2022）[①]。减税降费提振了企业对未来经济发展向好的信心，减少了企业预防性动机的需求，从而降低了企业现金持有水平。减税降费政策作为一种积极的财政政策工具，表现出政府促进经济发展的决心，能明显地稳定宏观经济。随着宏观经济政策更加稳定和确定，企业会在一定程度上因为经济环境变化而减少现金的持有。

另外，根据信号传递理论，政府实施减税降费政策这一积极的财政政策，会向市场释放出一种积极的信号，能提高企业家的信心，改变企业家对未来经济发展前景不明晰以及宏观经济政策不稳定的预期，让企业家放心生产、安心经营（潘士远等，2023）[②]。减税降费政策的实施使得企业更加积极地参与市场竞争，通过提供更好的产品和服务来获得更多的市场份额和资源。同时，也可以通过加强内部管理，提高经营效率和盈利能力，从而推动企业持续发展。

4.3 减税降费对制造业高质量发展影响的异质效应

4.3.1 企业所有制不同

由于不同产权性质的企业在资金管理严格性、社会资源获取以及享受政策优惠等方面存在显著差异，减税降费政策对中小制造业企业高质量发展的影响可能因企业产权性质的不同而表现出异质性。

国有企业与民营企业在企业运营和发展资源获取上存在天然差别。国有企业在我国经济体系中占据重要地位，与政府有着紧密的联系。这

---

① 张世敬，高文亮．减税降费政策对实体企业信心提升效应研究：基于企业现金决策行为的视角[J]．宏观经济研究，2022(7)：55.

② 潘士远，陈秀茂，任晓猛，等．优化减税降费结构：提振民营经济发展的重要路径[J]．经济学家，2023(7)：99.

种关联性使得国有企业在融资方面具备明显优势，更容易从银行获得贷款，面临的融资约束相对较小。同时，国有企业的资金管理更为规范，有着严格的财务监管体系，这使得它们在资金使用上更加谨慎且有规划。基于这些特点，国有企业在面对减税降费政策时，更有能力和条件将节省下来的资金投入研发创新中。研发创新是推动企业高质量发展的核心动力，通过加大研发投入，国有企业能够提升产品的技术含量和附加值，优化生产流程，增强企业在市场中的竞争力，从而促进企业高质量发展水平的提升。例如，一些国有制造业企业会利用减税降费节省的资金，组建专业的研发团队，开展前沿技术研究，推动产业升级。此外，国有性质的中小制造业企业除享受减税降费政策外，还能够获得其他政策的支持，如政府专项补贴、产业扶持政策等。这些政策优惠相互配合，形成合力，进一步加强了减税降费政策对企业高质量发展的推动作用。

与之相比，民营企业在经济发展中虽然充满活力和创新精神，但在获取银行贷款和政府优惠政策方面往往面临诸多挑战。银行在发放贷款时，出于风险考量，对民营企业的贷款审批更为严格，导致民营企业融资难度较大。这种融资困境限制了民营企业的发展，使其在扩大生产规模、进行技术创新等方面受到制约。而减税降费政策的出台，为民营企业带来了转机。陈海宇等（2023）[①] 分别对国有企业和民营企业进行回归分析，结果显示减税降费对民营企业高质量发展的促进作用更为显著。这是因为减税降费政策有效减轻了民营企业的税费负担，增加了企业的现金流，缓解了融资压力。企业有了更多的资金可以用于技术研发、设备更新和市场拓展，从而激发了企业的创新活力与发展动力。例如，部分民营制造业企业在享受减税降费政策后，有足够的资金引进先

① 陈海宇，杜丽，张晓颖．减税降费、融资纾困与企业高质量发展[J]．国际税收，2023(9)：45.

进的生产设备，提升生产效率，开发新产品，进而提高了企业的市场份额和盈利能力，推动了企业的高质量发展。

4.3.2 企业所处产业技术水平不同

高技术企业和一般企业在生产方式、资本结构和利润空间等方面存在明显差异，因此减税降费对中小制造业企业高质量发展的影响可能会因为企业所属产业的技术水平而有所不同。

高技术类型的中小制造业企业，其产品通常具有高技术含量、高附加值和高利润的特点。这类企业往往在技术研发上投入大量资源，拥有先进的生产技术和高素质的人才队伍，其产品在市场上具有较强的竞争力，利润空间相对较大。由于自身盈利能力较强，减税降费所带来的资金增加对其整体经营状况的影响相对较小。例如，一些高技术制造业企业，即使没有减税降费政策，凭借其领先的技术和产品优势，也能保持较高的盈利水平和稳定的发展态势。

一般企业的情况则有所不同。一般制造业企业大多处于产业链的中低端，生产技术相对落后，产品附加值较低，利润空间较为狭窄。在这种情况下，减税降费政策的实施对一般企业的资金状况影响显著。在运用多时点双重差分模型实证分析了减税降费对企业技术创新的激励效应后，何邓娇等（2021）① 发现对于处于非技术类行业的企业，减税降费的激励效应更为显著。一般企业由于利润微薄，在面临较高的税率时，资金压力较大，限制了其在研发创新方面的投入。而减税降费政策的实施，如降低增值税税率、提高研发费用加计扣除比例等，直接增加了企业的可支配资金。企业可以将这些资金用于引进新技术、新设备，加强与科研机构的合作，开展研发活动，从而提高企业的技术水平和创新能

---

① 何邓娇，孙亚平．减税降费对财政收入的影响：基于广东省的分析[J]．湖南财政经济学院报，2021，37(2)：46.

力。这使得企业在政策实施前后对研发创新投入的差异增大，进而在更大程度上提高企业全要素生产率，促进中小制造业企业高质量发展。例如，一些传统制造业企业在享受减税降费政策后，加大了对生产工艺的改进和新产品的研发投入，提高了产品质量和生产效率，实现了产业升级，提升了企业在市场中的竞争力，为企业的高质量发展奠定了基础。然而，对于高新技术企业而言，减税降费政策并未产生预期的促进作用，甚至可能产生抑制作用。这可能是因为高新技术企业本身已经享受了较多的税收优惠政策，进一步的减税降费对其激励效果有限。此外，高新技术企业的研发活动具有高风险、高投入的特点，减税降费节省的资金可能无法满足其大规模的研发需求，导致这些企业未能感受到预期的激励效果。

基于上述分析，本章提出假设 H2、假设 H3。

H2：减税降费促进陕西制造业企业高质量发展存在产权异质性。

H3：减税降费促进陕西制造业企业高质量发展存在技术高低异质性。

4.4　本章小结

本章围绕减税降费影响陕西制造业高质量发展这一核心主题，从理论基础、影响机理以及异质效应等多个层面进行深入剖析，为后续实证研究筑牢了理论根基。

首先，对减税降费的理论基础进行了全面且系统的回顾与梳理。古典学派秉持经济自由的理念，主张税收中性，强调政府应减少对经济的干预，让市场机制充分发挥作用，其减税理论为后续研究提供了关于市场自我调节的思考起点。凯恩斯学派则诞生于经济大危机的背景下，针对“有效需求不足”的问题，强调政府运用财政政策和货币政策进行干预的必要性。在税收方面，凯恩斯认为通过完善税收体系，加大直接税比重，可以调节消费倾向，促进有效需求增加，进而稳定经济。供给学派则是在20世纪70年代经济滞胀的背景下兴起，他们批评凯恩斯主义从需求侧调节经济的政策，主张从供给侧出发，认为减税能够刺激企业增加投资、扩大生产，从而增加社会供给，推动经济增长。公共选择学派从政治决策过程的角度出发，揭示了减税政策是政治市场中各利益主体相互博弈的结果，并且减税可以作为一种约束政府行为、提高财政效率的手段。而最优税收理论则聚焦于如何构建一个既能满足政府财政收入需求，又能使社会福利最大化且最小化税收对经济效率扭曲的税收体系，为减税降费政策的设计提供了微观经济层面的理论指导。这些不同学派的理论从不同角度和层面为理解减税降费政策提供了丰富的理论视角，它们相互补充，共同构成了本章研究的理论框架基石 。

在此理论框架下，本章深入探讨了减税降费对制造业企业高质量发展的作用机理。从供给学派的理论出发，减税降费能够影响生产要素的供给关系和企业经营活动，增加企业可支配资金和个人可支配收入，改变企业资本结构，降低企业研发创新风险，进而促进企业全要素生产率的提升，满足社会总需求。已有研究也表明，减税降费政策能够显著减轻制造业企业的经营负担，缓解资金压力，激发研发创新活力，通过研发投入、融资约束和规模效应等路径提升企业全要素生产率，且减税政策和降费政策协同作用大于单个政策的效果，并且对不同规模企业的影响存在差异。基于此，提出假设H1。

其次，详细分析了减税降费对制造业企业高质量发展的影响机理。在融资约束方面，税负加重会加剧企业融资约束，而减税降费能够缓解这一状况，增加企业内源现金流，改善资产负债表，增强金融机构信心，为企业研发和创新提供资金支持，推动企业高质量发展。在营商环境层面，过去较高的宏观税负、资源成本以及腐败问题恶化了营商环境，而减税降费政策通过降低税负成本、减少寻租空间，优化了营商环境，提升了行政办事效率，降低了企业交易成本，激发了企业的创新和竞争活力。在创新能力方面，减税降费减轻了企业税费负担，使企业有更多资金投入研发，特别是研发费用加计扣除政策和增值税减少，对企业技术创新的促进作用显著，降费政策也通过激励创新投入影响企业高质量发展。从企业投资角度分析，减税降费提升了企业可支配收入，降低了投资成本，稳定了投资预期，通过内源融资能力、外源融资约束以及投资者关注等机制刺激企业增加投资，不过对企业长期和短期投资的影响存在差异。在企业活力方面，减税降费增强了企业对经济发展的信心，降低了预防性现金持有需求，向市场传递积极信号，促使企业积极参与市场竞争，加强内部管理，提升经营效率和盈利能力。

最后，考虑到企业在所有制和所处产业技术水平方面的差异，分析了减税降费对制造业高质量发展的异质效应。不同产权性质的企业在资源获取和政策优惠享受上存在差别，国有企业融资相对容易，且能获得更多政策支持，而民营企业融资困难，但减税降费对其高质量发展的促进作用更为显著，因为这一政策有效缓解了其融资压力，激发了其创新活力。高技术企业和一般企业由于生产方式、资本结构和利润空间不同，减税降费对它们的影响也不同。一般企业利润空间窄，减税降费对其资金状况和研发创新投入影响较大，能显著提高其全要素生产率；而高技术企业因自身特点和已享受较多优惠政策，减税降费的激励效果有限，甚至可能产生抑制作用。基于此，本章提出假设 H2 和假设 H3。

5　减税降费影响陕西制造业高质量发展的实证研究

在上文理论分析和现状分析的基础上，本章首先以陕西制造业上市公司为研究对象，运用固定效应模型实证检验减税降费对陕西制造业企业高质量发展的影响效应，并对基准回归结果进行稳健性检验。其次分样本回归，研究减税降费促进陕西制造业企业高质量发展的异质性。最后运用 Sobel 检验方法①，研究减税降费促进陕西制造业企业高质量发展的中介效应。本章的一系列检验研究，旨在为实施减税降费政策促进陕西制造业企业高质量发展提供实证依据。

5.1　研究设计

5.1.1　研究样本与数据来源

5.1.1.1　研究样本

本部分将减税降费作为政策效应，运用固定效应模型分析减税降费对陕西制造业企业高质量发展的影响。本部分最终以 2014—2021 年陕西制造业上市公司的相关数据为研究样本。为保证数据分析的准确性，本部分对初始数据进行了如下处理。

①剔除陕西板块成分股中不属于制造业的上市公司；

① SOBEL M E. Asymptotic confidence intervals for indirect effects in structural equation models [J]. Sociological Methodology, 1982 (13): 302.

②剔除财务数据严重缺失的制造业上市公司；

③用 mean（）函数插补少量空值；

④为避免极端值的影响，对连续变量进行了1%的缩尾处理。

对数据进行以上处理后，最终得到2014—2021年共37家陕西制造业上市公司的相关数据作为研究样本，共计296个观测值。

5.1.1.2　数据来源

本部分主要基于 AKShare 数据接口库和中国统计年鉴来获取样本数据。AKShare 是基于 Python 的财经数据结构库，提供从相对权威的财经数据网对金融产品的基本面数据采集、数据清洗到数据落地的全套解决方案，主要用于学术研究的目的。本部分的中小制造业企业的财务数据主要是用 Python 从 AKShare 采集得到。

5.1.2　变量定义

5.1.2.1　被解释变量

本部分的因变量是全要素生产率。本部分用全要素生产率来衡量陕西制造业企业高质量发展。根据对全要素生产率相关文献的梳理，TFP 的测算方法主要有 OLS、OP 法、LP 法等。基于数据的可得性以及测算企业全要素生产率时容易出现同时性偏差和样本选择性偏差，本部分在基准回归中借鉴鲁晓东等（2012）① 的做法，用 LP 法测算制造业企业的全要素生产率。测算全要素生产率的主要变量说明见表5-1。

表5-1　测算全要素生产率的主要变量说明

变量名称	符号	变量解释
企业总产出	$\ln y$	企业营业总收入
资本投入	$\ln k$	企业固定资产净值

① 鲁晓东，连玉君．中国工业企业全要素生产率估计：1999—2007［J］．经济学（季刊），2012，11（2）：547.

续表

变量名称	符号	变量解释
劳动投入	$\ln l$	企业年度员工人数
中间投入	$\ln m$	企业购买商品、接受劳务支付的现金

5.1.2.2 解释变量

本部分的解释变量是税费负担 *LAX*。本部分用税费负担来衡量陕西制造业企业减税降费水平。基于数据的可得性，本部分在基准回归中借鉴贺宏等（2022）[①] 的做法，用支付的各项税费减去收到税费的差值除以企业营业收入来衡量陕西制造业企业的税费负担。

5.1.2.3 控制变量

通过对企业高质量发展影响因素的相关文献梳理，本部分选取的控制变量如下。

企业规模（*Size*）：企业规模反映着企业的经营能力和管理水平等。一般情况下，规模较大的企业更可能拥有高素质人才、高技术水平和充足资金来进行研发创新活动，进而提高企业全要素生产率。因此，本部分借鉴向海燕等（2023）[②] 的研究，选取企业规模作为控制变量。

资本密集度（*Ci*）：资本密集度对企业高质量发展会产生非线性影响。资本密集度具有边际递减效应，资本密集度过高很有可能造成资源的浪费，抑制企业高质量发展。因此本部分借鉴廖冠民等（2020）[③] 的研究，选取资本密集度作为控制变量。

资产负债率（*Lev*）：资产负债率用企业总负债与企业总资产的比值表示，反映企业的资产负债结构。一般情况下，资产负债率较低的企业

① 贺宏，肖丽蒙．减税降费、绿色创新与高质量发展：基于我国制造业企业的研究[J]．福建论坛（人文社会科学版），2022（2）：89.

② 向海燕，刘欣欣．税收优惠、地方政府治理与科技型中小企业研发投入[J]．地方财政研究，2023（1）：96.

③ 廖冠民，宋蕾蕾．劳动保护、人力资本密集度与全要素生产率[J]．经济管理，2020，42（8）：21.

因其杠杆率低更容易获得融资，以扩大企业生产要素的投入，从而影响企业全要素生产率。因此，本部分借鉴吕敏等（2022）[①] 的研究，选取资产负债率作为控制变量。

现金流（*Cash*）：现金流是企业重要的财务风险指标。良好的现金流状况不仅是企业进行各项生产活动的保障，还是企业研发创新活动的基础。因此，本部分借鉴李建军等（2023）[②] 的研究，选取企业现金流作为控制变量。

总资产净利率（*Roa*）：总资产净利率是企业重要的盈利能力指标。盈利能力越强的企业在相同投入下获得的回报就越高，从而有更多资金用于投资与研发创新活动，对企业全要素生产率的提高有积极影响。因此，本部分借鉴任宇新等（2022）[③] 的研究，选取总资产净利率作为控制变量。

总资产周转率（*Tat*）：总资产周转率综合反映了企业整体资产的营运能力。一般来说，周转次数越多或周转天数越少，表明其周转速度越快，资金的使用效率越高，营运能力也就越强。因此，本部分借鉴胡春阳等（2023）[④] 的研究，选取总资产周转率作为控制变量。

通过对企业高质量发展影响因素的相关文献梳理，本部分选取企业规模、资本密集度、资产负债率、现金流、总资产净利率、总资产周转率作为控制变量。

---

① 吕敏，杨娜．固定资产加速折旧税收优惠政策与中小企业成长性[J]．税务与经济，2022(6):26.

② 李建军，范源源．优化税收营商环境能否激励企业创新？[J]．科研管理，2023，44(8):102.

③ 任宇新，张雪琳，吴敬静，等．政府补贴、研发投入与全要素生产率：中国制造业企业的实证研究[J]．科学决策，2022(7):47.

④ 胡春阳，张进铭，余泳泽．财政补贴能否对企业全要素生产率形成溢出效应？[J]．经济评论，2023(1):25.

5.1.3 模型设定

本部分借鉴于连超等（2019）① 的研究，采用固定效应模型研究实施减税降费政策对陕西制造业企业高质量发展的影响。具体模型如下：

$$TFP_{i,t} = \beta_0 + \beta_1 LAX_{i,t} + \gamma\, Control_{i,t} + \lambda_i + \mu_t + \varepsilon_{i,t} \qquad (5.1)$$

其中，下标 i 表示企业，t 表示年份。$TFP_{i,t}$ 表示企业全要素生产率；$LAX_{i,t}$ 表示税费负担；$Control_{i,t}$ 代表一系列控制变量。因为不同企业在不同年份的财务数据存在较大的差异，因此本部分用 λ_i 控制面板的个体效应，用 μ_t 控制面板的固定效应。$\varepsilon_{i,t}$ 代表随机扰动项。模型（5.1）刻画了减税降费对陕西制造业企业高质量发展的影响，可以检验假设 1。

5.2 基准回归分析

5.2.1 描述性统计

针对上文筛选出的 37 家企业的 296 个样本数据，本部分运用 STATA17 进行了描述性统计，包括被解释变量 *TFP*（LP 法测算的企业全要素生产率），解释变量 *LAX*［（支付的各项税费 - 收到的税费）/企业营业收入］和控制变量（*Ci*、*Lev*、*Cash*、*Roa*、*Tat*、*Size*）。统计指标包括样本量、均值、标准差、最小值和最大值，具体统计结果见表 5 - 2。

表 5 - 2　主要变量描述性统计

变量名	样本量	均值	标准差	最小值	最大值
TFP	296	0.002	0.004	0.001	0.056
ln*TAX*	296	-1.987	0.662	-6.099	0.340

① 于连超，张卫国，毕茜．环境税会倒逼企业绿色创新吗？［J］．审计与经济研究，2019，34（2）：83.

续表

变量名	样本量	均值	标准差	最小值	最大值
ln*Size*	296	21.720	1.520	17.550	25.310
ln*Ci*	296	14.410	0.759	12.060	16.580
Lev	296	40.490	17.760	7.557	110.400
ln*Cash*	296	19.610	1.738	14.560	24.000
Roa	296	3.953	6.635	-35.300	21.900
Tat	296	0.495	0.252	0.008	1.909

从表5-2中可以看到，中小制造业企业之间的全要素生产率存在较大差异，最小值为0.001，最大值为0.056，表明企业间的高质量发展程度差异较大。资产负债率和总资产净利率的标准差相对于其他指标的标准差偏大，说明陕西制造业企业的资产负债率和总资产净利率在被研究年份的波动较大。而其他变量的标准差相对较小，说明这些指标的数据变化在被研究年份比较平稳。其他控制变量的描述性统计结果与现有研究结果基本一致。

5.2.2 基准回归结果分析

为了检验减税降费是否能够促进陕西制造业企业高质量发展，本部分在对变量进行描述性统计分析后对模型（5.1）进行回归，回归结果见表5-3。

表5-3 减税降费对陕西制造业企业高质量发展影响估计结果

变量	(1) ln*TFP*	(2) ln*TFP*	(3) ln*TFP*
TAX	-1.3986***	-1.6975***	-1.6564***
	(-3.6305)	(-4.6998)	(-4.6024)
Size		-0.0000***	-0.0000***
		(-4.9077)	(-3.7979)
Ci		-0.0000	-0.0000
		(-0.6302)	(-0.6069)
Lev		-0.0049*	-0.0048*
		(-1.9098)	(-1.8783)

续表

变量	(1) ln*TFP*	(2) ln*TFP*	(3) ln*TFP*
Cash		0.0000 *** (2.6365)	0.0000 ** (2.2517)
Roa		0.0161 ** (2.5376)	0.0149 ** (2.3588)
Tat		1.2064 *** (6.4405)	1.0698 *** (5.3927)
_cons	-7.0374 *** (-37.1409)	-7.3508 *** (-39.4218)	-7.4173 *** (-52.9828)
N	296	250	247
id	No	No	Yes
year	No	No	Yes
R^2			0.9127
R^2_a			0.8926

注：*、**、***分别代表在10%、5%、1%的显著性水平上显著，括号内为 *t* 值。

从基准回归结果（见表5-3）可以看出，第（1）列未加入控制变量，第（2）列加入了控制变量，第（3）列在前两列的基础上加入了时间固定效应和个体固定效应。第（1）列中税费负担 *TAX* 的系数（-1.3986）在1%的显著性水平上显著为负，表明税费负担每降低1个单位，陕西制造业上市公司全要素生产率就会提高1.3986个单位。第（2）列中税费负担 *TAX* 的系数（-1.6975）在1%的显著性水平上显著为负，表明税费负担每降低1个单位，陕西制造业上市公司全要素生产率就会提高1.6975个单位。第（3）列中税费负担 *TAX* 的系数（-1.6564）在1%的显著性水平上显著为负，表明税费负担每降低1个单位，陕西制造业上市公司全要素生产率就会提高1.6564个单位。因此，可以认为减税降费会显著促进陕西制造业企业高质量发展。因此，本章假设1得以验证。

此外，控制变量与制造业企业高质量发展的关系与预期一致。企业现金流、总资产净利率和总资产周转率的系数均为正，表明会促进陕西制造业企业高质量发展。企业规模、资本密集度和资本负债率的系数均为负，表明会抑制陕西制造业企业高质量发展。

其中，企业规模抑制陕西制造业企业全要素生产率提升的原因可能是：企业规模过大时企业的竞争压力相对较小，从而主动进行研发创新活动的意愿较弱，甚至会抑制企业高质量发展。

5.2.3 稳健性检验

为加强基准回归结果的可靠性，本部分通过替换被解释变量和替换解释变量来进行稳健性检验。

5.2.3.1 替换被解释变量

本部分的被解释变量用的是 LP 法测度的全要素生产率。为了提高基准回归结果的可信度，本章选用 ACF 法测度的全要素生产率替换被解释变量，保持其他控制变量不变，从而检验固定效应模型的稳健性。从表 5 - 4 的第（2）列可知，当被解释变量用 ACF 法测度 TFP 表示时，解释变量税费负担（ln*TAX*）的系数是 - 0. 2221，在 5% 的水平上通过了显著性检验，解释变量的系数正负号没有发生改变，说明本部分的回归结果是可靠的。

表 5 - 4 替换被解释变量和解释变量的结果

变量	（1）ln*TFP*2	（2）ln*TFP*6
ln*TAX*1	- 0. 0720 * (- 1. 9389)	
ln*TAX*		- 0. 2221 ** (- 2. 2489)
Size	0. 5462 *** (9. 0902)	- 0. 0739 (- 0. 5386)
Ci	0. 0000 *** (3. 3571)	0. 0000 (0. 6436)

续表

变量	（1）ln*TFP*2	（2）ln*TFP*6
Lev	-0.0067*** (-2.8433)	-0.0025 (-0.4600)
Cash	0.0000 (0.7728)	0.0000 (0.2169)
Roa	0.0084 (1.1958)	-0.0341** (-2.3275)
Tat	1.0644*** (6.2739)	0.4161 (1.0140)
_cons	-20.0268*** (-14.9656)	8.4507*** (2.8516)
N	212	221
id	Yes	Yes
year	Yes	Yes
R^2	0.9448	0.5012
R^2_a	0.9295	0.3729

注：*、**、***分别代表在10%、5%、1%的显著性水平上显著，括号内为 *t* 值。

5.2.3.2 替换解释变量

为了进一步说明模型的稳定性，本部分采用第二种方法进行稳健性检验，即替换解释变量。本部分采用企业所得税与企业利润总额的比值来替换原来的解释变量，并保持其他控制变量不变，从而检验固定效应模型的稳健性。由表 5-4 的第（1）列可知，当解释变量用企业所得税与企业利润总额的比值表示时，解释变量税费负担（ln*TAX*1）的系数为 -0.0720，在 10% 的水平上通过了显著性检验，即减税降费政策力度每增加 1 个单位，将激发制造业企业全要素生产率提高 0.0720 个单位。新解释变量的系数正负号与原解释变量相比没有发生改变，说明本部分的基准回归结果是可靠的。

5.3 异质性分析

减税降费对陕西制造业企业全要素生产率的影响可能会因企业具有不同特征或属于不同产业类型等因素产生差异。基于此，本部分结合已有文献从企业产权性质和所属产业技术高低这两个异质性视角分析减税降费对陕西制造业企业高质量发展的影响。

5.3.1 按企业产权性质不同分组回归

为了验证减税降费对陕西制造业企业高质量发展的影响是否因企业产权性质的不同而不同，本部分将所有样本按照产权性质不同分为国有企业和非国有企业，并分别进行回归，回归结果见表5-5。

表5-5 产权性质异质性回归结果

变量	(1) 非国企	(2) 国企
ln*TAX*	-0.0540 (-0.5603)	-0.1302* (-1.9728)
Size	-0.0000*** (-2.6881)	0.0000 (0.6180)
Ci	0.0000 (1.5662)	-0.0000*** (-3.0298)
Lev	-0.0082 (-1.1122)	-0.0037 (-1.2541)
Cash	0.0000** (2.0072)	0.0000 (0.7134)
Roa	0.0275* (1.9370)	0.0111 (1.5977)
Tat	0.7351 (1.4294)	1.3097*** (6.2983)
_cons	-7.0382*** (-20.2875)	-8.5752*** (-36.7617)

续表

变量	(1) 非国企	(2) 国企
N	89	139
id	Yes	Yes
year	Yes	Yes
R^2_a	0.7975	0.8875

注：*、**、***分别代表在10%、5%、1%的显著性水平上显著，括号内为 *t* 值。

从回归结果（见表5-5）可以看出，第（1）列和第（2）列中税费负担 ln*TAX* 的系数均为负，表明减税降费对陕西国有和其他制造业企业高质量发展产生了正向促进作用，但对国有制造业企业的促进作用（-0.1302）显著高于其他中小企业（-0.0540），且减税降费政策对陕西非国有制造业企业的影响不显著。分析出现以上结果的原因可能是：一方面，国有企业相较于其他企业对资金支出的管理更加严格和规范，因此，在受到减税降费的影响后更有可能将节省的资金用于促进企业高质量发展的研发创新活动。另一方面，国有企业享受的政策支持更多，在受到减税降费政策的影响后，可能和其他政策形成组合效应，更大程度地促进企业高质量发展。因此，减税降费政策的实施更有利于陕西国有制造业企业高质量发展。

5.3.2 按企业是否属于高技术产业分类

为了验证减税降费对陕西制造业企业高质量发展的影响是否因企业所属产业技术高低的不同而不同，本部分将所有样本按照《高技术产业（制造业）分类（2017）》[①] 分为高技术产业和非高技术产业，并分别进行回归，回归结果见表5-6。

① 本分类规定的高技术产业（制造业）是指国民经济行业中 R&D 投入强度相对高的制造业行业，包括医药制造，航空、航天器及设备制造，电子及通信设备制造，计算机及办公设备制造，医疗仪器设备及仪器仪表制造，信息化学品制造等六大类。

表 5-6 高技术产业异质性回归结果

变量	(1) 非高技术产业	(2) 高技术产业
ln*TAX*	-0.1179* (-1.7633)	-0.1210 (-1.1283)
Size	-0.0000*** (-3.3018)	0.0000 (0.2584)
Ci	0.0000 (0.0873)	-0.0000 (-0.5426)
Lev	-0.0046 (-1.1105)	0.0004 (0.0817)
Cash	0.0000* (1.9341)	0.0000 (0.3931)
Roa	0.0322** (2.5949)	0.0075 (0.7758)
Tat	0.7313*** (2.6670)	1.3867*** (3.4005)
_cons	-7.9124*** (-29.7620)	-8.1593*** (-22.4073)
N	123	105
id	Yes	Yes
year	Yes	Yes
R^2_a	0.7921	0.9083

注：*、**、***分别代表在10%、5%、1%的显著性水平上显著，括号内为 *t* 值。

从回归结果（见表5-6）可以看出，第（1）列和第（2）列中税费负担 ln*TAX* 的系数均为负，但只有第（1）列的系数在10%的显著性水平上显著，表明减税降费对属于高技术产业的陕西制造业企业高质量发展影响不显著，但对不属于高技术产业的制造业企业高质量发展会产生显著促进作用。分析出现以上结果的原因可能是：和一般企业相比，属于高技术产业的企业，具有更高的利润率，利润空间大，所以减税降费对这类企业的影响并不明显。而对于一般企业而言，利润率较低，利润空间较小，所以减税降费政策的实施对这类企业影响更大。因此，减税降费对陕西制造业企业高质量发展的影响会因企业是否属于高技术产业而存在差异，且对不属于高技术产业的企业具有显著的促进作用。

5.4 机制检验

本书认为，减税降费可以有效减少企业所得税，使陕西制造业企业的净利润增加，有更大的资金空间进行研发创新，提高企业的全要素生产率，推动陕西制造业企业高质量发展。为了检验减税降费通过影响企业净利润和企业创新能力来进一步影响陕西制造业企业高质量发展的传导机制，本部分以企业全要素生产率为被解释变量，税费负担为解释变量，企业净利润和企业创新水平为中介变量，构建中介效应检验模型，如下所示：

$$NP_{i,t} = \mu_0 + \mu_1 LAX_{i,t} + \delta Control_{i,t} + \lambda_i + \mu_t + \varepsilon_{i,t} \tag{5.2}$$

$$TFP_{i,t} = \mu_0 + \mu_1 LAX_{i,t} + \mu_2 NP_{i,t} + \delta Control_{i,t} + \lambda_i + \mu_t + \varepsilon_{i,t} \tag{5.3}$$

$$IN_{i,t} = \mu_0 + \mu_1 LAX_{i,t} + \delta Control_{i,t} + \lambda_i + \mu_t + \varepsilon_{i,t} \tag{5.4}$$

$$TFP_{i,t} = \mu_0 + \mu_1 LAX_{i,t} + \mu_2 IN_{i,t} + \delta Control_{i,t} + \lambda_i + \mu_t + \varepsilon_{i,t} \tag{5.5}$$

其中，模型（5.2）和模型（5.3）中的 $NP_{i,t}$ 表示公司 i 在第 t 年净利润，模型（5.4）和模型（5.5）中的 $IN_{i,t}$ 表示公司 i 在第 t 年的创新水平，其他变量的含义与前文保持一致。

Sobel 检验是一种用于检验中介效应是否显著的统计方法，在中介效应分析中占有重要地位。与其他检验方式相比，Sobel 检验直接关注中介变量在自变量和因变量之间的作用，提供了一个清晰的量化指标来评估中介效应的显著性。因此，本部分采用 Sobel 检验，对企业净利润在减税降费促进陕西制造业企业高质量发展方面发挥的中介效应进行检验。检验结果如表5－7所示。从结果可知，减税降费促进陕西制造业高质量发展的间接效应为－0.0002，直接效应为－0.0001，总效应为－0.0003，中介效应在总效应中的占比为73.58%。中介效应的Sobel检验 P 值为0.1000，说明中介效应成立，即减税降费会通过增加企业净利润来促进制造业企业高质量发展。

表5－7 Sobel中介检验结果（净利润）

效应	Coef	Std Err	Z	$P>\|Z\|$
Sobel	－0.0002	0.0001	－1.6440	0.1000
Goodman－1（Aroian）	－0.0002	0.0001	－1.5960	0.1105
Goodman－2	－0.0002	0.0001	－1.6980	0.0895
a coefficient	－77000000.0000	22000000.0000	－3.5638	0.0004
b coefficient	0.0000	0.0000	1.8536	0.0638
Indirect effect	－0.0002	0.0001	－1.6445	0.1001
Direct effect	－0.0001	0.0004	－0.1646	0.8693
Total effect	－0.0003	0.0004	－0.6389	0.5229
Proportion of total effect that is mediated	0.7358			
Ratio of indirect to direct effect	2.7850			
Ratio of total to direct effect	3.7850			

对企业创新水平在减税降费促进陕西制造业企业高质量发展方面发挥的中介效应检验结果如表5－8所示。由结果可知，减税降费促进陕西制造业高质量发展的间接效应为－0.0002，直接效应为－0.0002，总效应为－0.0005，中介效应在总效应中的占比为53.62%。中介效应的Sobel检验 P 值小于0.1，说明中介效应成立，即减税降费会通过提升企业创新水平来促进制造业企业高质量发展。

表 5 - 8 Sobel 中介检验结果（创新水平）

效应	Coef	Std Err	Z	P > | Z |
Sobel	-0.0002	0.0001	-1.8140	0.0697
Goodman - 1 (Aroian)	-0.0002	0.0001	-1.7490	0.0804
Goodman - 2	-0.0002	0.0001	-1.8870	0.0592
a coefficient	-0.2580	0.1000	-2.5774	0.0100
b coefficient	0.0010	0.0004	2.5529	0.0107
Indirect effect	-0.0002	0.0001	-1.8138	0.0697
Direct effect	-0.0002	0.0005	-0.4295	0.6676
Total effect	-0.0005	0.0005	-0.9290	0.3529
Proportion of total effect that is mediated	0.5362			
Ratio of indirect to direct effect	1.1559			
Ratio of total to direct effect	2.1559			

5.5 本章小结

本章以 2014—2021 年陕西制造业上市公司的相关数据为研究样本，构建固定效应模型，实证检验了减税降费对陕西制造业企业高质量发展的影响效应。为了确保研究结果的可靠性，本章从替换被解释变量和替换解释变量两方面进行了稳健性检验，结果显示，减税降费对促进陕西制造业企业高质量发展的影响效应是显著的。然后，本章从企业产权性质和所属产业技术水平两个方面将样本进行分类回归，结果表明，减税降费对陕西制造业企业高质量发展存在显著异质性。进一步，本章将企业净利润和企业创新水平作为中介变量，分别检验了企业净利润和企业创新水平在减税降费促进陕西制造业企业高质量发展中发挥的中介效应。

6　减税降费促进陕西制造业高质量发展的路径选择

在当前全球经济波动的背景下，制造业作为国民经济的支柱，对于维护经济稳定和促进发展具有至关重要的作用。陕西作为我国制造业的重要基地，正遭遇前所未有的挑战与机遇。税负沉重、成本高昂已成为制约其发展的主要障碍。陕西两会提出了构建现代化产业体系、促进传统产业转型升级、发展数字经济等战略目标，为制造业的发展指出了明确的方向。在这一背景下，减税降费政策成为解决陕西制造业困境的关键手段。它不仅能够减轻企业负担，还能激发市场活力，促进产业升级。降低制造业企业的税负、推动先进制造技术的创新、加快产业数字化转型等措施，是陕西制造业实现高质量发展的关键路径①。深入研究减税降费政策影响陕西制造业高质量发展的路径选择，将为解决这一复杂问题提供理论支持和实践指导。前文已对减税降费政策进行了系统梳理，并分析了陕西制造业高质量发展的现状，同时从理论层面探讨了减税降费对陕西制造业高质量发展的推动作用。基于此，本章将进一步探讨减税降费如何具体促进陕西制造业的高质量发展，分别从链条、产业、企业和产品四个维度进行深入分析。

① 戴德明．大规模减税降费的财务效应分析框架：评曹越教授新著《大规模减税降费的财务效应研究》[J]．财会通讯，2025(4)：15.

6.1 链条层面的路径设计

陕西制造业价值链充分利用丰富的资源，如煤炭、铝土矿等，为制造业提供了充足的原材料供应。陕西聚力打造现代能源、先进制造、战略性新兴产业等万亿级产业集群，其中，能源装备、航空航天、化工、汽车等行业发展迅速，形成了完整的加工制造环节，并且正向高端化、智能化、绿色化转型升级，为构建具有陕西特色的现代化产业体系提供了有力支撑。大型制造企业还涉足零部件生产，为自身和其他企业提供零部件供应和配套服务。同时，陕西重视研发和创新，通过研究机构、高等学校和企业之间的合作，在新材料、智能制造、新能源等重点领域进行技术研发和创新，为制造业提供了技术支持和创新动力。陕西制造业产品不仅供应国内市场，还出口到国际市场，契合“一带一路”建设需求。企业通过建立销售网络和市场推广活动，将产品推向全球市场，进一步提高了产品的附加值和市场竞争力。通过完善的产业链条，陕西制造业在地区经济发展中扮演着重要的角色①。

减税降费政策可以通过减免增值税等税费，降低原材料的采购成本，使制造企业能够以更低的成本获得原材料，提高其生产效益。在加工制造环节，减税降费政策可以减轻制造企业的税负，扩大利润空间②。这样一来，制造企业可以将更多资金用于研发和技术创新，提高产品的质量和市场竞争力。与此同时，通过减免进口关税、降低企业增值税等方式，减税降费政策可以降低零部件的采购成本，促进零部件供应链的发展。这不仅为制造企业提供了更多选择和更具竞争力的供应

---

① 任超然．减税降费背景下区块链技术在社会保险中的应用方案设计[J]．兰州学刊，2020(10)：156.

② 何邓娇，孙亚平，吕静宜．减税降费对企业技术创新的激励效应研究[J]．财政科学，2021(12)：127.

链，还进一步提升了制造业的质量，也为制造业注入了更多技术创新动力，推动陕西制造业向高质量发展转型升级①。

从链条角度出发，我们可结合产业链、价值链、创新链、资本链、供应链和要素链这六链，提出以下路径设计。

6.1.1 产业链路径设计

在全球经济一体化和产业竞争日益激烈的背景下，陕西制造业的高质量发展面临着前所未有的机遇与挑战。近年来，陕西省政府出台了一系列政策措施，旨在推动制造业转型升级，提升产业竞争力。例如，陕西两会明确提出要构建现代化产业体系，推动传统产业向高端化、智能化、绿色化转型升级，同时强调发展数字经济、加强科技创新、促进军民融合和两化融合等战略目标。这些政策为陕西制造业的发展提供了明确的方向和强大的政策支持。

在这样的政策背景下，陕西制造业的高质量发展不仅需要在技术创新、资源配置和市场拓展等方面持续发力，更需要从产业链的整体布局和协同运作入手，通过优化产业链的各个环节，提升其整体竞争力和稳定性。产业链作为制造业发展的核心框架，涵盖了从原材料采购到产品销售的全过程，是实现制造业高质量发展的关键路径。

在这样的背景下，陕西制造业的产业链路径设计将聚焦以下三个方面。

6.1.1.1 产业链集群化发展

陕西省政府在“十四五”规划中明确提出，要打造万亿级先进制造业集群，加快培育并壮大新能源汽车、高端装备制造、新一代信息技术、新材料和生物医药等新支柱产业。这一战略目标为陕西制造业的集

---

① 贺宏，肖丽蒙．减税降费、绿色创新与高质量发展：基于我国制造业企业的研究［J］．福建论坛（人文社会科学版），2022（2）：92.

群化发展提供了明确的方向。通过园区化布局、产业链招商和产业联盟建设，陕西可以进一步提升产业集群化水平，实现资源共享、优势互补，提升产业链的整体竞争力和稳定性[①]。

园区化布局是实现产业集群化的重要手段。将相关企业集中布局在产业园区内，可以形成产业集聚效应。通过园区化管理，提供基础设施、公共服务平台和政策支持，能够有效降低企业的运营成本，提升企业的协同创新能力。产业园区不仅是企业物理空间的集聚，更是资源共享和协同创新的重要平台。通过集中建设研发中心、检测中心、物流中心等公共服务设施，园区内的企业可以共享资源，降低重复建设成本，提高资源配置效率。同时，园区化管理还能为企业提供一站式服务，包括行政审批、政策咨询、人才培训等方面，进一步优化营商环境，提升企业的运营效率。

产业链招商是完善产业链条的关键措施。围绕核心产业，有针对性地引进上下游配套企业，可以填补产业链中的薄弱环节，增强其完整性和稳定性。产业链招商不仅是对企业的简单引进，更是对产业链的优化和补充。通过精准招商，陕西可以吸引一批具有核心竞争力的配套企业，形成完整的产业链条。例如，在新能源汽车产业中，通过引进电池、电机、电控等核心零部件企业，可以提升整个产业链的竞争力[②]。同时，政府可以通过政策引导，鼓励本地企业与引进企业开展合作，实现优势互补，提高产业链的整体水平。

产业联盟建设是提升产业链抗风险能力的重要途径。鼓励企业之间组建产业联盟，加强信息共享、技术研发和市场合作，可以共同应对市场风险。产业联盟是企业间合作的重要形式，通过联盟，企业可以共享

① 胡怡建，周静虹．我国大规模、实质性减税降费的历史动因、现实逻辑和未来路径[J]．税务研究，2022(7)：18.

② 薛菁．新一轮减税降费、创新促进与制造业高质量发展[J]．财经论丛，2022(6)：21.

市场信息、技术资源和创新成果，实现协同创新和共同发展。例如，在高端装备制造领域，企业可以通过产业联盟共同开展技术研发，突破关键技术瓶颈，提升产品的技术含量和市场竞争力。同时，产业联盟还可以组织企业共同开拓市场，提升品牌影响力，增强产业链的市场话语权。通过产业联盟的建设，陕西制造业可以形成强大的产业集群，提升产业链的整体竞争力和稳定性，为高质量发展提供有力支撑。

6.1.1.2　产业链数字化转型

在数字经济时代，陕西省政府积极推动制造业的数字化转型，通过发展智能制造、数字化供应链和电子商务，陕西制造业可以实现生产过程的智能化、供应链的可视化和市场拓展的高效化。政府通过设立产业引导基金、给予税收优惠和技术支持，鼓励企业采用先进的数字技术，提高生产效率和产品质量，增强市场竞争力[①]。

一方面，智能制造是推动制造业数字化转型的关键环节。陕西省政府鼓励企业采用先进的智能制造技术，如工业互联网、大数据、人工智能等，提高生产效率和产品质量。通过智能制造，企业可以实现生产过程的自动化、智能化和柔性化，降低生产成本，提高市场响应速度[②]。例如，企业可以利用工业互联网实现设备之间的互联互通，通过大数据分析优化生产流程，利用人工智能技术提升产品质量检测的准确性和效率。这些技术的应用不仅提高了生产效率，还提升了产品的市场竞争力。同时，数字化供应链是提高产业链协同效率的重要手段。陕西省政府支持企业构建数字化供应链平台，实现供应链的可视化、智能化管理。通过数字化供应链，企业可以实时监控原材料采购、生产进度和物流配送情况，优化库存管理，提高供应链的协同效率。例如，企业可以

---

① 杨灿明．进一步推进减税降费的改革路径[J]．经济研究参考，2017(60)：26.

② 和征，李彦妮，杨小红．制造企业工业物联网的发展与智能制造转型分析：基于三一重工的案例研究[J]．制造技术与机床，2022(7)：69.

通过供应链管理系统实时跟踪原材料的库存水平，实现精准采购和及时补货，减少库存积压和缺货现象。同时，数字化供应链还可以帮助企业与供应商和客户实现信息共享，提高供应链的透明度和响应速度。

另一方面，电子商务与市场拓展是提升产品市场覆盖率的重要途径。陕西省政府支持企业利用电子商务平台拓展国内外市场，提升产品的市场覆盖率。通过电子商务，企业可以降低市场推广成本，提高品牌知名度，增强市场竞争力。例如，企业可以通过跨境电商平台将产品推向国际市场，利用大数据分析了解消费者的需求，实现精准营销。同时，政府还鼓励企业开展线上线下相融合的营销模式，通过电商平台收集消费者反馈，优化产品设计和服务，进一步增强市场竞争力。

通过智能制造、数字化供应链和电子商务的协同发展，陕西制造业的数字化转型将为企业带来更高的生产效率、更低的运营成本和更强的市场竞争力，推动陕西制造业迈向高质量发展的新阶段。

6.1.1.3 产业链金融服务

金融是产业链发展的重要支撑，对于陕西制造业的高质量发展具有不可替代的作用。陕西省政府通过发展供应链金融、设立产业引导基金和鼓励金融创新服务，为制造业企业提供资金支持，缓解企业的融资困境。这些措施不仅能够满足企业的发展需求，还能提升企业的金融支持水平，推动产业链的稳定发展①。

在供应链金融方面，陕西省政府积极推动供应链金融服务的发展，为产业链上下游企业提供融资支持。通过供应链金融，企业可以利用应收账款、存货等资产进行融资，有效缓解资金压力，提升产业链的稳定性。例如，核心企业可以通过供应链金融平台，为其供应商提供融资担保，帮助供应商解决资金周转问题，确保供应链的顺畅运作。这种模式

① 王治，任孜杨．减税降费对企业投资效率的影响研究[J]．管理现代化，2024，44（1）：27.

不仅提升了供应商的生产能力和交付能力，也提高了核心企业的供应链协同效率，增强了整个产业链的竞争力①。

在产业引导基金方面，陕西省政府通过设立专业化投资基金，着重扶持省内先进制造业和战略性新兴产业发展。该基金采用“政府引导+市场化运作”模式，优先投向具备核心技术、成长性突出的优质项目。例如，在航空航天、半导体等关键领域，基金通过股权投资方式为企业提供中长期资本支持，有效缓解了重资产行业前期投入大、回报周期长的融资困境。同时，产业引导基金建立了科学的投后管理体系，不仅提供资金支持，还引入行业专家资源，协助企业完善治理结构、对接产业链资源。通过设立子基金、跟投机制等方式，基金已撬动超过5倍的社会资本共同参与，形成了“基金+产业+园区”的协同发展模式。这种创新机制既放大了财政资金使用效能，又培育出多个具有全国竞争力的制造业集群，为区域经济转型升级提供了持续动能。

在金融创新服务方面，陕西省政府鼓励金融机构创新金融产品和服务模式，为制造业企业提供多元化的金融服务。通过金融创新服务，企业可以更好地满足融资需求，提升企业的金融支持水平。例如，金融机构可以推出知识产权质押贷款、科技成果转化贷款等创新金融产品，支持企业的技术研发和创新活动。同时，金融机构还可以通过供应链金融、融资租赁等多元化的金融服务模式，满足企业在不同发展阶段的资金需求，提高企业的融资效率和资金使用效益②。

通过供应链金融、产业引导基金和金融创新服务的协同发展，陕西省政府为制造业企业提供了全方位的金融支持，有效缓解了企业的融资

① 肖兴志，王述勇，李少林．金融支持产业链韧性提升：内在逻辑、现实需求与推进方略[J]．改革，2024(9)：15.

② 苏梽芳，王婷伟，白雨露，等．数字金融与制造业企业供应链韧性提升[J]．经济评论，2025(1)：98.

难题，推动了产业链的稳定发展。这些措施不仅提升了企业的金融支持水平，还为陕西制造业的高质量发展提供了有力保障，助力陕西制造业迈向高端化、智能化、绿色化和国际化的发展轨道。

6.1.2 价值链路径设计

在全球经济一体化进程不断推进、产业竞争日益激烈的大背景下，陕西制造业的发展策略需突破传统生产和加工模式的局限，转向更加注重价值创造和产业链的高端延伸。陕西两会进一步明确了制造业发展的方向，强调要构建现代化产业体系，推动传统产业转型升级，发展数字经济，为制造业发展提供了新的战略指引。本部分将深入探讨陕西制造业在价值链层面的路径设计，旨在通过一系列战略举措，实现从资源依赖型向创新驱动型、从内向型向外向型的转变，全面提升陕西制造业的核心竞争力。

习近平总书记在听取陕西省委和省政府工作汇报时所传达的指示精神，为陕西制造业的发展指明了方向。他强调，陕西省要实现追赶超越，必须在加强科技创新、建设现代化产业体系上取得新的突破。陕西两会进一步明确了制造业发展的战略方向，强调要立足自身产业基础和资源禀赋，坚持把发展的着力点放在实体经济上，在巩固传统优势产业领先地位的同时，勇于开辟新领域、新赛道，培育竞争新优势。同时，以科技创新为引领，加快传统产业高端化、智能化、绿色化升级改造，培育壮大战略性新兴产业，积极发展数字经济和现代服务业，加快构建具有智能化、绿色化、融合化特征和符合完整性、先进性、安全性要求的现代化产业体系，做强做优现代能源产业集群。陕西两会还特别强调，要通过减税降费等政策措施，进一步减轻企业负担，激发市场主体活力，推动制造业实现高质量发展。这不仅是对制造业企业的直接支持，更是为了营造良好的营商环境，吸引更多企业投资和创新，推动产业升级和经济结构调整①。

陕西“十四五”制造业高质量发展规划明确提出，将打造万亿级先进制造业集群，加快培育壮大新能源汽车、高端装备制造、新一代信息技术、新材料和生物医药等新支柱产业，积极推进航空航天产业基地和汉中航空智慧新城建设，支持西安打造先进制造业强市。同时，陕西将实施传统产业智能化改造和转型升级专项行动，提升有色冶金、建筑建材、食品纺织等产业的发展水平，加快推进新一代信息技术与制造业的融合发展，推动制造业生产方式和企业形态发生根本性变革。

在此背景下，陕西制造业的价值链路径设计将聚焦以下四个方面。

6.1.2.1 资源利用与原材料供应

陕西作为中国西部地区的重要省份，拥有得天独厚的自然资源，尤其是煤炭和铝土矿等矿产资源。这些资源的丰富储备为陕西制造业的发展奠定了坚实基础。在当前全球经济一体化和产业竞争日益激烈的背景下，陕西制造业的发展策略必须超越传统的生产和加工模式，转向更加注重价值创造和产业链的高端延伸。同时，充分利用这些资源优势，降低原材料成本，提升价值链起点的竞争力，成为陕西制造业转型升级的关键环节。

习近平总书记强调，要立足自身产业基础和资源禀赋，坚持把发展的着力点放在实体经济上。陕西制造业的发展正是对这一要求的具体实践。通过优化资源配置、推动资源高效利用，陕西制造业不仅能够提高原材料供应的效率和质量，还能够凭借成本优势提升产品的市场竞争力。这不仅有助于巩固陕西在能源化工、装备制造等领域的传统优势，

---

① 薛菁，林莉. 新一轮减税降费影响制造业企业高质量发展路径探析[J]. 哈尔滨商业大学学报(社会科学版)，2021(5)：127.

也为培育新材料、智能制造、新能源等战略性新兴产业提供了有力支撑①。

为了实现这一目标，陕西正在采取一系列措施。首先，通过技术创新和产业升级，陕西致力于提高资源的开采效率和利用率，减少资源浪费，实现资源的可持续开发。例如，在煤炭行业，陕西作为中国的煤炭大省，煤炭资源储量丰富且分布广泛。陕西通过实施煤炭资源的绿色开采和清洁利用，提高煤炭资源的开采效率和利用效率，减少环境污染，实现煤炭资源的可持续发展。同时，陕西还积极推动煤炭深加工和转化，延长煤炭产业链，提高煤炭产品的附加值，如发展煤制油、煤制烯烃等现代煤化工产业，将资源优势转化为经济优势。在铝土矿行业，陕西的铝土矿资源同样丰富，为铝工业的发展提供了坚实的原材料基础。陕西通过技术创新和工艺改进，提高铝土矿的开采和选矿效率，降低能耗和成本。同时，陕西还着力发展铝深加工产业，如铝合金、铝型材等高附加值产品，推动铝工业向高端化、集群化发展。

其次，陕西制造业在资源利用与原材料供应方面的路径设计，体现了其对资源禀赋的深刻认知和对实体经济发展的坚定承诺。通过科技创新、产业升级和绿色发展，陕西制造业正在全面提高资源利用效率，降低原材料成本，提升价值链起点的竞争力，为实现高质量发展奠定坚实基础。

6.1.2.2 产业多元化与高附加值产品

陕西制造业的产业多元化与高附加值产品发展策略，既是响应国家创新驱动发展战略的具体实践，也是陕西经济转型升级的必由之路。在能源装备领域，陕西正通过整合自身能源资源优势，推动高效清洁能源

① 夏会，钟陈，程平．大数据技术驱动下减税降费政策绩效评估研究[J]．会计之友，2023(9)：88.

装备制造业的快速发展。其范畴不仅包括传统的高效锅炉和风力发电机组，还涵盖了太阳能光伏设备等新能源技术产品。这些产品的开发和制造，不仅满足了国内外市场对清洁能源的增长需求，也体现了陕西在全球能源转型中发挥的积极作用。通过技术创新和智能化改造，陕西的能源装备制造业正在向高效率、低排放的方向发展，提升了产品的技术含量和市场竞争力，为地区经济增长注入了新动力。

在航空航天领域，陕西制造业优势显著。陕西拥有强大的航空科技研发和生产能力，为其在航空航天装备制造领域的发展奠定了坚实的基础。陕西正在大力发展飞机零部件、航空发动机和卫星制造等高技术产品，这些产品的研发和生产不仅提升了陕西在全球航空航天产业链中的地位，也为地区经济发展注入了新的活力。通过与国内外科研机构和企业的合作，陕西的航空航天产业不断推动技术创新，提高产品附加值，进一步巩固了其在全球航空航天领域的重要地位①。

化工行业作为陕西制造业的重要支柱之一，也在不断优化产业结构，大力发展精细化工和新材料产业。陕西正在通过技术创新和产品升级，开发高性能纤维、特种橡胶和工程塑料等高附加值产品。这些产品在汽车、电子和建筑等领域应用广泛。陕西的化工企业通过技术创新和产品升级，提高了产品的附加值和市场竞争力，同时也为环境保护和资源节约作出了积极贡献。

在汽车制造业领域，陕西正积极引进国内外先进的汽车制造技术和管理经验，大力发展新能源汽车和智能网联汽车，提升产品的技术水平和环保性能。这些高附加值的产品不仅满足了市场对高品质汽车的需求，也推动了陕西汽车产业的可持续发展。陕西的汽车制造业正在通过技术创新和产业升级，逐步向高端化、智能化方向发展，为地区经济高

① 李香菊，杜伟．地方政府促进新兴产业发展的政策研究：以陕西航空航天为例[J]．华东经济管理，2015，29（9）：6.

质量发展提供了坚实支撑①。

陕西制造业通过在能源装备、航空航天、化工、汽车等多个领域的多元化发展，实现了产业结构的优化和产品附加值的提升。通过持续技术创新和产品升级，陕西制造业正在不断增强市场竞争力，为地区经济高质量发展提供了坚实的产业支撑，同时也为提升陕西在全球制造业中的地位作出了积极贡献。

6.1.2.3 研发与创新

陕西制造业正处于转型升级的关键时期，而研发与创新是推动这一进程的核心引擎。面对全球经济一体化带来的挑战和机遇，陕西正通过加大研发投入和深化产学研合作，积极促进新材料、智能制造、新能源等关键领域的技术创新，以提升产品的技术含量和市场价值，增强制造业的核心竞争力。

在新材料领域，陕西致力于开发具有高性能、多功能、环保等特点的新型材料，以满足航空航天、电子信息、新能源等高端制造业的快速发展需求。陕西通过与高等学校和科研机构的紧密合作，不仅加快了新材料技术的研发进度，还促进了科技成果的快速转化，推动了新材料产业的快速发展。这些新材料的开发和应用，不仅能够提高产品的质量和性能，还能够降低生产成本，提高能源效率，减少环境污染，从而增强陕西制造业的可持续发展能力。

智能制造是制造业未来发展的重要方向，陕西正通过引入先进的制造技术和智能化装备，提升制造业的自动化和信息化水平。陕西制造业企业通过产学研合作，能够快速吸收和应用最新的智能制造技术，提高生产效率和产品质量，降低生产成本，从而在激烈的市场竞争中占据有

---

① 伍佳妮．陕西新能源汽车商业推广模式创新及保障措施[J]．科技管理研究，2017，37(7)：246.

利地位。智能制造的推进，不仅能够提高陕西制造业的效率和灵活性，还能够促进新业态的形成和产业模式的创新，为陕西制造业的转型升级提供强有力的技术支撑。

开发新能源是全球能源转型的重要趋势，陕西积极顺应这一趋势，加大太阳能、风能等新能源技术的研发力度。通过技术创新，陕西的新能源产业不仅能够为地区提供清洁、可持续的能源供应，还能够推动相关制造业的发展，如太阳能电池板、风力发电机等设备的生产。新能源产业的发展，不仅有助于减少对化石能源的依赖，减少温室气体排放，还有助于推动陕西经济的绿色转型，实现经济发展与环境保护的双赢[①]。

陕西制造业的研发与创新战略，不仅提升了产品的技术含量和市场价值，还为地区经济高质量发展注入了新的动力，通过不断的技术创新和产业升级，陕西制造业正在向高端化、智能化、绿色化的方向迈进，为实现可持续发展目标奠定了坚实的基础。陕西制造业的这一转型，不仅能够提升陕西在全球制造业中的市场竞争力，还能够为其乃至全国的经济发展提供新的动力和增长点。

6.1.2.4　国际市场拓展

在全球经济一体化的浪潮中，陕西制造业正处于新的历史节点，其国际市场拓展策略是实现高质量发展的关键。陕西积极响应“一带一路”倡议，通过深化与共建国家的经贸合作，不仅加强了区域间的经济联系，也为陕西制造业的产品和服务打开了新的市场空间。这一战略的实施，使陕西制造业能够更有效地利用国际资源，拓宽市场渠道，提升陕西在全球价值链中的地位，从而推动产业升级和经济结构的优化[②]。

---

① 吴潇航，龙小燕．减税降费、绿色技术创新与产业结构升级[J]．地方财政研究，2024(6)：62.

② 赵静，王薇，高英铭．“营改增”对中国全球价值链升级的影响：来自城市层面的经验证据[J]．华东经济管理，2024，38（3）：45.

陕西的能源装备、航空航天、化工和汽车等产业，正利用其在技术、成本和质量上的优势，逐步扩大在国际市场上的影响力。通过参与国际合作项目和展会，陕西企业不仅能够展示自身的技术和产品，还能够学习国际先进的管理经验和技术，提升自身的国际竞争力。这种双向互动，不仅促进了陕西制造业的技术进步和产品创新，也为陕西企业在全球市场中赢得了更多的话语权。

为了进一步拓展国际市场，陕西正在采取一系列措施。首先，陕西致力于提高产品质量和技术水平，以增强产品的国际竞争力。通过技术创新和智能化改造，陕西制造业正在向高端化、智能化方向发展，以满足国际市场对高品质产品的需求。其次，陕西鼓励企业开展国际认证，获取进入国际市场的“通行证”，如欧盟的 CE 认证、美国的 FDA 认证等，以满足不同市场的技术要求和法规标准。这些认证不仅提高了陕西产品的国际认可度，也为陕西企业打开了更广阔的市场。

此外，陕西还通过建立海外营销网络和服务中心，提供本地化服务和支持，增强与国际客户的联系，提升品牌的国际知名度。这些海外机构不仅帮助陕西企业更好地了解当地市场需求，也为陕西企业提供了及时的售后服务，提升了客户的信任和满意度。陕西还注重培养具有国际视野的人才，通过国际交流和合作项目，提升企业管理和技术人员的国际业务能力。同时，陕西也在积极吸引外资，引进国外先进技术和管理经验，促进本地产业的技术进步和产品创新。这些措施不仅提升了陕西企业的国际竞争力，也为陕西经济的全球化发展注入了新的活力。

总体而言，陕西制造业的国际市场拓展战略，不仅提升了产品的国际竞争力，也为陕西经济的全球化发展开辟了新的道路。通过积极参与国际分工与合作，陕西制造业正在全球价值链中扮演越来越重要的角色，为推动地区经济的高质量发展和实现可持续发展目标作出了积极贡献。随着“一带一路”倡议的深入实施，陕西制造业的国际市场拓展将为陕西乃至中国在全球经济中的地位提升提供强有力的支撑。

6.1.3　创新链路径设计

在全球化和技术革新的大潮中，创新已成为推动社会进步和经济发展的核心引擎。对于陕西而言，作为中国西部的关键工业基地，正处在一个历史性的转折点，面临着从传统产业向现代产业体系转型的挑战和机遇。陕西制造业的发展迫切需要依托创新链的路径设计，以激发内生增长的新动力，提升其在全球价值链中的竞争力和影响力。

陕西制造业的创新链路径设计，不仅关乎单一企业或单一产业的升级，还涉及整个区域经济结构的优化和转型。通过构建和完善创新链，陕西能够整合研发、设计、制造、营销等各个环节的创新资源，形成从基础研究到产业化应用的完整创新体系。此体系将为陕西制造业注入源源不断的创新活力，推动其在全球经济中占据更有利的位置。在全球价值链中，陕西制造业需要通过创新链的构建，实现从低端制造向高端制造的跃升。这意味着陕西不仅要在生产环节提高效率和质量，还要在研发设计、品牌建设、市场营销等环节增强创新能力。通过创新链的优化，陕西制造业能够更精准地捕捉市场需求的变化，快速响应消费者需求，开发出更具竞争力的产品和服务。此外，创新链的构建还涉及跨行业、跨领域的协同创新。陕西制造业需要与信息、生物、新能源等其他高新技术领域进行深度融合，通过跨界合作实现技术突破和产业升级。这种跨界融合不仅能够催生新的产业形态，还能够为传统产业注入新的活力，推动陕西经济的整体转型和升级①。

陕西制造业的创新链路径设计是一个系统工程，涉及政策引导、企

① 许楠，牛美佳，刘雪琴．减税降费推动企业高质量发展的路径研究：基于投资组合网络与创新溢出的链式中介作用[J]．会计之友，2023(3)：25.

业创新、产业协同、国际合作等多个方面。在这样的背景下，陕西制造业的创新链路径设计将聚焦以下三个方面。

6.1.3.1 关键核心技术突破

在全球化竞争日趋激烈的今天，关键核心技术的突破已成为衡量一个地区乃至一个国家竞争力的重要标准。对于陕西而言，实施税收优惠政策，吸引资金和人才投入关键核心技术的研发，是提升产业链核心竞争力的关键举措。这一战略的实施，不仅能够促进陕西制造业的技术进步和产业升级，还能够在全球价值链中占据更有利的位置。

税收优惠政策能够有效降低企业的研发成本，提高企业研发投入的积极性。通过减免企业所得税、提供研发费用加计扣除等措施，陕西企业能够将更多资金用于技术研发和创新活动，从而加快技术突破和产品创新。这种政策支持，对于初创企业和中小企业尤为重要，因为它们在资金和人才方面相对薄弱，更需要政策的扶持和引导①。

吸引人才是关键核心技术突破的另一大关键因素。陕西通过税收优惠政策，不仅能够吸引国内外高端人才，还能够激励本地人才的留存和发展。人才是创新的源泉，拥有一批高水平的研发团队，是实现技术突破和产业升级的基石。陕西的高等学校和科研机构众多，拥有丰富的人才资源，通过税收优惠政策，可以更好地将这些人才资源转化为产业发展的动力②。

关键核心技术的突破需要长期的研发投入和持续的创新活动。陕西通过实施税收优惠政策，能够为企业提供一个稳定的政策环境，鼓励企业进行长期的研发规划和持续的技术创新。这种长期视角对于实现技术

---

① 马珺，邓若冰．供给侧改革背景下减税降费的财政压力及应对[J]．学习与探索，2020(5)：124.

② 张青，李溪，周振．创新要素集聚、财税激励与制造业高质量发展[J]．西安交通大学学报(社会科学版)，2024,44(5)：115.

突破至关重要，因为它需要企业不断进行技术积累和创新实践。关键核心技术的突破还能够带动相关产业的发展，形成产业集群效应。陕西在能源装备、航空航天、化工、汽车等产业领域拥有良好的基础，通过关键核心技术的突破，能够进一步提升这些产业的技术水平和国际竞争力，推动产业集群的形成和发展。

通过实施税收优惠政策，吸引资金和人才投入关键核心技术的研发，陕西能够提升产业链的核心竞争力，推动产业升级和经济结构的优化，为陕西乃至中国的经济发展贡献新的力量。随着关键核心技术的不断突破，陕西制造业将迎来更加广阔的发展空间，为实现可持续发展目标奠定坚实基础。

6.1.3.2　产业链协同创新

产业链协同创新在陕西制造业的发展中扮演着至关重要的角色。通过税收优惠政策的实施，陕西不仅激发了企业间的合作精神，还促进了从原材料供应到成品制造，再到市场销售的全链条协同。这种协同效应极大地提升了整个产业链的市场竞争力和创新能力。在这一过程中，税收优惠政策为企业提供了一个强有力的激励机制，使企业在研发投入上更加大胆和积极。企业之间的合作研发不仅减少了重复投资，还加快了技术成果的产业化进程。在这种合作模式下，企业能够共享研发成果，分担风险，同时通过集思广益，找到更多创新解决方案。

产业链协同创新还意味着陕西制造业能够更好地整合全球资源，参与国际分工。通过与国际先进企业的合作，陕西制造业企业能够快速吸收和学习国际先进技术，提升自身的技术水平和产品质量，进而在国际市场上赢得更多话语权和市场份额。此外，产业链协同创新还有助于推动区域经济的均衡发展①。陕西省通过税收优惠政策，鼓励发达地区企业和欠发达地区企业之间的合作，这种跨区域合作有助于技术和资本的流动，促进了区域间的经济协同发展，缩小了地区发展差距。在推动产业链协同创新的过程中，陕西还注重营造良好的创新环境，包括加强知识产权保护、提供创新金融服务、建设公共创新平台等。这些措施为企业提供了一个稳定、公平、透明的发展环境，进一步激发了企业的创新活力。随着产业链协同创新的不断推进，陕西制造业正逐步实现从传统制造向智能制造的转型。智能制造不仅提高了生产效率和产品质量，还降低了生产成本和资源消耗，为陕西制造业的绿色发展和可持续发展提供了强有力的技术支持②。

陕西通过税收优惠政策推动产业链协同创新，不仅提升了产业链的整体创新能力，还促进了产业升级和经济结构的优化，为陕西乃至中国的经济发展注入了新动力。随着产业链协同创新的不断深入，陕西制造业的发展前景将更加广阔，为实现可持续发展目标提供了坚实支撑。

6.1.3.3 技术标准制定与推广

技术标准作为产业发展的基石，对于确保产品质量、推动技术创新和规范市场行为具有不可替代的作用。陕西通过税收政策支持行业标准的制定与推广，正全方位提升其制造业的市场竞争力和影响力。

在技术标准的引领下，陕西制造业正逐步实现从传统生产方式向现代化、智能化的转变。通过参与行业标准的制定，陕西企业不仅能够确保自身产品与服务符合国家乃至国际的质量要求，还能够在国际市场上树立良好的品牌形象，增强消费者的信任感。这种信任感是企业持续发

---

① 蔡宏波，汤城建，韩金镕．减税激励、供应链溢出与数字化转型[J]．经济研究，2023，58(7)：173.

② 吴潇航，龙小燕．减税降费、绿色技术创新与产业结构升级[J]．地方财政研究，2024(6)：63.

展和扩大市场份额的宝贵资产。技术标准的推广还有助于促进产业升级和结构优化。在高标准的要求下，企业必须不断进行技术革新和工艺改进。此举不仅能够提高生产效率，还能降低能耗和减少环境污染，实现绿色可持续发展。陕西通过税收政策激励企业采用新技术标准，实际上是在推动整个产业向更高端、更环保的方向迈进。此外，技术标准的统一和推广还能够降低企业间的交易成本，提高整个产业链的协同效率。在统一的标准下，供应链各环节之间的信息流通更加顺畅，协作更加紧密，这有助于降低生产成本，提高响应速度，增强整个产业链的灵活性和适应性。

在全球经济一体化的背景下，技术标准的重要性更加凸显。陕西通过税收政策支持企业的产品符合国际标准，不仅有助于打破国际贸易中的技术壁垒，还能够促进陕西制造业更好地融入全球供应链，拓展国际市场。这对于提升陕西制造业的全球竞争力，实现从“陕西制造”向“陕西创造”的跨越具有重要意义。

随着技术标准的不断推广和应用，陕西制造业将在技术创新、产品质量、市场竞争力等方面实现全面提升，为地区经济高质量发展注入新动力。陕西制造业的转型升级，不仅能够带动当地就业与经济增长，还能够为全国乃至全球消费者带来更多高质量的产品与服务，为实现可持续发展目标作出积极贡献。

6.1.4 资本链路径设计

在全球化的浪潮中，资本的流动与配置对地区的经济发展起着至关重要的作用。陕西，作为中国西部的重要省份，不仅拥有深厚的文化底蕴，还具备巨大的发展潜力。面对全球经济的新形势和新挑战，陕西正通过资本链的路径设计，积极构建一个更加开放、更具竞争力的经济体系。这一战略的实施，旨在通过资本的力量，推动陕西制造业的转型升级，增强其在全球经济中的话语权[①]。

当前，国际形势复杂多变，全球供应链受到疫情冲击，贸易保护主义抬头，这些都给地区经济发展带来了前所未有的挑战。在此背景下，陕西通过资本链路径设计，不仅能够促进内部经济结构的优化，还能够拓展对外经济合作的深度和广度。陕西的这一战略举措，体现了其对国际形势变化的敏锐洞察和积极应对，旨在通过加强内部创新能力和提升国际竞争力，来应对全球经济的不确定性。

陕西的资本链路径设计，将重点关注智能电力设备产业创新发展、国际合作项目的资金支持以及区域经济发展的资金投入。这些措施有助于提升企业的技术水平和创新能力，拓展国际市场份额，并促进区域经济的繁荣与增长。在国际形势不断变化的今天，陕西的这一路径设计显得尤为重要，不仅能够帮助陕西企业更好地融入全球经济，还能够让其在全球经济中占据更有利的位置。通过重点关注智能电力设备产业创新发展，陕西将引导和激励企业进行技术创新，推动电力设备产业向智能化、绿色化方向发展。这不仅有助于提升陕西在全球能源转型中的地位，还能够为应对全球气候变化作出贡献。同时，通过国际合作项目的资金支持，陕西企业将有机会参与全球经济合作，拓展新的市场，获取新的资源和技术，增强国际竞争力。此外，区域经济发展的资金投入将有助于缩小地区发展差距，促进区域经济均衡发展，为陕西乃至全国的经济增长提供新的动力。

陕西的资本链路径设计是其积极应对国际形势变化、推动经济高质量发展的重要战略。通过这一战略的实施，陕西将能够在全球经济中发挥更大的作用，为地区乃至全球的经济发展作出积极贡献。接下来，我们将详细探讨陕西如何通过以下三大资本链路径，实现其经济发展的目标。

① 吕慧珍，张萌．开放式创新战略与制造业转型升级：基于减税降费的调节效应视角[J]．财会通讯，2022(13)：57.

6.1.4.1 智能电力设备产业创新

陕西通过“链长制”推动重点产业链高质量发展，聚焦智能电网、新能源等领域，推动产业链式布局和集群发展。同时，通过秦创原支持包括智能电力设备在内的多个战略性新兴产业，加快科技成果转化和应用。这些政策不仅优化了资本链配置，还提升了企业的技术水平和创新能力。

在支持关键技术研发方面，陕西通过多种方式推动智能电力设备产业的发展。例如，国网陕西电力公司通过技术创新，申请了多项专利，如“一种自适应电网状态台区智能融合终端及其控制方法”，旨在提升电网融合终端的智能化程度。这些技术突破不仅提升了企业的技术水平，还加快了科技成果的商业化进程。此外，陕西还积极推动产学研用的深度融合，通过高等学校、科研机构与企业的合作，加快科研成果转化。例如，西安理工大学教授张延超带领团队注册成立公司，通过秦创原的支持，实现了科研成果的快速转化。这些措施为智能电力设备产业的创新发展提供了强大的技术支持。

陕西通过多种资本支持手段，推动智能电力设备产业的升级。例如，西咸新区近期集中开工的多个项目，包括日立能源柔性直流输电产品制造基地等，将为智能电力设备产业注入新的动力。此外，陕西还通过设立产业创新聚集区，推动智能电力设备产业的集群发展。这些措施不仅提升了企业的技术水平和创新能力，还为陕西乃至全国的经济发展提供了新的动力。同时，陕西通过国际合作项目资金支持，鼓励企业积极参与共建“一带一路”国家和地区的合作项目。例如，陕西通过中欧班列等平台，推动企业“走出去”，拓展国际市场。这些措施不仅提升了企业的国际竞争力，还扩大了陕西在全球电力设备产业中的影响力。

通过政策支持、资本链优化、产学研用深度融合、国际合作等多方面的措施，陕西在智能电力设备产业创新方面取得了显著成效。这些措施不仅提升了陕西企业的技术水平和创新能力，还为陕西乃至全国的经济发展提供了新的动力。随着这些政策的深入实施，陕西有望在全球智能电力设备产业中占据更有利的竞争位置，为推动全球电力设备产业的发展贡献陕西智慧和力量。

6.1.4.2 国际合作项目资金支持

在全球化的大背景下，国际合作已成为推动区域经济发展、加快产业升级的重要途径。陕西通过提供国际合作项目资金支持，鼓励企业积极参与共建“一带一路”国家和地区的合作项目。这一举措不仅有助于企业拓展国际市场份额，还能促进技术和文化的交流，提升陕西在全球经济中的影响力。

资金支持的提供，使陕西企业在参与国际合作项目时拥有更多资源和底气。这包括但不限于直接的财政补贴、税收优惠、信贷支持等多种形式，旨在降低企业参与国际项目的门槛和风险，增强企业的国际竞争力。通过这些资金支持，陕西企业能够更有自信地走出国门，参与全球供应链、产业链的分工合作，获取更多市场机会和资源。

国际合作项目资金支持还有助于陕西企业学习国际先进的管理经验和技术，提升自身的国际化运营能力。在全球经济一体化进程中，企业不仅要面对来自国际市场的竞争压力，还需要适应不同国家和地区的商业环境和文化差异。资金支持能够帮助企业更好地适应这些变化，通过国际合作项目提升企业的国际视野和跨文化沟通能力。同时，国际合作项目资金支持也是陕西响应国家“一带一路”倡议的具体行动。通过资金支持，陕西企业能够更深入地参与“一带一路”建设，与共建国家和地区的企业建立合作关系，共同开发市场，共享发展成果。这不仅有助于推动共建“一带一路”国家和地区的经济发展，也有助于陕西企业在全球范围内构建更加广泛的合作关系网络。

随着国际合作项目的不断深入，陕西企业将在全球市场中扮演更加重要的角色，为陕西乃至全国的经济发展注入新的活力。这种资金支持不仅能够促进企业的技术进步和国际化发展，还能够加强陕西省与全球经济的联系，推动陕西制造业向高端化、智能化方向迈进，实现可持续发展目标。

6. 1. 4. 3　区域经济发展资金投入

陕西的区域经济发展资金投入策略，旨在全方位推动智能电力设备产业的升级，同时促进整个区域经济的长远发展。这一策略的实施，预示着陕西省将迎来一系列深刻的经济和社会变革。

资金投入正推动黄河流域和西安都市圈的基础设施实现现代化，对于加强区域内部的互联互通及提升对外联系至关重要。通过改善交通、信息通信和能源供应，陕西为智能电力设备产业的发展奠定了坚实的基础，这不仅吸引了国内外投资，还提高了物流效率，降低了企业运营成本，从而增强了企业的市场竞争力。资金支持也在加快传统电力设备产业的技术改造和升级，推动产业向智能化、绿色化转型。这不仅提高了能源利用效率，减少了环境污染，还促进了新业态的形成和产业模式的创新。陕西的电力设备产业借助先进的制造技术和新能源技术，更好地适应了全球能源结构的变化和市场需求的发展态势。

研发和技术创新的投资进一步激发了企业的创新活力，推动了科技成果的产业化。陕西通过加强企业、高等学校和研究机构之间的合作，建立了更加完善的区域创新体系，加快了关键技术的突破和新技术的应用推广，为智能电力设备产业的发展提供了强有力的技术支撑①。

在人才培养和引进方面，陕西通过提供奖学金、建立实训基地、开

① 汪晓文，李明．经济高质量发展视域下减税降费政策的路径选择[J]．现代经济探讨，2019(11)：32.

展国际交流合作等方式，吸引和培养了一批具有国际视野和创新能力的高端人才。这些人才将成为推动智能电力设备产业发展的重要力量，为产业的持续创新和国际竞争提供人力资源保障。在市场拓展方面，资金投入帮助企业开拓国内外市场，特别是“一带一路”共建市场。这不仅提高了陕西智能电力设备的国际知名度和市场占有率，还促进了区域经济的对外开放和国际合作，增强了区域经济的活力和影响力。资金还被用于支持生态环境保护项目，确保智能电力设备产业的绿色可持续发展。这有助于减少产业发展对环境的影响，同时提升陕西在全球绿色经济中的市场竞争力。

6.1.5 供应链路径设计

在全球化经济的浪潮中，供应链管理已经成为企业竞争的核心战场。随着信息技术的飞速发展和全球市场的日益一体化，供应链的效率和响应能力直接关系到企业的生存和发展。一个高效、灵活且成本效益高的供应链不仅能够提升企业的市场响应速度，还能增强其在全球市场中的竞争力。供应链管理的优化已成为企业战略规划中不可或缺的一部分，它涉及从原材料采购、产品制造、物流配送到最终销售的各个环节。在这一背景下，供应链路径设计的重要性越发凸显。供应链路径设计并非仅仅是选择最佳的物流路线，而是一个涉及多方面因素的综合决策过程。它要求企业在全球范围内寻找最优的供应商、制造商和分销商，以确保产品能够以最低的成本、最快的速度、最高的质量送达消费者手中。这个过程需要企业不断评估和调整其供应链结构，以适应不断变化的市场需求和竞争环境。

本部分将深入探讨供应链路径设计的重要性，并分析如何通过政策工具和国际合作来优化供应链管理，从而提升产业竞争力。我们将从以下三个关键维度进行探讨。

6.1.5.1 供应链优化与管理

在全球化经济的背景下，供应链优化与管理对企业市场竞争力的提升至关重要。减税降费政策在这方面扮演了重要角色，它通过降低零部件采购成本，为供应链管理的优化提供了有力支持。此类政策不仅减轻了企业的财务负担，还鼓励了企业进行技术创新，从而提高了供应链的运行效率和响应速度。

供应链管理的优化是一个多维度的过程，涉及供应链协同制造、服务型制造以及制造供应链的可视化和智能化。这包括推动制造企业应用精益供应链等管理技术，完善全链条供应链体系，实现供应链上下游企业的协同采购、协同制造、协同物流。这样的协同作用有助于缩短生产周期和新品上市时间，降低生产经营和交易成本，提升供应链的整体效率。此外，加强与供应商合作，共同开展新产品研发，提高产品质量和创新能力，也是提高供应链效率的关键策略[①]。同时，有效的需求管理可以避免库存积压和产品过剩，确保供应链的灵活性。此外，引入先进的信息技术系统，如供应链管理软件、物联网技术等，可以实现供应链各个环节的信息共享和协同，进一步提升供应链的市场竞争力。

通过这些措施的综合运用，企业能够提高供应链效率，增强在全球市场中的竞争力，从而在激烈的市场竞争中占据有利地位。

6.1.5.2 产业集聚效应

产业集聚效应在西安都市圈的发展中扮演着至关重要的角色。通过税收优惠政策，西安都市圈成功吸引了企业投资设厂，形成了产业集聚。这不仅提升了供应链的市场竞争力和影响力，还促进了区域经济高质量发展。

西安都市圈的税收优惠政策体现在多个方面。首先，西安市税务局

① 谷成，陈青，李鹏洋．我国减税降费政策研究：综述与展望[J]．财政科学，2024(3)：137.

创新实施了“税务管家”服务窗口集群化建设，延伸服务链条，用税费支持政策的“真金白银”为重点项目、支柱产业、特色产业和龙头企业增势赋能。这种服务机制为跨区域经营纳税人量身定制涉税服务项目清单、精准推送税费优惠政策、优化跨区域税费服务流程，有效促进了企业的发展和供应链的优化。其次，西安都市圈还立足区位禀赋，推动税收一体化融合发展。西安与周边城市税务部门共同签署《西安都市圈税收一体化合作框架协议》，加快构建税收执法、服务、监管、共治“四统一”格局，协同服务经济高质量发展。这种一体化的税收管理服务联动，为企业提供了更加便捷的税收服务，降低了企业的运营成本，增强了企业的市场竞争力。

在产业集聚方面，西安都市圈通过推动产业对接、共商重大问题、协调重大项目、优化产业布局等举措，将咸阳、铜川、渭南打造成西安都市圈工业高质量转移的承接区，推动形成密切关联的产业分工体系，实现差异化发展。这种产业协作共兴的策略，鼓励龙头企业开放产业链和供应链，带动形成专业化分工协作体系，构建高水平产业发展生态圈。共同推进制造业高质量发展也是西安都市圈的一个重要方向。通过推动西安乘用车（新能源）、太阳能光伏、氢能等 19 条重点产业链的各环节、各领域向各市延伸，共同促进制造业补链、强链，提升了陕西制造业的整体竞争力。

6.1.5.3 国际合作与资源配置

在全球化经济体系中，国际合作与资源配置扮演着至关重要的角色，成为推动各国经济发展和提升全球市场竞争力的核心要素。税收优惠政策作为经济调控的有力杠杆，在国际合作中发挥着独特而关键的作用，降低了企业跨国合作的税收成本，为企业间的国际合作开辟了更为广阔的空间，提供了强大的支撑。在以往较高税收成本的情况下，企业在考虑跨国合作时往往会有所顾虑，高额的税收支出不仅压缩了企业的利润空间，还增加了合作的不确定性和风险。而实施税收优惠政策后，企业的财务负担得到显著减轻，使其在国际市场的拓展上拥有了更大的灵活性和积极性。例如，原本因税收成本过高而对海外投资和合作持观望态度的企业，在税收优惠政策的支持下，更愿意主动走出国门，积极寻求与国外优秀企业的合作机会。

这种合作模式为企业带来了多方面的显著收益。从市场资源的获取角度来看，与国外企业合作使本土企业能够突破地域限制，进入更为广阔的国际市场。国外企业往往在其本土或其他地区拥有成熟的销售渠道、客户群体以及市场网络，通过合作，本土企业可以借助这些资源迅速打开国际市场的大门，扩大产品和服务的销售范围，实现市场份额的快速增长。在技术和管理经验方面，国外优秀企业通常在先进技术研发和高效管理模式方面具有明显优势。通过合作，本土企业能够引进这些先进技术和管理经验，对自身的生产流程、技术水平以及管理体系进行升级改造。从资源整合的层面来看，国际合作使企业能够更好地整合全球资源，实现优势互补。不同国家和地区拥有各自独特的资源优势，如有的地区拥有丰富的原材料资源，有的则在人力资源或技术创新方面具有突出优势。通过与国外企业合作，企业可以将这些分散在全球各地的优势资源进行有效整合，充分发挥各自的长处，实现资源的优化配置。此外，国际合作还促进了知识的交流和创新的产生。企业间的合作不仅是资源的简单叠加，更是创新思维和管理模式的相互融合。这种融合能够激发新的创意，推动技术进步，从而带动整个产业链的升级和发展。在这个过程中，企业不仅能够提升自身的技术水平和管理能力，还能够在全球市场中占据有利位置，实现可持续发展①。

6.1.6　要素链路径设计

在当今知识经济和信息时代，要素链路径设计成为企业乃至国家市

---

① 杨灿明．进一步推进减税降费的改革路径[J]．经济研究参考，2017(60)：27.

场竞争力提升的关键。要素链路径设计涉及如何有效整合和优化人才、技术、信息等关键资源，以构建一个高效、创新、可持续的产业链。这种设计不仅关乎企业内部的资源配置，也涉及与外部环境的互动，包括政策支持、市场需求、全球竞争等多个层面。随着全球化的深入发展，企业面临着前所未有的机遇和挑战。在此背景下，要素链路径设计显得尤为重要。它要求我们不仅要关注企业内部的资源优化，还要着眼全球，思考如何在全球范围内配置资源，以实现最大的经济效益和社会效益。要素链路径设计的核心在于如何通过政策引导、市场机制和技术创新，构建一个动态平衡、自我更新的产业链生态系统①。

在这一生态系统中，人才、技术和信息是最关键的三个要素。人才是创新的源泉，技术是推动产业进步的动力，而信息则是连接人才和技术、实现资源优化配置的纽带。要素链路径设计的最终目标，是通过这三个要素的有机结合，形成一个强大、能够自我进化的产业链，以适应不断变化的市场需求和竞争环境。具体从以下三个方面来探讨。

6.1.6.1 人才引进与培养

在当今以知识和技术为核心竞争力的时代，企业若想在市场中保持领先地位，就必须高度关注人才的引进与培养。政府通过实施一系列税收优惠政策，为企业在人才引进和培养方面提供了有力支持。这些政策不仅有效减轻了企业在人才引进和培养上的经济负担，还激励企业加大在人力资源方面的投资力度，从而全面提升劳动力队伍的整体素质。通过这些措施，企业能够吸引并留住具备高技能和专业知识的人才，并通过持续培训和发展计划，不断提升现有员工的技能和知识水平。这种做法不仅增强了企业在产业链中的人力资源优势，还优化了人力资源配

① 晏国菀，夏雪．减税降费与企业高质量发展：来自全要素生产率的证据[J]．当代经济科学，2023，45（2）：128.

置，确保关键岗位和环节能够配备最适宜的人才，进而提高产业链的运行效率和响应速度。从长远来看，这种对人才的投资能够为企业带来持续的创新动力和竞争优势，为企业可持续发展奠定坚实基础。因此，人才引进与培养已成为企业提升市场竞争力、推动产业链发展和提升的关键策略。

进一步拓展来看，人才不仅是企业战略的重要组成部分，也是国家和地区发展的关键要素。国家发展和改革委员会强调了人才的重要性，认为人才是推动创新、产业发展和资金有效利用的核心。通过顶层设计和制度创新，可以进一步强化科技、产业、资金和人才管理部门之间的协同联动，科学设计有利于人才要素自由流动、合理配置的机制体制。此外，人力资源管理的数字化转型同样是提升企业市场竞争力的关键，它涉及数据的获取、应用和价值创造，以及如何通过数据整合业务链和管理链，提升人力资源管理的效率和效果。通过这些措施，企业不仅能够提升自身的人力资源竞争力，还能够在更为广泛的社会和经济背景下，为国家的人才强国战略作出积极贡献。

6.1.6.2 技术要素投入

技术要素投入是企业提升市场竞争力和推动产业升级的重要途径。在这一进程中，企业通过增加技术创新的投入，不仅能够开发出新的产品和技术，还能够对现有技术进行改进和优化，从而提高生产效率和产品质量。这样的投入有助于企业在市场中保持领先地位，同时也能够响应消费者对高质量和创新产品的需求。

技术创新的投入还能够推动产业链的整体升级。当企业在技术上取得突破时，这些技术进步往往会沿着产业链传播，带动上下游企业的技术革新和产品升级。这种连锁反应有助于提升整个产业链的技术水平，增强整个产业的市场竞争力。此外，技术创新还能够催生新的商业模式和市场机会。随着新技术的涌现，企业可以探索新的业务领域，开发新的收入来源，甚至改变传统的商业模式。例如，数字化技术的发展为企业提供了大数据、云计算等服务，这些服务不仅能够提高企业的运营效率，还能够为企业创造新的市场机会。

在全球经济一体化的背景下，技术创新投入也是企业参与国际竞争的关键。通过技术创新，企业能够更好地融入全球供应链，与国际伙伴进行合作，获取全球市场的资源和技术。这不仅有助于企业提升自身的技术水平，还能够在全球市场中获得更大的话语权。

总之，技术要素投入是企业实现可持续发展和产业升级的必由之路。通过持续技术创新，企业不仅能够提升自身的市场竞争力，推动整个产业链的技术进步，也能够在全球市场中占据有利地位①。

6.1.6.3 信息要素利用

在现代产业链中，信息要素的利用扮演着至关重要的角色，其通过显著的信息处理能力，能够提升决策支持、市场预测以及风险管理的水平，从而有力推动产业链的高效运作与升级。信息技术的应用，尤其是物联网、大数据、云计算等技术的广泛渗透，正在深刻改变产业链的信息处理能力。以中国铁物（中铁物轨道科技服务集团）开发的钢轨全寿命大数据管理平台为例，该平台通过整合钢轨全生命周期的数据资源，并运用信息技术深入开展数据分析应用工作，为行业决策提供了有力的数据支持。这种技术的应用不仅大幅提高了数据处理的效率，还显著增强了对产业链各环节的监控与优化能力。

信息技术通过提供实时数据和深入分析，显著提升了企业的决策支持能力。企业可以利用大数据和人工智能技术，实时监测市场动态和消费者行为，为战略决策提供有力支持。数据驱动的决策使企业能够更准

---

① 任妙丹．营改增、绿色技术创新与企业价值链参与度[J]．财会通讯，2024(21)：87.

确地预测市场趋势，降低决策风险，提高战略调整的有效性①。在市场预测方面，信息技术的应用使得企业能够通过分析历史数据和实时数据，更准确地预测市场需求和趋势。例如，谷歌利用大数据分析优化搜索算法，并在广告投放、用户体验等方面取得显著成果。这种预测能力的提升，有助于企业更好地规划生产和销售策略，提高市场响应速度。

信息技术还促进了产业链上下游的协同。立达信通过数据链路打通、云端 MES 系统赋能、智能装备赋能等举措，实现了带动产业链上下游及合作伙伴数字化转型的目标。这种数字化转型不仅提升了单个企业的效率，还加强了整个产业链的协同效应，提高了整体的市场竞争力。信息技术在产业链中的应用，不仅提升了信息处理能力，还在决策支持、市场预测和风险管理等方面发挥了重要作用，推动了产业链的升级和发展。随着技术的不断进步，信息要素利用将在产业链中发挥更加关键的作用，成为推动产业高质量发展的核心驱动力②。

6.2　产业层面的路径设计

当前，陕西制造业涉及的行业、企业规模、产能布局、技术创新水平等都是影响减税降费政策效果的重要因素。只有深入了解产业发展的现状，才能有针对性地制定减税降费政策，使其更符合实际需求，更有效地推动产业升级和转型。政府制定的产业政策和发展规划是指导产业健康发展的重要依据，减税降费政策也需要与之保持一致。了解当前的产业政策导向可以帮助政府设计减税降费政策，确保其在政策框架内推动产业发展和升级，促进企业规范经营，遵循产业发展方向，并且可以

① 邢丽．新形势下优化减税降费政策的方向和着力点[J]．财政科学，2023(3)：11.

② 武锶芪，李农．减税降费背景下“三链”相融赋能财政资金的高效能管理：来自 398 家行政事业单位的经验[J]．财会通讯，2024(18)：165.

更好地优化减税降费政策的实施效果①。政府可以根据产业现状调整减税政策的对象和力度，结合政策导向进一步引导企业加大技术创新力度、提升产品质量和增强市场竞争力，这对于政府确定哪些重点产业和环节需要重点支持具有重要指导意义。了解政策导向有助于政府在减税降费政策中更明确地突出扶持重点产业和环节，有序推进产业结构的调整和优化。将减税降费政策与当前产业发展状况和政策导向相结合，有助于提高政策的可持续性。通过在政策制定过程中融入产业特点和政策导向，减税降费政策更有可能在长期内持续有效地支持产业发展，实现更稳定、可持续的增长。

设计促进陕西制造业发展的减税降费政策，需要结合当前产业发展状况和政策导向，特别是结合军民融合、两化融合以及战略性新兴产业引领和生产性服务业支撑的战略方向。以下是从产业层面路径设计减税降费政策的建议。

6.2.1　针对军民融合

经济建设和国防建设的关系是在社会主义现代化建设中必须正确认识和处理的重大课题。能否妥善处理经济与国防的关系，直接关乎国家的兴衰和人民的福祉。经济建设是国防建设的基本依托，只有国家经济实力不断增强，国防建设才能获得更大的发展空间。国防建设是我国现代化建设的战略任务，只有国防建设得到加强，经济建设才能拥有更加坚实的安全保障。进入高质量发展阶段，走军民融合式发展道路，实现经济建设与国防建设融合发展，是必然选择。军民融合不仅促使军用技术和创新成果应用于民用领域，实现技术创新和资源共享，为制造业提供先进技术和资源，还有助于形成军民共用产业链，促进不同领域的企

① 储德银，魏雪梅，邵娇．稳经济目标下组合式税费支持政策的现实选择、实践难题与破解路径[J]．税务研究，2022(9)：24.

业协同发展，提高产业整体水平。此外，军民融合能够带动新兴市场的发展，推动相关产业在市场上的拓展，为制造业提供更多的业务机会①。

在陕西两会强调“巩固提升优势产业”“升级改造传统产业”的背景下，军民融合成为推动陕西制造业高质量发展的重要路径。减税降费政策，可以有效激发企业的创新活力，推动军民融合产业在优势领域的巩固提升和传统产业的升级改造，使其更好地适应现代化产业体系建设的需求。

在军民融合的背景下，可采用以下几种措施：第一，技术创新税收优惠。设立技术创新税收优惠政策，鼓励企业在军民融合领域进行研发和创新。第二，军民产业合作税收激励。针对参与军民产业合作的企业，提供税收激励。第三，设立军民融合示范区税收政策。对该区域内从事军民融合产业的企业给予更为优惠的税收政策，以吸引更多企业参与；针对示范区内的企业，可以考虑实施特殊的所得税、土地税等税收优惠政策②③。第四，人才培训和引进的税收支持。针对从事军民融合产业的企业，提供人才培训和引进的相关费用的税收支持；对于企业在军民融合领域培养的技术人才，给予一定期限内的个人所得税减免。第五，绿色制造和节能减排税收鼓励。对于军民融合项目中涉及环保和可持续发展的企业，给予额外的环境保护税收减免。

这些路径设计可以在陕西制造业中推动军民融合产业的发展，通过减税降费政策激发企业的创新活力，提高产业整体水平，促进经济可持续增长。政府在执行这些政策时需要与企业密切合作，确保政策的灵活

① 杨志坚．协同视角下的军民融合路径研究[J]．科技进步与对策，2013，30（4）：99.

② 王亚玲．西部高端装备制造业军民产学研协同创新研究：以陕西省为例[J]．西安交通大学学报（社会科学版），2017，37（2）：40.

③ 李娜，陈波．财政政策对军民融合创新协同度的影响：以电子及通讯设备制造业为例[J]．科技进步与对策，2021，38（21）：138.

性和适应性。

6.2.2 针对两化融合

两化融合是工业化与信息化深度融合的产物，是信息技术在工业发展各个层面的深入渗透和融合应用。通过互联网、大数据、物联网、计算机软件等数字化技术，两化融合能够有效改善传统生产模式，降低生产成本、提高生产效率，增加产品的附加值。制造业作为实体经济的主体，是两化融合的主战场，因此，两化融合对我国制造业升级具有重要的引领和指导作用①。

陕西作为西部的工业大省，工业在该省产业结构中占据重要地位，是其支柱产业。在过去几十年中，陕西建立了基础雄厚、种类丰富的工业体系。然而，陕西工业专业化程度不高，尚未形成明确的主导产业，工业产业缺乏市场竞争力，经济效益较低。随着改革的深入和经济体制的转变，传统工业的发展面临诸多挑战。因此，陕西在国家两化融合战略的引导下，应积极响应这一政策，加快工业化与信息化的融合程度。

近年来，陕西在两化融合方面取得了显著进展。例如，陕西恒盛投资管理有限公司利用互联网、大数据等现代信息技术，打造了全国首个建材行业数字化服务平台——“商砼之家”，开启了产业数字化转型之路。这一成功案例表明，通过数字化技术的应用，企业不仅能够提升自身的市场竞争力，还能为整个行业的发展提供新的思路和模式。

基于这一背景，有以下几个举措可以采用：第一，数字化转型税收激励。设立数字化转型税收激励政策，对投资于信息技术、物联网、大数据等数字化转型领域的企业给予所得税减免或抵扣；对于实施智能制

---

① 逯进，周克圣，王恩泽．信息化与工业化融合能否促进企业出口“增量提质”？[J]．产业经济研究，2024(5)：113.

造、数字化管理的企业，提供额外的资金补贴或税收优惠[①]。第二，产业互联网发展奖励。针对从事产业互联网的企业，给予所得税优惠，鼓励企业构建数字化供应链、生产线、销售网络等；支持企业开发和应用工业互联网平台，并对其提供的服务和技术给予相应的税收激励[②]。第三，智能制造装备更新税收支持。鼓励企业更新智能制造装备，并对购置先进生产设备的企业给予一定比例的税收减免；对于制造业中采用自动化、机器人等智能装备的企业，给予额外的税收支持。第四，人才培训和引进税收优惠。为从事数字化转型相关工作的企业提供人才培训和引进相关费用的税收支持，减轻企业在人才培养和引进方面的成本压力；对企业在数字化领域培养的技术人才，给予一定期限内的个人所得税减免。

这些路径设计可以推动陕西制造业中两化融合产业的发展，通过减税降费政策激发企业数字化转型的积极性，提高产业竞争力，促进经济可持续增长。政府在执行这些政策时需要与企业密切合作，以确保政策的灵活性和适应性。

6.2.3 针对战略性新兴产业

战略性新兴产业通常指的是在国家或地区经济发展中具有战略重要性、创新性强、对未来经济增长有推动作用的产业，涵盖信息技术、生物技术、新能源、新材料等领域[③]。陕西是中国的一个制造业大省，具有悠久的历史和丰富的资源。传统上，陕西制造业主要集中在钢铁、机械、化工等产业领域。面对全球产业升级和科技创新的浪潮，陕西制造业需要进行升级和转型，以适应新的经济格局。战略性新兴产业的发展

① 夏杰长，田野．数实融合培育和壮大制造业产业集群的理论逻辑与实施路径[J]．企业经济，2024，43（6）：94.

② 张龙鹏，周立群．“两化融合”对企业创新的影响研究：基于企业价值链的视角[J]．财经研究，2016，42（7）：110.

③ 郭斌．战略性新兴产业集聚与全球价值链分工[J]．技术经济与管理研究，2025(1)：41.

为陕西提供了实现产业升级的机遇，通过引入新技术、新材料、新能源等元素，推动传统制造业向更具创新性和高附加值的方向发展。

陕西两会明确提出“加快布局未来产业”，这为战略性新兴产业的发展提供了明确的方向和政策支持。为了推动战略性新兴产业的发展，减税降费政策应发挥重要作用，特别是在支持企业布局未来产业方面，应进一步加大对前沿技术研发和创新平台建设的税收优惠力度，鼓励企业提前布局未来产业，抢占发展先机。

首先，要对陕西的战略性新兴产业进行准确定位，明确其发展方向和重点领域。其次，制定的减税降费政策应与这些产业的发展需求相契合，重点支持战略性新兴产业的发展。针对战略性新兴产业，可以推出研发费用加计扣除、研发费用税前扣除等税收优惠政策，鼓励企业增加研发投入；对于投资新技术研发和创新的企业，给予相应的税收减免或抵免，降低其创新成本，促进技术创新。与此同时，针对战略性新兴产业，可以给予用能成本方面的优惠政策，如电力、天然气等能源成本的降低或补贴，减轻企业生产成本压力；针对培训技术人才和高端人才的企业，可以提供人力成本补贴或减免，鼓励企业加大人才培训和引进力度。此外，可以设立专项资金，用于支持战略性新兴产业的发展，包括技术创新、市场开拓、品牌建设等方面，通过财政补贴、项目奖励等方式支持企业发展。最后，建设战略性新兴产业的产业园区或集聚区，促进产业集聚，形成产业链条，推动企业的合作并提高其市场竞争力①。

上述减税降费政策的实施，可以有效降低陕西制造业企业的生产经营成本，提升企业市场竞争力，推动战略性新兴产业与陕西制造业的深度融合，实现产业结构优化升级和经济高质量发展。同时，政府部门需要加强政策的执行和监督，确保政策落地生根，为陕西制造业的长期发

① 马珺，邓若冰．供给侧改革背景下减税降费的财政压力及应对[J]．学习与探索，2020(5)：119.

展提供有力支持①。

6.2.4 针对生产性服务业

在全球价值链分工日益细化和深化的背景下，生产性服务业的高质量中间投入已成为制造业全球价值链升级的关键因素。生产性服务业与制造业的深度融合，不仅体现为多样化的生产性服务深度嵌入制造业的生产过程中，更在于其作为制造业生产过程中的重要中间投入，为制造业的高效运作提供了全方位支持。生产性服务业通过提供原材料采购、物流运输、仓储管理等供应链支持，确保制造业能够及时获得所需资源，保持生产运作的顺畅。同时，生产性服务业还为制造业提供技术支持和创新服务，涵盖产品设计、工程咨询、研发支持等多个方面，帮助制造业不断提升产品质量和技术含量，保持竞争优势。此外，通过市场调研和营销推广等服务，生产性服务业助力陕西制造业拓展市场，进一步提升市场竞争力。随着生产性服务业与陕西制造业之间的合作不断深化，两者形成了紧密的产业链上下游联系，通过合作共赢，共同应对市场变化和技术挑战，实现优势互补，促进产业的持续健康发展。

在此情况下，首先，可以设计针对生产性服务业的税收优惠政策，以降低其税负。这可以包括减免增值税、所得税等，激励生产性服务业为制造业提供更具竞争力的服务。其次，制定相关政策，鼓励生产性服务业将先进技术和管理经验转移到制造业中，提高制造业的技术水平和生产效率。这可能包括提供技术咨询、培训和转移的税收优惠。最后，政府可以通过减税降费政策来促进生产性服务业与制造业之间的供应链整合与优化。这可以通过为供应链上的企业提供税收激励，鼓励合作、共享资源并提高效率。

---

① 马永谈，杨坦，杨雷鸣．应用“互联网＋”和“大数据×”促进减税降费落地生效的思考[J]．税务研究，2021(2)：60.

综上所述，通过减税降费政策，结合生产性服务业的支撑作用，可以有效促进陕西制造业的发展。这不仅有利于提升制造业的市场竞争力和创新能力，也有助于优化陕西产业结构，推动其经济持续健康发展。

6.3 企业层面的路径设计

减税降费政策为陕西制造业提供了重要的资金扶持，帮助企业降低生产成本，提升市场竞争力，促进了陕西制造业的高质量发展。企业可以通过降低税费负担，增加资金支持，推进技术创新，提高生产效率，同时优化企业经营结构，增强企业盈利能力，推动陕西制造业的可持续发展。此外，减税降费政策也为企业提供了更多发展机遇和平台。企业可以借助政府的扶持政策，推动技术升级，拓展产品市场，加强企业与供应链、金融等关键领域的协作，促进产业链上下游越级协同，提高陕西制造业的整体竞争力。

6.3.1 加大对“数据赋能”的支持力度

随着数字技术的飞速发展，陕西制造业正逐步实现数字化转型，从而提升生产效率、产品质量和企业竞争力。数据赋能通过智能制造、物联网、大数据分析等技术手段，实现生产流程的智能化管理和优化，助力陕西制造业企业实现从传统制造向智能制造的跨越。通过数字化技术，企业能够更好地把握市场需求，提供定制化产品和个性化服务，以满足消费者多样化的需求。因此，数据赋能不仅能够促进陕西制造业的高质量发展，还能够为其带来更广阔的发展空间和可持续性的发展路径①。

为了推动陕西制造业的数字化转型，政府应采取一系列措施以支持

① 夏杰长．筑牢以制造业为核心的实体经济：基础条件与关键突破［J］．企业经济，2024，43（10）：9.

数据赋能。首先，政府应通过减免关税、增值税等方式，降低企业采购数据采集设备的成本，鼓励企业采集更多生产数据，为智能制造和生产优化提供支持。其次，政府应减免企业购买和使用数据处理与分析软件的税费，降低软件使用成本，促进数据驱动型智能制造转型，提升生产效率和产品质量。同时，政府需提供税费减免或补贴，支持企业加强数据安全技术的研发和应用，确保数据管理系统的安全可靠。此外，政府应减免数据培训和咨询的相关费用，提升企业的数据意识和应用能力。最后，参考“商砼之家”等成功案例，政府应鼓励企业间的数据共享与合作，建立行业数据共享平台，整合资源，提升协同效率，实现产业链优化升级。在此过程中，政府还需加强对数据安全和隐私保护的监管，为企业创造更安全、更高效的数字化环境。

6.3.2 推进“智能制造”发展

随着陕西制造业逐步迈向智能化转型，数字智能技术（如人工智能、机器学习和自动化技术）成为推动制造业升级的重要引擎。通过数字智能技术，陕西制造企业能够实现生产流程的智能化管理和优化，进而提高生产效率和灵活性。同时，数字智能技术也能够实现设备的智能监控与维护，减少故障停机时间，提升生产线的稳定性和可靠性。此外，数字智能技术还能够为企业提供数据驱动的决策支持，帮助企业更好地把握市场需求，提供定制化产品和个性化服务。因此，数字智能技术对于促进陕西制造业的高质量发展具有重要意义，将为其赋予新的发展动力和竞争优势。

为了推动智能制造的发展，促进陕西制造业的高质量发展，政府应从多个方面入手，设计减税降费途径，并支持智能制造标准体系的建设。具体而言，政府可以通过减免关税和增值税，降低企业投资智能化设备的成本，鼓励企业积极引入先进的智能制造设备，从而提升生产效率和产品质量。同时，针对智能制造所需的数字化技术和软件，政府应减免相关税费，以激励企业加强技术应用和创新，提升智能化水平。此外，政府还应提供针对智能制造领域的人才培训和引进的税费减免政策，确保企业具备足够的人才支持智能化生产的实施和发展①。

结合陕西两会报道中“以智能制造提高生产效率和产品质量，推动制造业数字化、网络化、智能化发展”的内容，政府还应支持企业开展智能制造标准体系建设。通过制定和推广统一的智能制造标准，企业能够更高效地实施智能化转型，确保技术应用的一致性和兼容性。政府可以支持行业协会和龙头企业制定智能制造标准，推广最佳实践案例，促进企业间的交流与合作。同时，通过建立智能制造示范项目，展示先进的智能制造技术和应用模式，可以为其他企业提供学习和借鉴的平台。此外，政府还应组织智能制造技术交流会、研讨会等活动，促进企业间的交流合作，加快智能制造的普及和应用。

6.3.3 加大对“绿色制造”的支持力度

绿色制造作为陕西制造业转型升级的关键方向，正受到政府政策的积极引导，促使企业将生产方式转向更加环保和可持续的发展模式。通过采用清洁生产技术与节能减排措施，陕西制造业不仅能够有效减轻环境压力，还能显著提高资源利用效率，降低生产成本，从而增强市场竞争力。绿色制造的实践不仅有助于改善环境质量，还为企业带来了良好的社会声誉，进一步推动了陕西制造业的可持续发展和长期竞争优势的确立。

在这一背景下，政府应进一步明确支持绿色制造的具体目标与要求，依据陕西两会中“高端化、智能化、绿色化发展是传统产业转型升级的大势所趋”的精神，设定节能减排指标、资源循环利用率等关

---

① 薛菁，林莉．新一轮减税降费影响制造业企业高质量发展路径探析[J]．哈尔滨商业大学学报(社会科学版)，2021(5)：128.

键指标，引导企业朝着绿色、可持续的方向发展。政府需制定明确的绿色制造标准和评估体系，确保企业在生产过程中能够有效实施节能减排和资源循环利用措施。通过设定具体指标，政府能够更有效地监测和评估企业的绿色制造实践情况，确保政策的有效实施①。

为了加大对绿色制造的支持力度，政府可在企业层面设计一系列减税降费的路径，以促进陕西制造业的高质量发展。具体措施包括减免环保设备采购的关税和增值税，从而降低企业投资环保设备的成本，鼓励企业积极采用先进的绿色生产技术。此外，政府可对符合环保标准的生产线和设备实行税费优惠政策，例如对采用清洁能源、减少排放、提高资源利用率的企业给予税收奖励或减免，激励企业进行绿色制造的转型升级。同时，政府可以设立绿色制造专项基金，支持企业在绿色技术研发、节能减排项目实施等方面的工作，为企业的绿色制造实践提供资金支持。此外，政府还应提供绿色制造培训和咨询服务，帮助企业提升绿色制造意识和能力，确保企业能够更好地理解和实施绿色制造标准，提升绿色制造的实践效果。通过上述综合措施，政府不仅能够降低企业在绿色制造方面的成本，还能提高企业的生产效率，推动陕西制造业向更加环保、高效、高质量的发展方向迈进。这些措施将有助于陕西制造业在激烈的市场竞争中脱颖而出，实现可持续发展，推动陕西制造业向高端化、智能化、绿色化方向转型升级。

6.3.4 推动“服务型制造”发展

服务型制造作为一种新兴的制造业发展模式，正逐渐在陕西制造业中崭露头角。与传统制造模式不同，服务型制造不仅关注产品的生产，更注重为客户提供全方位的服务和解决方案。通过采用服务型制造模式，陕西制造业可以将工作重点从单一的产品制造转向与产品生命周期

① 杨灿明．进一步推进减税降费的改革路径[J]．经济研究参考，2017（60）：29.

相关的服务提供，涵盖设计、定制、售后等环节。这种转变不仅增加了企业的附加值，提升了客户满意度，还为陕西制造业注入了新的发展动力，促进了产业转型升级和创新发展。借鉴“打造集种植、加工、经营、连锁销售等于一体的全产业链良性‘生态圈’”的理念，政府应鼓励制造企业向服务型制造转型，注重产业链上下游的协同发展，形成产业生态系统。政府可通过减税降费政策，支持企业开展全生命周期管理、供应链整合等服务型制造模式的创新和实践，推动企业从单纯的产品制造商向综合解决方案提供商转变。

为了推动服务型制造的发展，政府应从多个方面入手，设计减税降费路径，并支持服务型制造模式的创新和实践。首先，政府可以通过减免税费的方式，降低企业的运营成本，鼓励企业加大对服务业的投入和实践力度。具体措施包括减免增值税、所得税等，减轻企业在服务型制造转型过程中的财务负担，提高产品的附加值和市场竞争力①。其次，政府应提供政策支持，鼓励企业开展全生命周期管理。通过支持企业在产品设计、生产、销售、售后等环节的创新，政府可以助力企业构建完整的产业链服务体系，提升企业的综合竞争力。此外，政府可以通过减税降费政策，支持企业进行供应链整合。通过优化供应链管理，企业可以实现资源的高效配置，提高供应链的协同效率，提升产业链的稳定性和市场竞争力。

政府应提供税费优惠，鼓励企业开展数字化技术和智能制造方面的技术创新。通过支持企业在数字化设计、智能制造、智能服务等领域的创新，政府可以帮助企业提升管理水平和生产效率，推动服务型制造的深入发展。此外，政府应组织服务型制造技术交流会、研讨会等活动，促进企业间的交流与合作。通过分享成功案例和最佳实践，企业可以更

① 汪晓文，李明．经济高质量发展视域下减税降费政策的路径选择[J]．现代经济探讨，2019(11)：36.

好地理解和应用服务型制造模式，加快服务型制造的普及和应用。通过这些综合措施，政府不仅能够降低企业服务型制造转型的成本，还能提升企业的生产效率和产品质量，推动陕西制造业向服务型制造和智能制造转型升级，实现高质量发展目标。

6.4 产品层面的路径设计

减税降费政策在产品层面，可以为陕西制造业实现高质量发展铺平道路。政府可以通过降低税负和费用，鼓励企业增加对产品质量、技术创新和生产工艺的投入。这将激发企业提升产品质量的积极性，推动陕西制造业向高附加值、高质量的方向迈进。减税降费措施的实施将促进企业加大研发投入、提高生产效率，从而推动陕西制造业实现更加稳健、可持续的发展，具体可以分为以下四个方式。

6.4.1 技术创新研发

在产品层面，技术创新研发为陕西制造业带来了显著变革和提升。陕西企业通过不断投入研发，致力于开发高科技、高附加值的新产品，以满足市场需求和应对激烈的国际竞争。这些创新产品不仅在技术水平上取得了重大突破，更在提升产品质量、功能多样性和智能化水平上取得了显著成就。从智能制造到绿色环保，陕西制造业正积极借助技术创新赋能产品，实现产业升级。政府在技术创新方面的政策支持也为企业提供了更多动力，鼓励其在关键技术领域投入更多资源，推动产品创新和产业链升级。因此，技术创新研发在产品层面的推动，不仅提高了陕西制造业的国际竞争力，也为地方产业的可持续发展注入了新的活力。

结合陕西两会报道中“靶向攻关 100 项关键核心技术”的内容，政府应进一步优化税收优惠政策，对涉及关键核心技术攻关的产品研发给予更大力度的支持。具体而言，政府可以提高研发费用加计扣除比例，设立专项研发基金，引导企业集中资源突破关键核心技术，提升产品核心竞争力。此外，政府还可以对采用了新技术、新工艺的产品给予一定的税收优惠，如减免增值税、企业所得税等，以激励企业进行产品创新，提高产品附加值。通过这些措施，政府不仅能够降低企业的研发成本，还能激发其创新积极性，推动陕西制造业在关键技术领域取得更多突破，提升产品的核心竞争力，为陕西制造业的高质量发展提供有力支撑①。

6.4.2 自主品牌设计

自主品牌设计不仅是企业对产品的外观和功能进行设计，更是企业对市场需求和消费者心理进行深入研究，从而提出创新性的产品理念和设计方案。通过自主品牌设计，企业能够更好地满足消费者多样化的需求，提高产品的附加值和市场竞争力。陕西制造业通过自主品牌设计，不断提升产品的附加值和市场竞争力，实现产业升级和品牌价值的提升。政府通过政策支持和产业扶持，鼓励企业加强自主品牌设计和品牌建设，推动陕西制造业向高端、智能、绿色方向转型升级。自主品牌设计不仅有助于提升陕西制造业的核心竞争力，还能够推动整个产业链的升级，助力陕西实现经济转型升级、提高产业附加值，实现经济可持续发展。

为了进一步推动陕西制造业的自主品牌设计，政府可以采取一系列税收优惠政策，减轻企业负担，鼓励企业进行自主品牌设计和知识产权保护。政府可以对企业在产品设计和创新过程中产生的知识产权费用给予税收优惠，例如专利申请费、商标注册费等，减轻企业负担，鼓励其进行自主品牌设计和知识产权保护。同时，针对企业在产品研发和设计过程中的支出，如人员培训费、设备购置费等，政府可以给予一定的税

① 庞凤喜，郑铿城．减税降费：阶段特征、驱动动因与优化路径[J]．税务研究，2022(7)：28.

收减免或抵扣，降低企业的研发成本。此外，对于企业在品牌宣传推广和市场营销过程中产生的费用，如广告费、促销费用等，政府可以给予一定的税收优惠，鼓励企业积极开展品牌建设活动，提升自主品牌在市场上的知名度和竞争力。

这些政策将激励企业更加积极地投入自主品牌设计和创新，推动陕西制造业从传统的生产制造向高端化、智能化、绿色化方向转型升级。自主品牌设计的提升不仅有助于企业增强市场竞争力，还能够带动整个产业链的升级，促进上下游企业的协同发展，形成良好的产业生态。最终，这些措施将助力陕西实现经济转型，提升产业附加值，推动经济的可持续发展。

6.4.3 营销及售后服务

有效的营销策略和完善的售后服务体系不仅能够提升产品的市场竞争力，还能够提升消费者对陕西制造产品的信任和忠诚度。陕西制造业应通过创新营销手段，如数字营销、社交媒体营销等，将产品推广至更广泛的市场，提升品牌影响力和市场份额。同时，建立健全售后服务体系，能够有效提升产品的用户体验，提升消费者满意度，从而实现产品销售的持续增长和市场份额的稳步提升。政府可以通过相关政策支持和产业扶持，鼓励企业加大营销和售后服务的投入，提升产品附加值和市场竞争力，促进陕西制造业的持续健康发展。

在具体措施方面，政府可以对企业在产品营销过程中产生的广告费用、市场推广费用等支出给予一定的税收优惠，例如允许在企业所得税中按一定比例扣除。针对企业提供的售后服务成本，政府可以给予一定的税收减免或抵扣，如免征增值税、企业所得税等，减轻企业负担，鼓励提供更加完善的售后服务。此外，政府可以对企业为提升售后服务质量而进行的员工培训费用给予税收优惠，鼓励企业加强人才培养，提升售后服务水平①。

根据陕西两会报道中“利用物联网等技术提升农业生产效率，构建农业产业现代化体系”这一案例，政府应支持企业利用现代信息技术手段，如物联网、大数据、人工智能等，优化营销及售后服务流程，提高服务的精准度和效率。通过这些技术手段，企业可以实现对市场需求的实时监测和分析，提供更加个性化的产品和服务，提升客户体验。同时，政府应对采用新技术提升营销及售后服务水平的企业给予税收优惠，鼓励企业积极应用现代信息技术，推动营销和售后服务的数字化转型。通过这些综合措施，政府不仅能够降低企业在营销和售后服务方面的成本，还能提高企业的服务质量和市场竞争力。这将有助于陕西制造业在激烈的市场竞争中脱颖而出，实现可持续发展，推动陕西制造业朝着高端化、智能化、绿色化方向转型升级。

6.4.4 工艺与装备升级

通过不断提升工艺水平和更新装备设施，陕西制造业能够实现生产效率的提高、产品质量的改善以及生产成本的降低。工艺升级包括对生产工艺流程的优化和改进，采用先进的制造技术和工艺方法，以提高产品的精度、稳定性和可靠性。同时，装备升级意味着引进先进的生产设备和生产线，提高生产自动化水平，提升生产能力和灵活性，以满足市场需求的快速变化。政府可以通过制定相关政策，提供财政支持和税收优惠，鼓励企业进行工艺与装备升级，推动陕西制造业向高端、智能、绿色方向迈进，提升产业竞争力，实现经济可持续发展②。

在这一过程中，政府应注重引导企业采用先进适用的技术和装备，

① 薛菁，林莉．新一轮减税降费影响制造业企业高质量发展路径探析[J]．哈尔滨商业大学学报(社会科学版)，2021(5)：127.

② 许晏君，邓晓兰，刘若鸿．地方政府策略性行为与财政可持续性：基于减税降费与增长目标压力的视角[J]．经济社会体制比较，2024 (6)：78.

以提高产品质量和生产效率。结合报道中提及的“通过购置先进质量检测设备、升级改造粮油生产线、构建现代化物流体系等方式，实现粮食产业技术革新和供应链管理创新”的实践，政府应鼓励企业通过购置先进的质量检测设备和升级改造生产线，实现技术革新和供应链管理创新。这些措施不仅能够提高企业的生产效率和产品质量，还能够增强企业的市场竞争力，推动产业的可持续发展。

同时，政府应加强对企业技术改造项目的评估和监管，确保资金得以有效使用。通过构建科学的评估体系，政府可以对企业的技术改造项目进行严格审查和监督，确保项目符合产业政策和发展方向。此外，政府应加强对资金使用的监管，确保财政支持和税收优惠能够真正用于企业的技术改造和装备升级，提高资金的使用效率，避免资源浪费。通过这些措施，政府能够有效引导企业进行工艺与装备升级，推动陕西制造业的高质量发展。

通过上述减税降费的路径选择，政府将为陕西制造业企业提供更为有力的财政支持，有效降低企业运营成本，从而促进陕西制造业产品在功能和质量方面实现显著提升。这些措施将直接提升产品的附加值，增强陕西制造业在国内外市场的竞争力，推动陕西制造业向高质量发展的目标迈进。具体而言，减税降费政策将通过减轻企业的财务负担，使企业能够将更多资金投入技术研发、设备更新和人才培养等方面，从而提升企业的创新能力和发展潜力。这不仅有助于企业实现转型升级，还将进一步优化陕西制造业的产业结构，促进产业的可持续发展。

6.5 本章小结

本章基于前面章节中针对减税降费对陕西制造业高质量发展的机理分析、现实测度和影响效应，结合陕西制造业存在的产能过剩、需求不足、土地高依存、内需新动能较弱、创新发展受制约等问题，分别从链条、产业、企业和产品四个层面，探讨减税降费推动陕西制造业高质量发展的路径选择：第一，在链条层面，陕西制造业高质量发展路径设计是一项全面且深入的战略规划，它涵盖了产业链、价值链、创新链、资本链、供应链和要素链的整合与优化。这一路径设计旨在通过充分发挥陕西的自然资源优势，推动产业多元化和高附加值产品的发展，加强研发与创新，拓展国际市场，以及构建智能化、绿色化的现代化产业体系。通过减税降费政策，陕西制造业能够降低成本、提高效率，增加研发投入，促进技术创新和产业升级。同时，陕西积极推动产业链协同创新，制定和推广技术标准，以提升产品质量和市场竞争力。资本链路径设计通过重点关注智能电力设备产业的创新发展、支持国际合作项目和区域经济发展的资金投入，提升企业的技术水平和创新能力。供应链路径设计则侧重于优化管理、产业集聚效应和国际合作与资源配置，以提升供应链效率和响应速度。要素链路径设计关注人才引进与培养、技术要素投入和信息要素利用，以构建高效、创新、可持续的产业链生态系统①。总体而言，陕西制造业高质量发展路径设计是一个系统工程，它不仅关注内部资源优化，还着眼于全球资源配置，以实现经济效益和社会效益的最大化，推动陕西经济的全面升级和可持续发展。第二，在产业层面，首先，针对军民融合产业，通过技术创新税收优惠、军民产业合作税收激励、设立军民融合示范区税收政策、人才培训和引进税收支持，以及绿色制造和节能减排税收鼓励，促进企业在军民融合领域的发展，减轻其成本压力。其次，在两化融合的背景下，通过数字化转型税收激励、产业互联网发展奖励、智能制造装备更新税收支持以及人才培训和引进税收优惠等措施，降

① 张念明．新一轮减税降费的实施路径分析［J］．中南财经政法大学学报，2020（1）：102.

低企业税费负担，促进产业创新与升级。再次，针对陕西战略性新兴产业，应制定与其发展需求相契合的减税降费政策，包括研发费用税收优惠、能源成本减免、人力成本支持等，同时设立专项资金支持产业发展，促进产业集聚与技术创新。最后，针对生产性服务业，可通过减免增值税、所得税等税收优惠政策，降低其税负，鼓励其为制造业提供更具竞争力的服务，并促进技术与管理经验转移至制造业，提高其技术水平和生产效率。第三，在企业层面，首先，加大对“数据赋能”的支持力度，政府可通过减免关税、增值税等方式，降低企业采购数据采集设备和软件的成本，同时实行税费减免措施，支持企业加强数据安全技术研发和应用，推动数据驱动型智能制造转型；其次，在推进“智能制造”发展时，政府可降低智能生产设备的关税和增值税，减免数字化技术和软件相关税费，同时提供人才培训和引进的税费减免，以降低企业投资成本；再次，加大对“绿色制造”的支持力度，政府可实施减免环保设备采购关税和增值税等税费的措施，针对符合环保标准的生产线和设备实行税费优惠政策，以及给予绿色生产行为税收奖励或减免，降低企业投资成本；最后，推动“服务型制造”发展，政府可通过减免税费和降低企业负担的方式，鼓励企业投身服务型制造，提升产品市场竞争力，同时给予税费优惠。第四，在产品层面，首先，对于技术研发，政府可以通过税收优惠政策，鼓励企业增加对技术创新的投入，包括研发人员薪酬、研发设备采购等方面的支持。此外，政府还可以减免企业科研项目的相关税费，降低企业创新成本。其次，对于自主品牌设计，政府可以提供减税优惠，鼓励企业在自主品牌设计方面进行投入。通过减免相关税费，降低企业自主品牌产品的生产成本，提高产品附加值和市场竞争力。再次，对于营销及售后服务，可以减免相关税费，鼓励企业加大对营销、物流等环节的投入，拓宽产品销售渠道并提升服务水平，提高产品附加值和用户满意度。最后，对于工艺与装备升级，政府可以对企业购置先进生产设备和装备的支出给予一定的税收优惠，对企业进行技术改造和设备更新所产生的费用，可以给予一定的税收减免或抵扣，以鼓励企业提升生产工艺和装备水平。

7 减税降费促进陕西制造业高质量发展的对策措施

从实证结果分析可以看出，企业税负水平的高低直接影响到制造业的高质量发展情况。因此，我国应当继续实施减税降费政策，通过加强创新驱动、新质生产力培育、产业政策支持以及平台建设帮助企业减少实际成本并增加企业现金流，使企业能够真真切切享受到减税降费政策的红利。具体建议如下。

7.1 加强创新驱动，为企业高质量发展赋能

7.1.1 激发内生动力，充分发挥技术创新的引领作用

在当今经济全球化的宏大背景下，各国在经济领域的竞争越发激烈，科技创新能力逐渐成为衡量一个国家综合实力的关键因素。而研发收入激励政策，作为一种有效的政策手段，已成为各国政府着力推行的重要政策工具之一。从全球范围来看，通过广泛的调研与分析可以发现，大多数国家已经构建起较为完善的研发收入激励政策体系。其中，直接激励与间接激励相互配合、相辅相成，共同推动企业加大研发投入。例如，部分国家通过直接给予企业研发资金补贴的方式，为企业提供即时的资金支持，降低其研发成本；同时，又通过税收优惠政策等间接激励手段，鼓励企业持续投入研发活动，提高企业的创新积极性。

中国，作为世界第二大经济体，在全球经济格局中占据着非常重要

的地位。近年来，中国在税收政策方面也取得了有目共睹的进展，尤其是在企业研发费用的税前扣除政策方面，迈出了坚实步伐。这一政策的实施，对企业研发活动产生了积极且深远的影响，特别是在数字经济创新领域，起到了巨大的推动作用。众多数字经济企业借助这一政策红利，加大了对新技术、新应用的研发投入，催生了一系列创新成果，不仅提升了企业自身的竞争力，也为整个数字经济产业的发展注入了强大动力。

然而，我们必须清醒地认识到，尽管中国在税收政策方面已经取得了一定成就，但与国际先进水平相比，仍存在进一步完善的空间。当前，全球科技竞争日益激烈，企业面临着不断升级的技术挑战和市场需求变化。为了更好地促进企业自我升级和产业发展，推动产业结构向高端化、智能化、绿色化转型，中国应进一步推动企业研发和高技术产品收入的减税降费政策。通过优化税收政策，降低企业的研发成本和高技术产品成本，提高企业的创新收益，激发企业的创新活力，从而在全球科技竞争中占据更有利的位置，实现经济的高质量发展和产业的可持续升级。

7.1.2 聚焦企业数字化转型

在数字经济长期保持高速增长的背景下，数字化转型已经渗透到各行各业，成为推动企业高质量发展的核心驱动力之一。随着技术的不断创新和发展，企业在追求更高效率、更低成本和更好服务的过程中，数字化转型已成为其必经之路。然而，要实现这一转型并非易事，其中涉及大量技术投入、人才培养、组织架构调整等方面的挑战。在这一过程中，政府的支持和引导发挥了至关重要的作用。政府应当通过提供政策支持和战略指导，为企业数字化转型营造良好的外部环境。这不仅是通过发布数字经济相关政策来鼓励企业进行技术创新和管理模式创新，还应在政策层面上引导企业进行可持续数字化发展。例如，政府可以通过推动数字基础设施建设、提升互联网连接质量、发展云计算和大数据等技术，为企业的数字化转型奠定坚实的基础。政府的减税降费政策和资金扶持措施对企业的数字化转型起到重要的推动作用。政府应积极实施税收优惠政策，降低企业负担，激励企业加大在数字化技术上的投入。[①] 例如，针对那些积极推动智能化升级和信息化管理的企业，可以实施更加宽松的税收优惠政策，不仅减轻了企业的财务压力，还提高了企业在市场中的竞争力。此外，政府还可以通过设立专项基金、提供低息贷款等方式，帮助企业解决资金瓶颈问题，推动其加快数字化转型步伐。优化外部营商环境同样是推动数字化转型的重要举措。政府应在改善市场竞争环境方面发挥积极作用，推动更加公平、开放的市场环境。在这一过程中，合理化市场竞争，防止恶性竞争或市场垄断，能有效提升政府减税降费政策的效果，使企业能够更加专注于创新和发展。此外，通过营造更加透明的市场环境，增强企业的危机感和紧迫感，使企业在面对外部竞争压力时，能够更为主动地推动数字化转型，提高其生存和发展的能力。

更为重要的是，政府应当根据不同类型的企业特点，实行差别化的税收优惠政策，确保税收优惠政策能够精准、高效地支持到那些真正需要转型的企业。对于中小型企业而言，政府可以提供针对性的税收减免和资金支持，帮助它们突破数字化转型的资金困境；而对于大型企业来说，则可以通过优化审批流程、简化报税手续等措施，降低其运营成本。此外，政府还可以通过搭建数字化转型服务平台，为企业提供培训、技术支持和咨询服务，帮助企业提升数字化管理能力和技术水平。

7.1.3 推动产业多元化与高附加值发展

当前，推动产业多元化与高附加值发展已成为地区经济实现可持续

---

① 郭月梅，曹宁宁．增值税留抵退税改革对企业数字化转型的影响[J]．中南财经政法大学学报，2023(6)：45.

增长、提升核心竞争力的关键路径。对于陕西而言，构建一套科学完善的高附加值产品认证体系，是实现这一目标的重要举措。该认证体系旨在通过对符合一定技术标准、环保要求和创新能力的企业进行严格筛选和认证，为那些致力于提升产品附加值、推动产业升级的企业提供有力支持，帮助它们在复杂多变的市场环境中脱颖而出。在技术标准方面，要求企业产品在生产工艺、性能指标等方面达到国际或国内领先水平，具备创新性和独特性；环保要求着重强调企业在生产过程中应遵循绿色环保理念，减少对环境的负面影响，推动可持续发展；创新能力则体现在企业是否具备持续研发新技术、新产品的能力，以及在商业模式、管理模式等方面的创新。

政府应通过制定一系列切实可行的政策，引导企业将目光聚焦于提高产品的科技含量、质量标准和附加值。在科技含量提升方面，鼓励企业加大研发投入，与高等学校、科研机构展开深度合作，引进先进技术和人才，推动技术创新和产品升级。在质量标准方面，引导企业建立完善的质量管理体系，采用国际先进的质量标准，严格把控产品质量。为了提高产品附加值，政府鼓励企业挖掘产品的差异化优势，通过品牌塑造、个性化定制等方式，提升产品在市场中的价值。通过这些努力，企业能够在激烈的市场竞争中占据有利位置，获得更广阔的发展空间。对获得认证的企业，政府可以提供优先进入市场的机会，如优先获得采购合同、优先进入重点产业园区等；同时，帮助这些企业进行品牌建设和推广，通过政府的媒体渠道和平台，将其优质产品推向更广阔的市场，提升其品牌知名度和市场影响力，从而进一步提升企业的市场竞争力和市场份额。为了促进产业的多元化发展，特别是新兴制造业领域的快速崛起，陕西应出台一系列有针对性的产业扶持政策。这些政策将重点支持那些涉及高端装备制造、智能制造、新能源等高附加值领域的企业，帮助它们突破技术瓶颈，实现产业转型升级。政策内容包括但不限于：

提供税收优惠政策，减轻企业税负，激励企业增加研发投入；通过财政补贴，支持企业开展技术创新和基础设施建设，提升企业的研发能力和生产能力；同时，为企业提供土地政策支持，简化土地审批程序，合理规划土地资源，确保企业在建设和扩展生产设施时能得到足够的支持和保障。

7.1.4　强化实数融合中的财税科技力量

在当今数字化、智能化快速发展的时代背景下，科技创新已成为推动实体经济高质量发展的核心驱动力，实现实体经济与数字创新的深度融合（以下简称“实数融合”）至关重要。为了更有力地推动这一融合进程，充分发挥财税政策的关键作用，本部分认为从以下三个主要方面对税收政策进行优化升级显得尤为必要。

首先，在完善科技创新税收优惠政策方面，需要对现有政策结构进行深入优化，加大前端优惠力度。当前，税收优惠政策在支持科技创新时，存在侧重于后端优惠的情况，这在一定程度上限制了政策对创新全流程的激励效果。为了改变这一现状，应针对资金投入、研发过程和研发合作等关键前端环节制定更具针对性的优惠政策。以企业前期研发投入为例，企业在科技创新的初始阶段，往往需要投入大量资金用于新技术的研究、新产品的开发以及实验设备的购置等，这一过程面临着巨大的风险和不确定性。此时，对企业前期研发投入资金按一定比例给予税收抵免，能够极大减轻企业在研发初期的资金压力，增强企业开展创新活动的动力。

同时，在加强所得税优惠基础上，补充增值税优惠政策，如增加科技创新产品研发初期的增值税优惠、加大研发项目涉及的进项税额抵扣力度等，增强税收对科技创新的减负作用①。增值税作为我国的主体税

① 王敏．促进实数融合的税收政策体系探究[J]．税务研究，2024(12)：132.

种之一，对企业生产经营活动影响广泛。在科技创新产品的研发初期，企业通常面临着成本高、收益不确定的困境，此时增加增值税优惠，如对研发初期的科技创新产品给予一定期限的增值税减免，能够有效降低企业的生产成本，提高企业的盈利能力和市场竞争力。加大研发项目涉及的进项税额抵扣力度，可使企业在购买研发设备、原材料等过程中支付的进项税额得到更充分的抵扣，减少企业的资金占用，进一步减轻企业的税费负担。这不仅有助于企业在研发过程中降低成本，还能促进企业加大对先进技术和设备的引进力度，推动科技创新的进程。

此外，拓展创业投资税收优惠主体，对于促进资本流入实体经济、助力实数融合具有重要意义。目前，创业投资税收优惠主要集中于创业投资企业和天使投资人上，这种相对狭窄的优惠主体范围限制了更多社会资本参与到科技创新和实体经济融合的进程中。为了吸引更广泛的社会资本支持创业投资和科技创新，应将个体投资者纳入享受税收优惠的主体范畴。同时，依据投资规模、投资方向等因素制定分层优惠标准，能够更精准地引导资本流向实体经济中最需要支持的领域和项目。对于投资于国家重点扶持的高新技术产业、战略性新兴产业的个体投资者，可以给予更高幅度的税收优惠，如提高投资抵扣比例或者延长税收优惠期限；对于投资规模较大的个体投资者，也可以适当给予额外的税收优惠，以鼓励他们加大对实体经济的支持力度。

其次，完善股权激励和科技成果转化税收政策，对于稳定人才队伍、推动科技成果转化具有关键作用。在股权激励方面，调整非上市公司股权激励递延纳税条件是加大对员工长期持股鼓励力度的重要手段。目前，许多非上市公司采用股权激励的方式，以吸引和留住人才，但现有的税收政策在一定程度上限制了员工的持股积极性。适当延长持股期限要求并提高相应税收优惠幅度，可以让员工明确长期持股的收益预期，增强他们对企业的归属感和忠诚度，从而稳定人才队伍。

最后，拓宽科技成果转化税收政策适用范围，将企业研发人员纳入其中，根据其在科技成果转化中的贡献给予税收减免。对于在科技成果转化过程中作出突出贡献的研发人员，可以给予一定比例的个人所得税减免，或者对他们因科技成果转化获得的收入给予税收优惠。如此可以充分调动企业研发人员参与科技成果转化的积极性，推动数字经济与实体经济融合发展。

7.1.5 加大对“智能制造”领域的支持力度

政府需精心设计减税降费方案，大力扶持智能制造标准体系的构建。具体而言，政府可实施关税与增值税减免措施，激励企业积极引入先进的智能制造设备。与此同时，政府应减免相关税费，激励企业强化技术应用与创新。此外，政府还应推出针对智能制造领域人才培训和引进的税费减免政策，确保企业拥有充足的人才资源。

政府还应助力企业开展智能制造标准体系的建设工作。通过制定并推广统一的智能制造标准，企业能够更高效地推进智能化转型进程。政府可支持行业协会与龙头企业共同制定智能制造标准，促进企业间的交流与合作。同时，政府应建立智能制造示范项目，展示前沿的智能制造技术和应用模式。除此之外，政府还应组织智能制造技术交流会、研讨会等各类活动，加速智能制造的广泛普及与深度应用。

7.2 高质量发展与新质生产力耦合协调发展

在当今时代，高质量发展已成为全球经济发展的核心追求。而新质生产力作为推动经济可持续增长的关键力量，与高质量发展之间存在着紧密的耦合协调关系。对于陕西经济发展而言，深入理解并有效推动二者的协同共进，是实现经济可持续增长、提升区域竞争力的关键所在。这涉及生态环境治理、企业绿色技术创新、税收政策引导、产业发展支持以及财税制度完善等多个方面，它们相互关联、相互影响，共同构成了一个有机的整体。

7.2.1 重视和把握生态环境治理与企业绿色技术创新的相互关联性

生态环境治理和企业绿色技术创新之间存在着千丝万缕、不可分割的密切联系，这种关联性对于推动陕西经济高质量发展具有举足轻重的意义。随着全球环保意识的日益提升以及消费者对绿色生活的追求，市场环境发生了深刻变化，对绿色产品和技术的需求呈现出持续增长的态势，这为企业带来了新的机遇与挑战。从机遇角度看，企业若能敏锐捕捉这一市场趋势，加大在绿色技术方面的创新投入和研发力度，开发出符合市场需求的绿色产品和技术，不仅能满足消费者对环保产品的需求，还能提升自身的品牌形象和市场竞争力。例如，在新能源汽车领域，随着消费者对环保出行关注度的不断提高，比亚迪等企业积极投入研发资源，不断推出新型电动汽车技术和产品，在市场上取得了巨大成功，不仅提升了企业自身的经济效益，还在行业内树立了绿色发展的典范。

从企业绿色技术创新对生态环境治理的反作用来看，绿色技术的应用为解决环境问题提供了切实可行的方案。企业通过采用先进的绿色技术，能够在生产过程中减少对自然资源的依赖和消耗，降低污染物排放，实现生产与环境的和谐共生。以光伏产业为例，企业研发和应用的高效太阳能电池技术，使太阳能这种清洁能源得到更广泛、更高效的利用，既减少了对传统化石能源的依赖，又降低了碳排放，为生态环境治理作出了积极贡献。此外，绿色技术创新还具有产业带动效应，能够推动相关产业链的升级和转型。以电动汽车产业为例，其发展不仅带动了电池技术、电机技术等核心领域的创新，还促进了上下游产业如充电桩制造、电池回收利用等行业的发展，形成了一个可持续发展的产业生态，为陕西经济高质量发展提供了新的增长点和动力源泉。

7.2.2 正向激励引领“向绿而行”

在推动企业绿色转型的过程中，税收政策作为宏观经济调控的重要手段，发挥着不可替代的关键作用。税收政策通过其独特的调节机制，能够引导企业在追求经济效益的同时，更加注重环境保护，主动转变传统的发展方式，实现经济利益与环保效益的有机统一。

绿色税制所带来的正向激励效应与减税降费政策的综合效果相互叠加，为企业绿色转型提供了强大的动力支持。绿色税制通过对环保行为的鼓励和对污染行为的限制，促使企业主动增加环保投入。例如，对采用环保生产工艺、使用清洁能源的企业给予税收优惠，对高污染、高排放的企业征收较高税费，这种差异化的税收政策使企业在经济利益驱动下，加速从“被动减排”向“主动治污”转变。减税降费政策则减轻了企业的负担，增加了企业的可支配资金，使企业有更多资源投入环保领域。

为了充分发挥税收政策的杠杆效应，实现企业绿色转型目标，需采取“双向用力”策略。对于高耗能、高排放的企业，实施差别化税收政策至关重要。一方面，对这类企业征收较高的税费，增加其污染成本，促使其认识到环保的重要性和紧迫性；另一方面，为其提供精准的税收辅导，帮助企业了解和利用各项环保、节能减排、资源综合利用等税收优惠政策。例如，税务部门可以针对钢铁、水泥等行业的企业，详细介绍节能减排设备购置的税收抵免政策、资源综合利用的税收优惠等，引导企业积极进行技术改造和设备更新，推动其朝着绿色、生态、循环利用方向转型升级。在这一过程中，充分考虑纳税人和缴费人的实际情况至关重要。不同企业在规模、经营状况、技术水平等方面存在差异，因此在制定和实施税收政策时，要做到因地制宜、因企施策，以确保政策具备可行性和有效性。同时，要对减税降费的效益进行全面、科学的评估，不仅要关注企业在环保方面的投入和产出，还要综合考量其对经济增长、就业等方面的影响。

此外，在实施税收政策引导企业绿色转型时，还需注重政策的协同性，与产业政策、金融政策等其他相关政策形成合力。产业政策可以引导资源向绿色产业倾斜，促进绿色产业集群的形成和发展；金融政策可以为企业的绿色转型提供多样化的融资渠道和优惠利率，降低企业的融资成本。只有各项政策相互配合、协同发力，才能更有效地推动企业绿色转型，实现经济高质量发展与生态环境保护的双赢目标，为陕西的可持续发展奠定坚实基础。

7.2.3 构建多税共治的“绿色税收”体系

在当今全球生态环境问题愈发严峻、可持续发展成为时代主题的背景下，绿色税收体系对于促进生态环境保护、推动经济可持续发展具有不可替代的重要意义。税收作为一种强有力的经济调节手段，在引导企业行为、优化资源配置方面发挥着独特作用。

从企业生产经营角度来看，税收的调节作用能够有效推动企业加大对环保设备的投入。当企业面临与环保相关的税收政策时，为了降低税负成本，会主动选择购置先进的环保设备。这不仅有助于减少生产过程中的污染物排放，还能提升企业的生产效率。以钢铁企业为例，通过征收较高的环保税，促使其投资高效的废气处理设备和污水处理系统，既减少了对环境的污染，又能通过优化生产流程提高产品质量，增强企业的市场竞争力。同时，税收政策还能促使企业淘汰落后产能。对于那些高耗能、高污染且生产效率低下的落后产能，较高的资源税和环保税会增加其生产成本，压缩利润空间，迫使企业不得不进行技术升级或淘汰这些落后产能，转而采用更先进、更环保的生产技术和工艺，实现生产工艺的持续改进与转型升级，从而推动整个行业向绿色、低碳方向发展。

在当前新时期绿色低碳发展的任务要求下，绿色税制的关键作用愈发凸显。资源税和环保税等税收形式，通过直接调节机制和正向激励，对市场主体的资源开发利用行为进行引导。资源税的征收，促使企业更加珍惜和合理利用自然资源，提高资源的利用效率。比如，对矿产资源开采企业征收资源税，会促使企业在开采过程中更加注重资源的回采率，避免过度开采和浪费。环保税则直接针对企业的污染排放行为征税，使企业为了降低成本，不得不采取措施减少污染物排放，如加大环保技术研发投入、改进生产工艺等。这些税收政策相互配合，有效促进了资源的节约集约利用，推动经济社会朝着绿色、低碳的方向迈进。

构建“多税共治”的绿色税收体系已成为当务之急。通过灵活运用税收政策，一方面，对污染行为进行严格调节和抑制，减少污染物排放。例如，对高污染、高排放的企业提高环保税税率，使其承担更高的污染成本，从而促使企业主动减少污染排放。另一方面，针对污染防治、绿色节能等积极行为，给予税收优惠政策，激励企业积极参与绿色发展。比如，对采用清洁能源的企业给予税收减免，对投资绿色节能项目的企业给予税收抵免等。未来，为了更好地推动绿色发展，我国需要不断完善绿色税收体系，逐步构建起税收激励与税收限制“双向用力”的机制。这意味着形成资源税、环保税、企业所得税等“多税共治”的绿色税制体系，不同税收政策之间相互配合、协同发力，形成“多策组合”。通过这种多税共治、多策组合的方式，实现更有效的生态环境保护和可持续发展目标，推动经济发展与生态环境的良性互动。

7.2.4 鼓励支持绿色低碳相关产业发展

对于各个地区和国家而言，推动绿色低碳相关产业发展是实现经济可持续增长、生态环境保护以及社会全面进步的关键路径。在此过程中，必须始终坚守“先构建新型产业格局，再逐步破除旧有产业模式”这一根本准则。这是因为新型产业格局能够为绿色低碳发展提供坚实支撑和全新动力，而逐步破除旧有产业模式则有助于减轻传统产业对资源和环境的压力，实现产业的升级换代和可持续发展。

为了推动环境保护、节能环保、资源高效利用以及新能源等诸多相关产业的茁壮成长，一系列政策激励与引导措施不可或缺。政府可以通过制定税收优惠政策，如对环保产业给予税收减免、对新能源企业实施税收抵免等，降低企业运营成本，提高企业盈利能力，从而吸引企业积极投身绿色低碳产业。政府还可以出台产业扶持政策，为相关产业提供专项补贴、研发资金支持等，鼓励企业加大技术创新和产品研发投入力度，提升产业核心竞争力。这些政策的实施能够充分释放市场潜力，吸引社会各界资金源源不断地注入这些关键领域。企业在看到绿色低碳产业的发展潜力和政策支持后，会更愿意将资金投入该领域，以获取长期经济回报。社会资本也会被绿色低碳产业的广阔前景所吸引，通过投资、参股等方式参与相关产业发展。金融机构也会加大对绿色低碳产业的信贷支持力度，为企业提供更多融资渠道和优惠贷款利率。通过这些方式，能够构建多元化的资金投入体系，为绿色低碳产业发展提供充足资金保障。同时，通过优化资金配置和加强资金管理，可以提升资金使用效能，确保资金精准投入最需要的项目和环节，提高资金利用效率，促进产业快速发展。

绿色低碳产业中的龙头企业具有强大的技术研发实力和市场影响力，对产业发展起着引领和示范作用。因此，运用财政贴息等多样化的扶持手段，着重推动其在前沿技术研发以及产品结构优化方面取得突破，具有重要意义。财政贴息可以降低企业的融资成本，使企业有更多的资金用于技术研发和创新。政府还可以通过政府采购、科研项目支持等方式，鼓励龙头企业开展前沿技术研究，推动绿色低碳技术的创新和应用。通过这些扶持手段，可以激发企业投身技术创新与产品升级换代的内生动力，助力资源的节约型、集约型利用以及绿色低碳转型进程。

与此同时，积极倡导政府部门与社会资本携手合作，联合创立针对相关产业的投资基金。这是推动绿色低碳产业发展的重要举措。政府具有政策引导和资源调配的优势，而社会资本则拥有丰富的资金和强大的市场运作能力。双方合作可以充分发挥各自的优势，形成强大的合力。投资基金可以通过投资绿色低碳项目，为企业提供资金支持，助力企业扩大生产规模、提升技术水平。政府债券作为一种稳定的融资工具，也可以为绿色低碳项目提供长期、低成本的资金来源。通过充分利用投资基金、政府债券等多种金融工具，可以拓宽资源节约型、集约型利用以及绿色低碳项目的融资途径，为经济社会全方位迈向绿色转型之路提供强劲助力。这种合作模式不仅能够促进绿色低碳产业的发展，还能推动经济、社会与环境的协调共生，实现可持续发展的宏伟目标。

7.2.5　完善促进绿色化生产方式转型的财税制度

在大力推动生产模式向绿色化转型的进程中，财税制度的改进方向应是着重打造一个涵盖广泛、层次丰富的政策架构，借此点燃企业与社会在绿色创新领域的活力，达成经济繁荣与生态保护的双重目标。具体而言，有以下几个关键举措。

第一，要提高税收激励的精准度与实际成效。向那些积极选用清洁能源、大力应用节能减排技术以及全面践行绿色生产流程的企业，给予更具诱惑力的税收减免优惠，如适度提升增值税留抵退税的额度，合理调低企业所得税的税率，以及推行加速折旧的政策。这些举措能够切实减轻企业在绿色转型途中的成本负担，从而显著提升企业的参与热情。

第二，应尽快构建并持续完善环境保护税与碳税制度。通过审慎设定合理税率，并且循序渐进地提高相关标准，促使企业将污染成本内部化，向市场传递出强劲有力的信号，督促企业努力减少碳排放以及污染物排放，同时，为绿色技术研发与应用提供稳定的资金来源。

第三，要对财政补贴的架构进行优化调整，向以结果为导向的补贴模式转变，保障财政资金能够高效流向绿色技术创新以及示范项目，全力规避补贴环节中可能出现的市场扭曲现象，加大对补贴成效的评估与监管力度，确保财政资金被精准高效地使用。

第四，要大胆创新绿色金融政策，积极开发绿色债券、绿色信贷、绿色保险等多元化金融工具，进一步拓宽绿色项目的融资渠道，切实降低融资成本，吸引社会资本踊跃投身绿色经济领域，实现财税政策与金融政策之间的协同增效。

第五，要大力强化国际合作与交流，积极借鉴国际前沿经验，深度参与全球绿色治理事务，携手推动全球绿色财税政策的革新进程，助力绿色技术跨越国界实现转移与共享，共同直面气候变化抛出的挑战，为全球生态可持续发展贡献力量。

7.3　提高政策稳定性，为企业高质量发展注入更大动能

7.3.1　坚持税收法定原则

在税收领域，税收法定原则发挥着至关重要的作用，尤其是在推动减税降费政策的制定和实施过程中。通过法律明确税收基本要素，如税率、税基等，可以提高税收制度的稳定性，减少企业不必要的负担。特别是在税收政策调整对企业税负和遵从意愿影响方面，税收法定原则的贯彻执行直接影响着企业的经营环境。限制征管部门的自由裁量权对于税收政策的稳定性和确定性至关重要。通过法律的规范和限制，可以有效改善政策的执行状况，确保税收政策的执行更加一致和可预测。这种做法有助于避免政府仅根据企业对税收的贡献来决定税收优惠的力度，而是更公正地引导企业的投资行为，从而稳定市场预期。在收费方面，同样需要明确和实施收费法定原则，通过法律形式对收费项目、标准、程序以及资金管理进行规定，以确保收费的合理性和透明度。这有助于

清理和规范涉企收费，保障降费政策的长期性和有效性。然而，当前的减税降费政策相对零散，对于大多数民营企业而言，缺乏专门的税务部门，因此，需要花费较长时间和成本来适应政策的变化。针对这一现状，国家应根据企业的实际情况，落实税收法定原则，出台系统性减税降费措施，分税种、分企业制定完备的法案，以减轻企业的负担，促进陕西制造业企业的可持续发展。

7.3.2 明确税收支持的基本原则

在推动陕西制造业的税收支持方面，三项关键原则显得尤为重要。首先，我们必须明确树立促进产业发展的原则。为实现陕西制造业的全面发展，我们应借鉴国外先进经验，建立覆盖整个产业链的税收优惠政策体系。① 这需要明确税收支持的重点领域，包括装备研发、生产和技术推广等关键环节。通过制定明确的税收支持原则，可以有效促进产业链的协同发展，推动整个制造业向更高水平迈进。其次，树立公平税负原则是确保制造业可持续发展的另一个重要方面。为保证产业内部公平，我们需采取综合措施，如超税返还、加计扣除、财政补贴等政策，使制造业的税费负担与其他行业大致相当。这既有助于产业内部的公平竞争，也考虑到产业与上下游企业之间的公平性，为整个生态系统的平衡发展创造条件。最后，政策对接原则是制造业税收优惠政策有效落地的重要保障。由于部分企业采用信息技术进行改造和升级，难以符合现有优惠政策的相关标准，因此，税收优惠政策需要与已有的优惠政策衔接，形成覆盖产业全链条的支持体系。这包括对研发、生产、应用和服务等各个环节的全面政策支持，以确保制造业在各方面都能受益于税收优惠政策，推动行业持续创新和发展。通过贯彻以上三项原则，我们能

① 冯海红，曲婉，李铭禄．税收优惠政策有利于企业加大研发投入吗？[J]．科学学研究，2015，33(5)：670.

够构建更为完善、有序的税收体系，为陕西制造业的健康发展提供有力支持。

7.3.3 制定税收支持政策的具体标准

近年来，中国制造业在规模和技术上都取得了显著成就，在全球产业链中占据越来越重要的地位，从传统制造业到高端装备制造、电子信息等新兴领域，都展现出强大的发展潜力。制造业的发展水平不仅直接关乎国家的工业实力和经济繁荣，还深刻影响着就业、科技创新以及产业链的完整性。

然而，现阶段制造业在发展过程中面临着政策和标准体系不完善的问题，其中缺乏明确的认定标准成为制约其进一步发展的重要因素。这种不完善的政策体系使行业内存在诸多不确定性。对于企业而言，由于不清楚哪些项目能够真正符合税收优惠政策的支持条件，在进行投资决策和创新规划时往往犹豫不决。为有效解决这一问题，国家有必要尽快构建一套具体、明确的标准体系，以此来科学、精准地指导制造业的健康发展。首先，应制定一套符合制造业认定标准的项目认定机制。这一机制需要明确一系列详细标准，包括但不限于项目的技术创新性、环保指标、产业带动性等方面。在技术创新性方面，对于研发投入占比、新技术的应用程度等要设定具体量化指标；在环保指标方面，需明确生产过程中的污染物排放标准、能源消耗标准等；在产业带动性方面，要考量项目对上下游产业链的辐射带动能力，如带动相关配套企业的数量、促进就业的规模等。只有明确这些标准，并确保其在全国范围内的一致性，才能使符合要求的项目切实获得税收优惠政策的有力支持 。这样的项目认定机制一旦建立并有效实施，将为企业带来显著的积极影响。一方面，企业能够清晰了解自身的发展方向和目标，在投资决策上更加果断。当企业知晓只要符合相关标准就能享受税收优惠时，会更有动力加大在制造业项目上的投资力度，包括扩大生产规模、引进先进技术设备、加大研发投入等。这不仅有助于企业自身的发展壮大，还能带动整个行业的繁荣。另一方面，健全的标准认定机制将为基础性研究的开展提供强大的动力和坚实的保障。基础性研究是推动制造业持续创新和技术进步的核心力量，但因其投入大、周期长、风险高，往往需要稳定的资金支持。通过明确国家认定标准，符合条件的研究项目更容易获得政府的财政支持、税收优惠以及社会资本的青睐。

从宏观层面来看，明确且完善的标准体系对于提升制造业的整体竞争力具有重要意义。中国通过建立科学合理的税收支持政策标准体系，能够促使企业不断提升自身实力，提高产品质量和技术含量，降低生产成本，从而在国际市场上更具竞争力。这不仅有助于巩固制造业在国内经济中的支柱地位，还将为国家的经济发展提供源源不断的动力，确保中国制造业在全球竞争中始终保持领先地位，实现经济的可持续发展。

7.3.4 深化财政精准引导，聚力推进创新链、产业链、人才链、资金链“一体融合”

为深入推动经济高质量发展，应进一步强化财政的精准引导作用，全力促进创新链、产业链、人才链以及资金链的“一体融合”。[①] 在创新支持方面，持续完善科技创新投入机制，鼓励企业与省自然科学基金联合设立基金项目，引导企业与高等学校、科研院所携手组建创新联合体，共同实施省重大科技创新工程，以此深化产学研深度融合，加速科技成果转化与应用。[②] 同时，积极推广政府采购合作创新模式以及首购订购机制，为创新技术成果的落地和产品应用提供有力支持，激发企业的创新活力和市场竞争力。

---

① 马海涛. 财政政策精准发力,助力培育新质生产力[J]. 财政研究,2024(3):5.

② 范子英,朱星姝. 提升产业链供应链现代化水平的财税改革思路[J]. 税务研究,2022(1):23.

在推进创新链、产业链、人才链和资金链“一体融合”的过程中，财政的精准引导还体现在对人才培养和引进的支持方面。人才是创新的核心要素，是推动产业链升级和发展的关键力量。财政应加大对教育和培训的投入，培养适应创新发展需求的高素质人才。设立专项奖学金和助学金，鼓励高等学校学生投身于创新链和产业链相关的专业学习；支持高等学校和职业院校与企业合作开展实践教学，培养具有实际操作能力和创新思维的应用型人才。对于引进的高端创新人才，给予个人所得税优惠、住房补贴等政策支持，吸引人才会聚，为创新和产业发展提供坚实的人才保障。

此外，财政还需要加强对资金的统筹和引导，确保资金链能够紧密围绕创新链和产业链进行合理配置。通过设立产业投资基金、创业引导基金等方式，引导社会资本投向创新型企业和关键产业领域，为企业提供充足的资金支持。加强对金融机构的政策引导，鼓励金融机构开发针对创新企业的金融产品和服务，如知识产权质押贷款、科技保险等，拓宽企业的融资渠道，降低融资成本。通过财政贴息、担保等方式，提升金融机构对创新企业的信贷投放积极性，保障创新企业和产业链发展的资金需求。

7.4 进一步加大减税降费力度

7.4.1 简并增值税税率

在当前经济形势下，增值税作为我国制造业企业的核心税种，其税率结构的优化直接关系到企业税负公平、市场资源配置效率及国际竞争力。近年来，我国通过“营改增”和阶段性降税率等措施逐步完善增值税体系，但多档税率并存的问题仍未彻底解决。首先，增值税直接影响着企业的税负水平，因为其作为制造业企业的主要税种之一，税收情况直接反映了企业的盈利情况和经营成本。其次，鉴于增值税的重要性，政府将其作为减税政策的重要组成部分，通过降低增值税税率来减轻企业的负担，促进制造业发展。然而，当前我国增值税税率仍分为13%、9%、6%三档，存在税率档次较多的情况。较多的税率档次增加了税收征管的复杂性和企业的遵从成本。对于税务机关而言，不同行业适用不同的税率，这就要求税务人员在税收征管过程中，需要对大量的企业和业务进行细致甄别和判断，以确定其适用的税率，这无疑增加了税收征管的难度和工作量。对于企业来说，多档税率使财务核算和纳税申报变得更加复杂，企业需要投入更多人力、物力和时间来准确计算及申报增值税，这不仅增加了企业的财务成本，还可能因为对税率政策的理解偏差而导致税务风险。因此，有必要进一步简化增值税税率，以实现税制的简化和优化。通过借鉴国际经验，可以发现国际上类似增值税税种的税率一般较为简单，通常为两档或一档。因此，建议将我国增值税税率降至两档，将13%的基本税率下调至9%，以实现税率的简并，降低税务机关的征管成本，并减少企业的遵从成本。这一改革举措有助于进一步优化我国税收体系，营造更加公平、透明的税收环境，促进制造业的健康发展。较低的税率将降低企业的生产成本，提高企业的盈利能力和市场竞争力，吸引更多投资进入制造业领域，推动制造业的技术创新和产业升级，为我国制造业在全球产业链中迈向中高端提供有力支持。

7.4.2 适当降低企业所得税税率

尽管现有研究尚未确凿证明企业所得税税负与制造业高质量发展之间存在明确且显著的关联，但国际上众多发达国家的实践经验为我们提供了极具价值的参考范例。以美国为例，在特定时期，美国政府为了增强企业的国际竞争力，推动经济的持续增长，实施了一系列旨在降低企业所得税税率的政策措施。这一举措使美国企业的税后利润显著增加，企业有了更为充裕的资金，用于技术研发和创新。德国作为制造业强国，也一直注重通过合理的税收政策来促进企业的稳健发展。在现行的税收政策框架下，我国享受税率优惠的企业往往只是符合特定条件的少数企业，而众多中小企业和处于发展阶段的制造业企业面临着较大的税负压力。这种状况在一定程度上限制了企业的资金积累和发展能力，制约了企业在技术创新、产品研发和市场拓展等方面的投入。鉴于此，建议未来的减税政策应逐步降低企业所得税税率。降低企业所得税税率是一项有效的政策举措，可以促进企业的高质量发展。通过降低税率，企业能够减轻税负压力，释放更多资金用于技术创新、产品研发和市场拓展，从而提升企业的市场竞争力和创新能力。此举还有助于吸引更多投资和人才流入企业领域，推动经济结构优化和产业升级。因此，适当降低企业所得税税率将为企业提供更加良好的发展环境，推动企业朝着高质量发展的目标稳步前进。

7.4.3 加大固定资产一次性扣除的力度

激励企业持续增加对固定资产的投资被视为推动制造业实现高质量发展的关键举措之一。企业的生产能力在很大程度上与其固定资产的规模和质量息息相关。具体而言，固定资产包括土地、厂房、机器设备等，而这些资产直接决定了企业的生产效率、技术水平和创新能力。固定资产水平较高的企业通常能够提供更先进的设备和设施，进而提高生产能力与产品质量。因此，新买的机器设备、更新的生产线在很大程度上影响着制造业的整体发展质量，能够推动企业提升生产效率，减少资源浪费，并加快技术进步和产业升级。

目前，我国相关政策规定，企业在计算企业所得税时，可以在税前一次性扣除500万元以下的固定资产投资。然而，对于超过500万元的资产，则需要通过逐年折旧的方式进行扣除。这一政策的初衷是减轻企业的税负，激励企业进行固定资产投资，并通过合理的税收政策引导企业加大技术改造和设备更新的力度。尽管这一政策对于很多中小型企业来说具有一定的吸引力，但在实际操作中，仍然存在一定的局限性。并不是所有制造业企业的机器设备投资都在500万元以下。对于一些大型制造企业来说，其在设备更新、技术升级过程中，所需的固定资产投资往往超过了这一额度，从而不能完全享受一次性扣除的优惠政策。

因此，考虑到我国制造业企业在进行技术创新和转型升级过程中面临的实际困难，建议政府对这一政策进行适当的调整，允许一次性扣除的固定资产投资金额放宽至1000万元以下。这一政策调整将更加符合大多数制造业企业的实际需求，尤其是对那些处于产业转型升级、技术创新过程中的企业，能够提供更为直接的资金支持和税收优惠。通过放宽一次性扣除的额度，企业能够更积极地进行设备更新和技术改造，进一步提高生产效率和产品质量，进而推动制造业向更加智能化、高效化和绿色化的方向发展。总的来说，适当放宽一次性扣除的固定资产投资金额，将为制造业企业提供更强大的财务支持，激励企业加大在技术创新和设备更新方面的投入。这一政策变动将为推动我国制造业高质量发展、增强全球竞争力提供重要的政策支持和动力。

7.4.4 增强非税项目的合理性

近年来，中国在行政改革方面采取了一系列积极有效的举措，旨在优化行政管理、提高政府效能。这些改革包括大规模取消和减轻一系列行政收费项目，这些举措已取得了显著成效，为企业和民众减轻了负担，进一步推动了经济的健康发展。然而，在实际操作中，许多企业仍然面临着相当大的费用压力。这表明，现有的收费项目和标准仍存在优化和调整的空间，以确保非税收费项目的合理性、透明度和公平性。因此，进一步推进收费改革，继续剔除不必要和不合理的收费项目，已成为当务之急。

要实现这一目标，政府和相关部门可以采取一系列措施持续深化改革。首先，持续进行行政事业性收费的清理整顿，确保只有那些合理、必要且对社会发展具有促进作用的收费项目得以保留。通过彻底清理不合理收费和胡乱收费的现象，能够减少政府与企业之间的不必要摩擦，提升行政效率和服务质量，从而更好地促进市场经济发展。其次，针对那些收费标准过高或不合时宜的项目，可以考虑降低收费标准。这不仅能够有效减轻企业和民众负担，还能够通过市场调节更好地实现供需平衡。与此同时，政府应当加强监管，严格审查和清理不必要的收费项目，消除对企业发展造成困扰的收费环节。通过这些措施，不仅能够有效降低企业的运营成本，还能为社会创造更加公平和透明的经济环境。再次，结合地方性税费项目的改革，将一些原本通过行政性收费收取的社会保险费转化为税收，也是值得考虑的重要方向。这一转变能够为重塑地方税收体系提供有力支持，不仅简化了复杂的税收结构，还能提升社会保险体系的透明度与效率。通过将社会保险费纳入税收征管体系，可以更加精准地调控社会保障资金的流动，确保社会保险资金的充足与合理使用，从而为企业和个人提供更好的保障，减轻其经济负担。最后，为了增强收费标准的透明度和公正性，建议定期公开收费标准并主动接受社会监督。通过公示收费标准，既有助于公众更清楚地了解各项收费政策，又能够提高收费项目的透明度，确保收费的合理性与公平性。公众和企业的参与监督，将推动政府部门对收费项目设定的合理性进行判断，避免出现过度收费或违规收费的现象，进而提升政府的公信力。

推动行政收费改革需要政府继续加强对收费项目的规范化管理，通过一系列有效措施降低企业和个人的负担，提高税费体系的透明度与公平性，最终实现社会经济的可持续发展。

7.5 提升减税降费政策的精准性

7.5.1 针对不同规模的企业方面

当前实施的减税降费政策对于促进经济发展、提升企业活力具有重要作用。然而，要确保政策的实效性，必须以全面了解制造业企业的具体发展状况和所面临的各类挑战为前提。只有在准确掌握企业需求的基础上，才能制定出更加精准且具有针对性的政策措施。为此，我国可以借鉴韩国和德国在中小企业减税政策方面的成功经验，并结合国内的实际情况，提出对不同规模企业实行差异化减税降费政策的建议。具体来说，对于制造业中小企业，政策应加大支持力度，尤其是在财税、融资等方面提供更加切实有效的帮助，助力这些企业克服融资难、税负重等困境，增强其市场竞争力和创新能力，推动其向高质量发展转型。同时，政策措施的制定应根据不同企业面临的实际问题，确保政策方向与企业的真实需求高度契合，避免政策空洞无物。

对于大型制造业企业，尽管这些企业在经济规模上较为庞大，但仍面临着转型升级、技术创新等一系列挑战。因此，针对大型企业的减税降费政策应更加精准，以激发其进行技术创新、产业结构优化和转型升级的积极性。通过降低税费负担，推动其在更高层次上进行技术改造和产业链优化，进一步提升制造业的核心竞争力。政策在设计上应注重引导企业加大研发投入、优化资源配置，并鼓励其进行绿色转型和智能制造，助力其在国际竞争中立于不败之地。

这种差异化的政策路径，既能帮助不同规模的企业应对各自的困难，又能更有效推动制造业的可持续发展，提升其创新能力与市场适应性，最终为制造业的长期繁荣与健康发展奠定坚实的基础。通过精准施策，我们有望在不同行业与企业之间实现资源的合理配置，使税费政策真正成为推动经济发展的有力工具。

7.5.2 针对不同所有制企业方面

在当前经济发展格局中，减税政策作为宏观调控的重要手段，对不同所有制企业产生的影响存在显著差异。这种差异不仅源于企业自身的特性，也与市场环境、政策导向等因素密切相关。深入剖析减税政策对国有企业和非国有企业的不同影响，并提出针对性建议，对于推动各类企业协同发展、促进经济高质量增长具有重要意义。

一方面，国有企业在减税政策方面确实受益相对更多，这主要归因于其自身的规模优势、资源整合能力以及在国家经济体系中的重要地位。国有企业通常规模较大，拥有雄厚的资金、丰富的资源和广泛的市场渠道，在市场竞争中稳固占据着一席之地。它们肩负着国家技术创新和推动发展模式转变的重大责任，是国家实现战略目标、提升产业竞争力的关键力量。为了进一步推动国有企业的发展，充分发挥其在经济中的引领作用，建议在深化改革的大背景下，深度挖掘减税政策的潜力。国有企业应制定长期的研发战略规划，明确研发方向和重点，确保减税节省下来的资金精准投入关键技术研发和产业升级领域。同时，建立健全研发投入的监督和评估机制，提高资金使用效率，避免资源浪费。此外，加大对智能化技术的研发和应用力度，推动传统产业向智能化、数字化转型，提升产业的整体智能化水平，从而更好地适应市场需求的变化，增强企业的核心竞争力。

另一方面，非国有企业展现出与国有企业截然不同的特征。非国有企业大多规模较小，且大量集中在劳动密集型产业。这些企业由于自身规模和资源的限制，在市场竞争中面临较大压力，往往更关注眼前的利润水平，以维持企业的生存和发展。在这种情况下，减税政策对非国有企业的影响更侧重于鼓励利润增长和促进转型发展。针对非国有企业的特点，政府应发挥政策引导和服务支持的作用。通过制定详细、易懂的政策指南，借助多种渠道，如线上平台、线下培训等方式，帮助企业深入了解减税降费政策的具体内容和申报流程，确保企业能够充分享受政策红利。同时，简化税收申报和优惠审批流程，减少企业的时间和人力成本，提高政策的执行效率；设立专项扶持资金，对积极转型的非国有企业给予额外的资金支持和税收优惠，鼓励企业加大在技术创新、产业升级方面的投入；加强对非国有企业的金融支持，引导金融机构为企业提供更便捷、低成本的融资渠道，缓解企业转型过程中的资金压力。

综合来看，不同性质的企业在减税政策下存在明显的异质性影响。国有企业凭借自身优势，在利用减税政策推动技术创新和产业升级方面具有更大的潜力；非国有企业则更需要减税政策的支持来缓解生存压力、实现转型发展。因此，有必要根据企业的不同性质和特点，制定具有针对性的政策。通过精准施策，充分发挥减税政策的积极作用，激发各类企业的发展活力，促进全面、高质量的经济发展，构建更加稳定、健康、可持续的经济发展格局。

7.5.3 针对制造业企业方面

在当前全球经济竞争日益激烈的背景下，提高制造业的创新能力和市场竞争力已成为各国经济发展的关键任务。随着技术迅速发展和市场需求不断变化，制造业在国际舞台上的竞争压力越来越大。因此，推动制造业的创新与转型，尤其是提升其研发能力，已成为提升产业竞争力的核心任务。在此背景下，本部分针对如何有效促进制造业创新，提出了三项关键性政策建议，旨在通过减税降费措施来增强制造业的研发创新动力，推动其长期可持续发展。

首先，建议政府允许制造业企业提取研发费用准备金，并将该费用纳入企业所得税税前扣除范围。这一措施的出台，将为企业在研发过程中提供更为充足的资金支持，有效减轻企业在技术创新初期所面临的资金压力。通过这一方式，企业能够在面对激烈的市场竞争时，专注于技术研发与创新活动，进一步提升其核心竞争力。与此同时，政策的实施需要加大税务机关的监管力度，确保其在提取研发费用准备金时遵循相关法规和规定，避免出现滥用准备金的情况。税务机关可以通过设立专门的审查机制和加强对研发费用的监督，保障该项政策能够发挥应有的效用，并确保企业在科研投入上得到真实而有效的支持。

其次，建议政府继续提高研发费用的允许扣除比例。在当前政策框架下，已有的研发费用税前扣除政策为制造业企业提供了一定的税收激励，有力促进了企业的研发投入。然而，随着市场环境和技术发展要求的变化，进一步提高研发费用的扣除比例，将为企业注入更多创新动力，激励其加大研发投入，特别是在新技术、新产品的开发和技术升级方面。更高的税收扣除比例不仅能够减轻企业的资金压力，还能为企业持续创新提供更加稳定的财务保障，进一步推动行业的技术进步和产业升级。

最后，提议扩大研发投入允许加计扣除的范围，特别是将与研发活动相关的建筑物折旧费用、设备租赁费用等支出纳入加计扣除范围。这一举措的实施，将有效降低企业的研发成本，进一步激励企业加大在创新领域的投入。许多企业在进行技术研发时，常常需要在专用设施、设备或租赁空间上进行大量投入，这些成本对其研发预算构成了较大压力。通过扩大加计扣除范围，企业将能在税务政策的支持下，缓解这些成本压力，释放更多资金用于创新研发，推动科技创新和产业结构优化。

综上所述，本部提出的三项政策建议，旨在通过加大税收支持力度，切实降低制造业企业的研发成本，提升其创新活力。这些建议的落实，将有助于进一步提升制造业的研发投入水平，推动技术创新与产品升级，为制造业的高质量发展注入强大动力，进而提升其在全球市场中的竞争力，为经济可持续发展作出更大的贡献。

7.5.4 针对研发人才方面

近年来，我国在个人所得税减税降费方面取得的显著进展之一是通过增加专项附加扣除，特别是在2022年在子女教育专项附加扣除的基础上，新增了对三岁以下婴幼儿照护费的扣除。这一举措不仅为家庭减轻了教育和子女照护的经济负担，也在个人所得税减免方面迎来了一项重要变革。这种针对家庭需求的精准优惠政策在社会中产生了积极影响，凸显了政府对家庭福祉的关切。然而，这一政策的重要性不仅体现在个人层面，更在于其对整体减税降费政策的推进具有深远意义。减税降费一直是我国经济政策的关键方向之一，而个人所得税优化是这一战略中的关键一环。要将个人所得税与制造业的高质量发展相挂钩，必须理解人才是制造业最为重要的生产要素之一。因此，本部分提出了两项具体建议，以更好地激发科研人员的创新活力，为制造业高质量发展提供有力支持。首先，建议对科研人员实施专项附加扣除标准，将其在原有基础上提高50%。此外，允许科研人员将继续教育费用列入扣除范围，这将有助于提高科研人员的专业水平和技能，为科技创新提供有力支持。其次，为鼓励科技开发人员，特别是那些为社会作出重要贡献的人才，建议设定相应的免税金额，使他们在获得各项激励性奖金时免征个人所得税。这不仅可以提高科研人员的实际收入水平，还能更好地调动他们的积极性和创造力。这些建议的实施有望在优化个人所得税政策的同时，促进科研人员的积极参与和贡献，为制造业高质量发展注入新的动力。通过这些措施，政府可以更好地满足人才需求，推动科技创新，为制造业的可持续增长奠定坚实基础。

7.5.5 针对军民融合产业方面

随着经济转型和产业升级的深入，陕西通过整合军民资源，推动创新和技术发展，力求为地方经济注入新的活力，提升产业的整体竞争力。在这一背景下，军民融合不仅能够有效促进先进制造业的发展，同时为传统产业注入新的技术和思维，推动其转型升级，可以满足现代化产业体系建设的需求，特别是在高端装备制造、航空航天、信息技术、智能制造等领域。

为进一步推进这一战略，实施减税降费政策无疑成为重要的政策工具。通过减轻企业的税负，不仅能够直接降低企业运营成本，还能有效激发企业的创新动力，增强其自主研发和技术创新的能力，尤其是在军民融合领域。这些政策的实施，能够有效推动军民融合产业在优势领域的深化发展，推进技术成果转化，为传统产业的升级改造提供源源不断的动力。例如，减税降费政策的实施有助于加速高新技术企业的研发和生产，推动新兴产业的发展，提升整个制造业的技术水平，从而适应市场的不断变化和现代化产业体系建设的迫切需求。

为了更好地支持军民融合发展，陕西可以通过一系列更加精细化的税收优惠政策进行多方位的支持。第一，陕西可以出台鼓励企业在军民融合领域进行技术创新的税收政策，特别是在研发费用方面，为企业提供税收抵扣或减免，从而降低企业的创新成本，提升技术研发的积极性。这一政策不仅有助于提升企业的核心竞争力，还能够推动军民融合技术的突破与发展。

第二，陕西可以对参与军民产业合作的企业给予税收激励，鼓励企业与军方开展更加深入的合作，包括合作项目所得税的减免或抵扣。这种税收政策能够有效降低军民融合项目的财务成本，促进军民双方在技术研发、人才培养、市场开拓等方面的紧密合作。此外，企业与军方共享研发成果或技术标准的行为，也可通过提供额外税收优惠政策来鼓励，从而促进技术创新的快速应用和推广。

第三，为了吸引更多企业积极参与，陕西省可以设立军民融合示范区，通过实施更为优惠的税收政策，为相关企业提供特别的所得税、土地税减免等政策支持。这些政策将有助于吸引优质企业集聚，并形成强大的产业集群效应。同时，为进一步推动军民融合的深度发展，陕西还可以在示范区内提供其他配套政策，如人才支持、项目审批绿色通道等，进一步降低企业的运营成本，提升项目的推进效率。

第四，针对军民融合产业中的人才需求问题，陕西可以提供税收支持，帮助企业减轻培养和引进高端人才的经济压力。对从事军民融合产业的企业，尤其是那些涉及技术研发、创新设计等领域的企业，陕西可以通过税收政策支持企业的人才培训与引进。例如，对于企业培养技术人才的相关费用，可以提供一定期限的个人所得税减免，鼓励企业加大对人才的投资与培育力度。通过这些税收优惠政策，企业不仅可以减轻税负，还能增强人才竞争力，从而提升整体技术水平和创新能力。

第五，随着绿色发展理念的逐渐深入人心，陕西可以为那些采用绿色制造技术并积极实施节能减排的制造业企业提供税收鼓励。对于那些在环保和可持续发展方面取得显著成效的军民融合项目企业，陕西省可以给予额外的环境保护税收减免，激励企业在生产过程中更好地兼顾经济效益与环境效益，推动绿色经济与可持续发展目标的实现。

7.5.6 针对两化融合产业方面

为了促进两化融合产业的进一步发展，建议陕西出台一系列减税降费政策，以激励企业加大对技术创新和数字化转型的投入，从而提升产业的整体竞争力。首先，陕西可以考虑对实施信息化与工业化深度融合的企业，特别是那些在技术研发方面具有潜力的企业，提供研发费用加计扣除或税收减免的优惠政策。这将有助于鼓励企业加大技术研发投入，尤其是在核心技术和关键产品的研发方面，从而提升其自主创新能力，减少对外部技术的依赖，增强企业的市场竞争力和自主品牌的建设。针对两化融合过程中涉及的关键技术、设备及其升级换代，政府可以推出增值税减免或退税政策，降低企业采购和升级设备的成本。现代制造业的发展离不开先进的技术装备，尤其是在信息化与工业化深度融合过程中，企业需不断采购新型设备和技术来提升生产效率和产品质量。通过减免增值税或提供退税政策，能够有效缓解企业的资金压力，帮助企业快速完成设备更新换代，为其技术创新提供坚实的硬件支持。针对推动智能制造、工业互联网等新兴领域的企业，政府可以实行所得税优惠政策，特别是对在数字化转型中发挥核心作用的企业，给予税收支持。数字化转型不仅需要企业投入大量的资金，还需要技术和人才的配套支持。通过所得税优惠，政府能够鼓励企业加速在智能制造、物联网、大数据、人工智能等前沿技术领域的布局，促进新兴产业的蓬勃发展。这将进一步推动企业实现高效增长，提升生产力，并且帮助企业在全球竞争中占据有利位置。地方政府也应当发挥积极作用，通过设立专项资金、提供税收奖励等措施，支持企业进行技术引进、人才培养和信息化基础设施建设。两化融合的推进离不开人才和技术的支撑，尤其是在一些中小企业中，资金瓶颈往往成为制约其发展的关键因素。通过政府提供专项资金或税收奖励，可以有效减轻企业的资金压力，鼓励其进行技术创新和基础设施的升级改造，推动地方经济和产业的高质量发展。

7.5.7 针对战略性新兴产业方面

为了促进战略性新兴产业的快速发展，并加速经济结构的转型升级，政府应出台一系列切实可行的减税降费政策，进一步优化产业发展环境，激发市场活力。[①] 首先，政府可以针对涉及高端制造、人工智能、新能源、新材料、生物技术等具有广泛前景的关键领域，实施税收优惠政策，如对研发费用实行加计扣除、企业所得税减免等措施。这不仅有助于减轻企业的税费负担，更能有效鼓励企业加大技术研发和创新

① 胡吉亚．财税政策激发战略性新兴产业创新能力：效应问题及优化路径[J]．深圳大学学报（人文社会科学版），2020，37（5）：78．

投入力度，提高产品附加值，提升企业的核心竞争力，从而推动产业技术水平的整体提升和行业竞争力的增强。针对企业在技术引进、设备更新、绿色生产等方面的投入，政府可以出台增值税减免或退税政策，减轻企业在转型升级过程中的资金压力。这一政策不仅能够有效降低企业的运营成本，还能鼓励企业积极进行技术引进，推动新一代技术和设备的更新换代，提升生产效率，促进绿色低碳发展。其次，对于参与绿色生产、可持续发展项目的企业，政府可给予一定的补贴或税收优惠，支持企业在环保技术、清洁能源等领域的持续投资。考虑到初创企业和中小企业在发展过程中面临的资金短缺问题，政府可以设立专项资金、融资担保机构或提供低息贷款，降低其融资难度。通过降低融资成本，帮助这些企业获得必要的资本支持，从而提高其市场竞争力，推动其在技术创新和市场拓展方面的快速发展。对于部分具有较大市场潜力但仍处于成长期的企业，政府还可以出台专项扶持政策，鼓励其不断完善技术创新、产业化推进等方面的能力，进一步推动其健康成长。针对行业中的龙头企业，政府应实施更加精准的税收奖励和优惠政策，鼓励其进一步加大研发投入，带动技术突破，并成为行业发展的领军力量。这些行业龙头企业在推动产业链整合、技术创新、人才培养等方面具有重要作用，它们的快速发展将带动上下游企业的协同创新，提升整个产业链的市场竞争力和可持续发展能力。

7.5.8 针对生产性服务业方面

为了促进生产性服务业的快速发展，建议政府出台一系列针对性减税降费政策，以进一步释放该行业的创新潜力和市场活力，推动整个行业的高质量发展。这些政策不仅能够减轻企业负担，还能激励企业加大技术创新投入，提高服务的附加值和质量，从而更好地适应市场需求的变化。针对涉及研发、设计、技术服务、信息咨询、金融服务等领域的生产性服务企业，政府可以采取一系列税收优惠政策。例如，提供研发费用加计扣除、企业所得税减免等措施，以鼓励企业增加研发投入，提升技术创新能力。这些措施将有效减轻企业的税收压力，让企业有更多资金用于研发和创新，促进其产品和服务质量的提升。同时，政府还可以为企业提供其他相关税收优惠，鼓励其在技术创新和服务优化方面加大投入，提高企业的整体竞争力。政府应当关注企业在设备升级、信息化建设、绿色生产等方面的投入，实施增值税减免或退税政策。这些措施有助于降低企业的运营成本，尤其是那些需要进行设备更新换代和技术改造的生产性服务企业。通过减轻增值税负担，企业可以将更多的资金用于技术升级和数字化转型，从而提高生产效率，提升服务质量和效能。此外，政府还可以通过财政补贴或贷款利息优惠等手段，鼓励企业推动绿色生产和可持续发展，实现经济效益与社会效益的双赢。

针对中小型生产性服务企业，政府还应出台专项扶持政策，缓解其融资困境。中小企业在融资方面常常面临较大的困难，尤其是技术创新和市场拓展方面的资金需求较为紧迫。因此，政府可以设立专项资金或提供贷款担保，帮助这些企业获得更为便捷的融资渠道。通过提供低息贷款、融资担保等支持，帮助中小企业顺利渡过资金难关，促进其在技术研发、市场拓展等领域的投入，增强其市场竞争力。

此外，政府还可以通过税收奖励或政策扶持措施，鼓励行业领先企业发挥更大的市场引领作用。这些企业通常在技术创新、产业链整合和市场拓展等方面具有较强的优势。政府可以通过制定有针对性的政策，鼓励这些企业引领行业标准、推动产业升级和优化产业链结构。通过行业领军企业的带动作用，不仅能够推动产业的整体发展，还能够提升行业的服务能力和技术水平，为整个生产性服务业的转型升级奠定基础。

7.5.9 针对未来产业方面

在充满不确定性的未知领域，政府应当大力鼓励企业积极开展自主探索，彻底改变以往财政资金在产业项目分配上“一竿子插到底”的传统模式，充分尊重企业的创新主体地位，允许企业在受资助项目的既定要求范围内，依据自身的发展战略和技术储备，自主开展技术和业态创新活动，为企业的创新实践提供更为宽松和自由的空间。同时，政府建立健全科学合理的容错机制，适当减少审计问责的频率并缩小力度，营造一个鼓励创新、宽容失败的良好氛围，让企业在探索未知领域的过程中，能够更加大胆地尝试新的技术和商业模式，而不必过于担忧因一时的失误而面临严厉的问责。

对于未来产业以及新业态探索领域所涉及的财政支持资金，政府应紧密结合实际情况，制定并实施揭榜挂帅制度，将资金分配方式转变为以企业自主申报为主，摒弃过去各省市平均分配的简单做法。通过这种方式，能够更加精准地将财政资金投入那些具有创新能力和潜力的企业手中，激发企业的创新动力，提高其市场竞争力。

此外，要统筹运用专项资金、政府采购、首台（套）保险补偿等多种政策工具，形成政策合力，对新推出的产品和服务给予全方位扶持，助力企业开拓市场，培育和壮大相关产业的市场规模，为未来产业和新业态的发展提供良好的市场环境和成长土壤。

与此同时，紧密结合国际经济社会发展的最新趋势，稳步推进对数字资产税、数字服务税、碳税等新型税种的研究与探索工作。在清洁能源和低碳发展领域，进一步改进和完善税收政策，通过税收优惠等手段，引导企业加大对清洁能源的开发和利用力度，推动产业结构向低碳化转型。同时，加大政府绿色采购的力度，优先采购绿色环保产品和服务，发挥政府的示范引领作用，加快先进绿色技术的推广应用，促进绿色供应链的快速发展，从而在经济社会各个层面充分体现绿色发展理念和高质量发展的导向，推动经济社会可持续发展。

7.6 应充分重视减税降费政策的地区差异

7.6.1 注重减税降费政策的地区差异性

减税降费政策的实施效果在东部地区和西部地区存在明显差异。因此，要注重减税降费政策的地区差异对企业高质量发展具有深远影响。这一政策旨在减轻企业负担，促进经济增长，但在不同地区实施时应因地制宜，考虑到地方经济结构、财政状况、产业特点和社会需求等因素，会产生一系列差异化效应。①

首先，减税降费政策的力度与方式将直接影响企业在不同地区的成本压力和盈利能力。

其次，不同地区的产业结构差异将影响减税降费政策的实施效果。在传统产业集中的地区，政府可能通过减免企业税收、降低用地成本等方式，促进产业转型升级，推动企业朝着高附加值、高技术含量的方向发展，提升产业竞争力。而在新兴产业发展较快的地区，政府可能更注重支持创新型企业，鼓励技术创新和科技成果转化，推动产业结构优化，提升企业核心竞争力。

另外，地区差异还体现在政策执行效率和配套服务方面。在一些行政效率高、政策执行力度大的地区，减税降费政策能够更迅速、精准地落实到位，企业享受到的政策红利更加明显。同时，这些地区可能还提供更多的政策咨询、财税服务等配套服务，帮助企业更好地理解和利用政策，促进高质量发展。相反，在一些行政效率较低、政策执行力度不足的地区，即使有减税降费政策，企业也可能面临着政策落实不到位、执行不彻底等问题，影响企业发展的质量和速度。

---

① 赵晶，迟旭，孙泽君．“协调统一”还是“各自为政”：政策协同对企业自主创新的影响[J]．中国工业经济，2022（8）：177．

此外，地区差异还表现在人才资源、市场需求和供应链等方面。在人才密集、市场活跃的地区，企业更容易吸引到高素质的人才和资源，推动企业创新和发展；而在人才短缺、市场竞争激烈的地区，政府可能会通过税收优惠、创业扶持等方式，吸引更多人才和资源向企业倾斜，促进企业高质量发展。同时，不同地区的市场需求和供应链结构也会影响企业的发展方向和竞争策略，需要政府根据实际情况采取相应的政策措施，支持企业适应市场变化，提升市场竞争力。

7.6.2　规范影响公平的区域竞争

区域协调发展并非要消除地方政府之间的经济竞争，相反，适度的竞争能够激发地方政府的积极性和创造力，推动区域经济的创新与发展。然而，这种竞争必须在公平的市场规则框架内进行，否则就可能导致市场秩序的混乱，阻碍资源的有效配置，损害经济发展的整体利益。国务院于 2024 年 5 月颁布了《公平竞争审查条例》（中华人民共和国国务院政令第 783 号，以下简称《条例》）。《条例》自 2024 年 8 月 1 日起施行，旨在促进市场公平竞争、打破地区之间的市场壁垒、实现资源在更大范围内的优化配置、提高经济运行效率，为建设全国统一大市场提供保障。地方政府作为区域经济发展的重要推动者，应深入理解《条例》的精神实质，切实执行《条例》的规定，规范对经营主体的财税支持政策。

具体而言，地方政府不应给予特定经营者税收优惠、财政奖励或补贴，以及在要素获取、行政事业性收费、政府性基金、社会保险费等方面的优惠。过去，一些地方政府为了吸引特定企业入驻，可能会给予过度的税收优惠或财政补贴。这虽然在短期内可能带来一定的经济增长，但从长远来看，破坏了市场的公平竞争环境。它使得部分企业凭借非市场因素获得竞争优势，而其他企业则可能因无法享受同等优惠而处于劣势。这不仅不利于市场资源的合理配置，还可能导致资源的浪费和低效利用。在对待外地商品或新进经营者时，地方政府不应对其设置歧视性税收政策和收费项目。这种歧视性政策不仅违背了公平竞争的原则，还会阻碍商品和生产要素的自由流动，破坏全国统一大市场建设。地方政府不应变相排斥、限制外地经营者参与本地财政资金采购、招标投标项目。财政资金采购和招标投标项目是市场经济活动的重要组成部分，应该为所有符合条件的经营者提供公平的参与机会。如果地方政府通过设置不合理的门槛、评标标准不公正等方式，限制外地经营者参与，不仅会影响外地企业的发展，也会导致本地企业因缺乏竞争压力，难以提升自身的市场竞争力，最终不利于本地经济的长远发展。此外，地方政府应全面清理现有制约要素和商品流动的政策措施。在过去的发展过程中，一些地方为了保护本地企业或特定产业，可能出台了一系列限制要素和商品流动的政策，如限制外地劳动力进入本地市场、限制外地商品的销售范围等。这些政策虽然在一定程度上保护了本地的短期利益，但从宏观经济角度看，它们阻碍了资源的优化配置，降低了经济运行效率。地方政府需要正确处理地区竞争与协同发展的关系，认识到在全国统一大市场的框架下，地区之间协同合作是实现共同发展的必然选择。通过加强区域间的合作与交流，实现优势互补，能够提升整个区域的经济实力，从而在更大范围内参与市场竞争。

7.6.3 加强因地制宜的财税政策激励

为推动各地区不同类型制造业企业高质量发展，应坚持因地制宜差异化完善财税政策。首先，重视不同程度的创新并进行分类支持。一方面，结合国家中长期发展战略，突出重点，整合财政资金，加大对制造业重点产业相关行业的支持力度，推进关键核心技术攻关，确保产业链完整安全。另一方面，重视中小企业创新，加快传统产业和中小企业数字化转型。中央层面应出台更具统筹性和约束力的政策，常规化大企业与中小企业的资金融通，发挥各类规模企业的比较优势，实现深度良性互动。同时，完善财政补贴制度，扩大对中小企业的财政补贴规模、加大补贴力度。此外，优化税收优惠政策，考虑各类制造业尤其是传统制造业特征，可以细化高新技术企业认定指标、扩大鼓励创新的税收优惠政策覆盖范围并加大支持力度。

其次，结合高质量发展目标下的产业结构转型趋势，应加强财税政策对绿色制造业的支持、提高产业持续效益。同时，充分利用财政政策直接快速、税收政策灵活多样的特征，通过政策的引导、激励，支持低附加值产业向新能源新材料、智能制造等高附加值产业转型。

最后，基于区域发展平衡性协调性，促进制造业在区域间梯度转移。通过采取差别化政策措施，如给予税收优惠政策、增加财政转移支付等方式，促进区域经济协调发展。

7.6.4 致力于完善地方政府间的财税合作机制

为推动区域协调发展，应加强地区间的交流合作，并拓宽合作领域。首先，鼓励地方政府联合共建区域协调发展专项基金，针对区域发展共同需求的基础设施建设、基本公共服务和产业，实现地方财政共同出资，促进区域内基建互联互通、公共服务均等化和产业协同发展。在现有对口支援、帮扶机制的基础上，进一步探索地区间产业迁移、承接的协作机制。鼓励欠发达地区与发达地区产业园区合作，可采取税收分成方式引进转移产业，实现税收利益共享。其次，建立完善地区间，尤其是毗邻省、市、县间的规划对接机制，协调布局合作发展重大事宜。上级政府应主导建立跨地区经济发展协调管理机构，清除制约区域协调发展的制度藩篱，优化营商环境。通过定期召开区域经济发展联席会议、财税工作会议等，促进信息交流与合作，避免地方重复建设和同质化竞争。同时，推动区域政务数据开放共享，加强税收政策和社会保障信息一体化建设、环境治理数据共享、跨地区涉税案件沟通。此外，完善地区间生态环保利益分享和成本分担机制，建立资源有偿使用制度和生态环境补偿机制。最后，建立地区间利益协调机制。在利益冲突时可通过财政补贴、税收分享、鼓励投资等方式协商解决；建立利益中立、约束有力的区域协作落实监督机制，探索可操作的评价制度，监督考核各地方区域协调发展战略落实情况，并将考核结果纳入财政转移支付、专项奖补等事项分配考量，激励地方政府重视区域经济协调发展。

7.7 完善减税降费的配套性措施

7.7.1 提升税务机关的服务水平

在综合以上段落所述的关键观点后，可以得出一个结论，即税务机关在现代税收体系中扮演着不可或缺的角色。首先，税务机关作为税收的主要征收主体，其职能直接关系到国家税收收入的规模和质量。通过提高税务机关的服务水平和业务培训水平，可以增强其征收效能，有助于税收的稳健增长。其次，纳税人的了解和正确应用税收政策对政策的实际效果至关重要。税务机关需要通过多种手段确保政策信息被纳税人充分理解，并鼓励其正确应用。在这方面，加强宣传和培训是不可或缺的，特别是要注重宣传方式的多样性和时效性，以确保政策信息能够及时传达给纳税人。再次，通过定期开展政策学习的相关讲座和与纳税人的座谈会，税务机关不仅可以为企业提供政策解读，还能更好地了解纳税人在经济发展中所面临的具体问题，为其提供有针对性的支持和服务。最后，大数据的应用为税务机关提供了更为精准的宣传手段。通过分析政策适用的潜在纳税人，税务机关可以实施精准宣传，更好地覆盖目标群体，从而提升政策宣传效果。

在当今信息化时代，税收征收与管理的有效运作离不开信息技术的支持。信息技术在税收领域的应用具有重要性，本章提出了一系列建议以促进其广泛应用。首先，应加大信息技术的推广和应用力度，包括持续发展简便直接的征收管理系统，并在政策发布后及时为纳税人提供指南，以确保他们正确操作并及时解决系统中出现的问题。其次，可以通过政府购买服务的方式将部分业务外包，这意味着政府应购买信息技术服务，并聘请专业信息化技术工程师，以确保系统的稳定运行。最后，应充分利用税收大数据技术，通过对数据的监控和分析，实现以数据为基础的税收管理，从而减轻基层工作人员的负担，打击各种骗取税收优惠的行为，维护市场秩序，促进税收公平。这些建议旨在提高税收征收与管理的效率和质量，使其能够适应信息化时代的要求，并实现税收工作的现代化管理和治理。

7.7.2　企业应利用好税费政策，做好税收合规计划

税收合规计划是企业管理中不可或缺的一环，通过合法合规的方式最大限度降低税负，是企业智慧经营的一部分。在当今竞争激烈、环境不断变化的商业环境下，企业应当学习如何利用税费政策、做好税收合规计划，以提升企业的市场竞争力、降低经营成本、增强可持续发展能力。税收合规计划不仅是一种财务管理手段，更是企业经营战略的一部分，它涉及企业的生产、销售、投资等各个方面，直接关系到企业的盈利能力和生存发展。因此，企业应深入了解税收政策。税收政策是国家对企业征税的法律依据，了解政策的具体内容和调整趋势，是企业进行税收合规计划的基础。企业需要密切关注国家和地方的税收政策变化，及时调整自身的税收策略，以确保自身在合规的前提下最大限度减少税负。企业应合理规划税收结构。不同类型的税收对企业的影响不同，企业应根据自身经营特点和税务政策的要求，合理配置各种税收的比重，降低税负。比如，通过调整营业成本结构、优化企业组织架构等方式，减少应纳税所得额，降低企业所得税负担；利用税收优惠政策，鼓励企业增加技术创新投入，提高研发费用加计扣除比例等。企业应积极申请税收优惠。税收优惠政策是国家为了鼓励和支持特定行业或领域的发展

而制定的，企业可以通过符合条件的申请，享受相应的税收减免或优惠政策，降低税负。例如，针对高新技术企业、小微企业、科技创新项目等，国家都有相应的税收优惠政策，企业可以根据自身情况积极申请，减轻税收压力，提升盈利水平。

此外，企业还应加强内部管理，规范经营行为，提高财务透明度，防止税务风险。建立健全财务管理制度和内部控制体系，严格遵守税法法规，及时准确地报送纳税申报资料，积极配合税务部门的税务检查和审计工作，是企业做好税收筹划的重要保障。只有确保自身的经营行为合法合规，才能更好地享受税收优惠政策，降低税务风险，保障企业持续发展。企业应学习利用税费政策，做好税收合规计划，这不仅是提高企业盈利能力、降低税负的重要途径，更是企业智慧经营的关键所在。通过深入了解税收政策、合理规划税收结构、积极申请税收优惠等方式，企业可以有效降低税收成本，提升市场竞争力，实现高质量发展。因此，加强税收合规意识，提升税收管理水平，对于企业的长远发展具有重要意义。

7.7.3 发挥好财政支出对制造业高质量发展的作用

发挥好财政支出对制造业高质量发展的作用是促进经济增长、优化产业结构、提高创新能力的重要举措。制造业作为国民经济的支柱产业，对于国家的发展具有重要意义。而财政支出作为政府的一项重要政策工具，通过增加政府投入、改善公共服务、优化政策环境等方式，可以有效促进制造业的高质量发展。

首先，财政支出可以用于加大对制造业的投入。政府可以通过加大财政投入，增加对制造业的补贴和扶持力度，提升制造业的市场竞争力和创新能力。例如，政府可以通过设立专项资金、实施税收优惠政策、提供贷款担保等方式，支持制造业企业进行技术改造、设备更新、产品升级，提高产品质量和市场竞争力。

其次，财政支出可以用于改善制造业的政策环境。政府可以通过出台产业政策、优化税收政策、简化行政审批程序等措施，营造良好的营商环境，激发企业投资热情，促进制造业健康发展。例如，政府可以加大对技术创新的支持力度，鼓励企业增加科研投入，提升技术水平；同时，加强知识产权保护，为企业创新提供保障。

再次，财政支出可以用于提高制造业的人才培养和技术创新能力。政府可以通过加大对高等教育和职业教育的投入，培养更多技术人才，满足制造业发展需求。同时，政府还可以通过设立科技创新基金、支持科研项目等方式，鼓励企业加强技术创新，提升自主创新能力。这不仅有利于提高制造业的核心竞争力，还有利于推动制造业向价值链高端迈进，实现产业升级和转型升级。

最后，财政支出还可以用于改善制造业的基础设施和公共服务水平。政府可以通过加大基础设施建设投入，提升交通运输、能源供应、信息通信等基础设施水平，降低制造业生产成本，提高效率。同时，政府还可以加大对制造业园区建设和运营管理的支持力度，为制造业提供便利的生产和经营环境。

发挥好财政支出对制造业高质量发展的作用，不仅有利于促进制造业的技术创新、产品升级和市场竞争力的提升，还有利于推动制造业向价值链高端迈进，实现产业升级和转型升级。因此，政府应当加大对制造业的财政支出力度，优化支出结构，提高支出效率，为制造业的高质量发展提供有力支撑。同时，制造业企业也应当积极响应政府政策，加强自身技术创新、人才培养和业务管理，提升市场竞争力，实现可持续发展。

7.7.4　深化金融体制改革，缓解企业融资约束

减税降费政策在促进企业创新方面发挥着至关重要的作用，尤其是在缓解企业面临的内外部融资约束方面。根据相关研究，企业的内部融

资约束在减税降费政策和企业创新之间起着重要的中介作用。通过减税降费，企业的税负得到减轻，资金流动性得以提高，从而为企业的创新活动提供了更多资金支持。然而，进一步分析也表明，当前我国制造业企业普遍面临较大的外部融资约束，尤其是对中小型企业而言，外源融资的成本明显高于内部融资，进一步加剧了融资难的问题。这些问题在一定程度上抑制了企业的创新活力，尤其是在技术研发和产品升级等方面，制约了企业市场竞争力的提升。

为了更好地促进企业创新，亟须深化金融体制改革，重点解决企业在融资方面的难题。因此，需要推动数字经济与金融市场的深度融合，通过运用大数据、云计算、人工智能等数字技术，打破传统金融体系的局限性，为企业特别是中小企业提供更精准、高效的金融工具。这不仅能有效缓解融资困境，还能解决目前金融发展中存在的区域不平衡、科技发展不足等问题。通过促进数字技术与金融市场的有机结合，可以帮助企业更好地适应市场变化，提升融资效率，推动产业结构升级。同时，应降低金融服务的门槛，建立多层次、多元化的资本市场体系。当前的资本市场大多为大型企业和国有企业提供服务，缺乏对中小企业，尤其是初创企业的支持。因此，改革应重点关注完善资本市场的结构，使其能够覆盖不同类型、不同规模以及不同产权性质的企业，尤其是民营企业和中小企业。这些企业通常面临更高的融资难度和融资成本，建立更具包容性和弹性的金融体系，能够为这些企业提供更多融资渠道，进而支持其创新发展。建立健全信用担保体系是解决融资难题的另一关键措施。信用担保体系可以通过降低融资方的风险，增强金融机构的信贷意愿，从而帮助企业获得外部资金。为此，应设立专门的担保机构和再担保机构，建立科学合理的风险评估机制，形成多方合作的风险控制模式。此外，建立健全风险补偿机制，能够在一定程度上缓解企业因资金问题带来的发展瓶颈，从而促进创新活动的开展。这些措施有助于解决融资约束问题，推动制造业企业的创新能力提升，为经济发展注入新的活力。

7.7.5 完善债务预算管理机制

为了满足地方建设与发展的资金需求，地方政府往往通过发行地方债的方式来确保地方财政的稳定性，地方债已然成为地方政府筹集财政资金的重要工具 。从积极方面来看，地方债的发行在一定程度上有效缓解了地方财政紧张的局面，并且在城市基础设施建设领域，地方债发挥着不可或缺的作用。然而，地方债的发行和管理若缺乏严格约束和监管，将会带来一系列严重后果。如果地方政府在发行债券时缺乏科学合理的规划，过度举债，超出自身的偿债能力，可能会导致无法按时偿还债务的情况发生。这种情况一旦出现，首先会给地方政府的信用带来负面影响，影响其在金融市场上的融资能力。其次，从宏观层面看，地方政府债务违约会增加中央政府的财政压力。在我国财政体系中，中央政府与地方政府存在着紧密的财政关联。当地方政府出现债务危机时，出于维护国家经济稳定和社会稳定的考虑，中央政府往往需要介入，提供资金支持或采取其他救助措施。这无疑会加重中央政府的财政负担，引发中央与地方政府之间的关系紧张。这种紧张关系不仅会影响财政政策的有效实施，还可能干扰整个国家经济发展的战略布局。

陕西作为我国经济发展的重要区域，其地方债务风险问题需要特别关注和防范。陕西在经济发展过程中，对资金的需求较大，地方债的规模也在不断扩大。若不加以有效管控，潜在的债务风险可能会对陕西的经济稳定造成威胁。针对这一问题，有必要采取一系列全面且深入的措施。一是要构建专门的债务预算管理体制。这一体制应涵盖债务的发行、使用、偿还等各个环节，通过精细化预算编制和严格预算执行，确保每一笔债务资金都能得到合理安排和有效使用。在编制债务预算时，需充分考虑地方的经济发展状况、财政收入预期以及偿债能力，避免盲目举债。二是要设立债务风险警戒线，以防控风险。根据陕西的经济规模、财政收入水平、债务结构等因素，科学合理地确定债务风险警戒线，一旦债务规模接近或超过警戒线，应及时启动预警机制，采取相应的风险应对措施，如削减债务规模、调整债务结构等。三是需要加强对地方政府的监督管理。这需要建立一套全方位、多层次的监督体系，包括上级政府的监督、同级人大的监督以及社会公众和媒体的监督。上级政府应定期对地方政府的情况进行审查和评估，及时发现问题并督促整改；同级人大要充分发挥监督职能，对地方债的发行和使用进行严格审议和监督；社会公众和媒体则可以通过信息公开等渠道，对地方政府的举债行为进行监督，形成强大的社会舆论压力，促使地方政府规范举债行为。四是规范政府举债机制。明确规定地方政府举债的条件、程序和用途，确保举债行为的合法性、规范性和透明性；严格限制地方政府将债务资金用于非生产性、非公共服务领域，防止债务资金的滥用；严格管控新债规模和加大监管力度。在批准新债发行时，要进行严格的审核和评估，充分考虑地方政府的偿债能力和资金需求的合理性。同时，对新债资金的使用过程进行全程监管，确保资金按照规定用途使用，提高资金使用效率。

这些措施旨在实现对陕西地区地方债务的常态化监管，合理规范债券资金的使用。将预防债务风险作为首要任务，通过多种手段确保地方债务在安全范围内运行，维护中央和地方财政的稳定。只有这样，才能保障陕西地区经济的健康可持续发展，为全国经济的稳定增长奠定坚实基础。

7.7.6 强化产学研合作

为了有效推动制造业的持续发展，一项至关重要的战略便是促进不同实体之间的合作。这些合作不仅应当包括企业之间的合作，也应涵盖与其他行业、高等学校以及科研机构的紧密协作。通过跨领域、跨行业的联合行动能够推动技术创新与产业升级，提升整体竞争力。这类合作可以通过共同开展重大研发项目来实现，从而在行业中形成更加稳固且长久的合作机制，确保技术成果的持续转化与产业应用。具体而言，这种合作有助于打破传统行业壁垒，促进资源的有效配置。企业与科研机构、高等学校的合作，可以集中优势力量进行高端技术攻关和产品创新，而各方则能够分享知识产权、技术成果及经济收益，形成双赢局面。例如，企业可以通过与高等学校合作，利用其科研优势，开发出更具市场潜力的技术和产品，而高等学校则可以借此机会深入了解市场需求，并加速科技成果转化与应用。此外，税收政策的优化与合理运用，也是推动制造业产业链建设的重要手段之一。税收政策的灵活性与创新性，可以有效激励企业加大在研发领域的投入。借鉴国外的成功经验，政府可以针对企业与高等学校、研究机构联合进行基础研究所产生的相关费用，在应纳税所得额中提高抵扣比例，从而开展更多合作项目。通过这种方式，不仅可以减少企业的税负，还能激励企业积极参与科技创新，推动技术进步。

对于合作期间产生的研发支出，政府应当采取灵活的税收政策措施，以最大限度减轻企业的财务负担。一方面，可以允许企业将这些研发费用直接从当期应税所得额中抵减，这样能够在短期内减轻企业的现金流压力，鼓励企业进行持续的研发投入。另一方面，还可以考虑采取向前或向后结转的方式，让企业能够灵活调整税务安排，确保税收优惠的最大化。此外，政府应当鼓励企业进行社会责任捐赠，如允许企业将向实验室、高等学校等机构的捐赠视为慈善捐赠，并按照税法规定从应纳税所得额中扣除，以此进一步促进产学研之间的协作，激励企业承担更多社会责任。产学研联合的项目投入应该享有更加优惠的税收政策。例如，对于企业设立的研发机构或研发中心，政府应当通过免税政策或税收减免措施增强企业的研发动能。这种税收优惠不仅能够减轻企业的负担，还能够鼓励企业加大对科技创新的投入，从而提升整个行业的创新能力。此外，对于企业研发的创新产品，也应予以免税待遇，以加速科研成果的产业化进程，推动新技术的快速转化与应用。这些政策的支持，将系统提升制造业的整体技术水平，推动产业结构的优化升级，为未来的可持续发展奠定坚实基础。

7.8 本章小结

本章基于以上分析，结合减税降费驱动企业高质量发展的政策需求，从以下七个方面提出相关政策建议：第一，加强创新驱动。在全球经济竞争日益激烈的背景下，技术创新和研发收入激励政策成为各国推动经济发展的重要手段。中国在税收政策方面取得了显著进展，特别是在支持企业研发的税前扣除政策上，极大地推动了数字经济的创新。然而，与国际先进水平相比，仍有进一步完善的空间。政府应通过减税降费等措施，支持企业数字化转型、推动产业多元化和高附加值发展。此外，政府应加强智能化技术的支持，通过资金、税收优惠、审批简化等措施，帮助企业克服转型中的技术难题和资金瓶颈，提升其市场竞争力和可持续发展能力，推动整体经济高质量发展。第二，与新质生产力协调发展。为推动陕西经济高质量发展与新质生产力耦合协调，需重视生态环境治理与企业绿色技术创新的相互促进关系，以市场需求和政策激励推动企业加大绿色技术研发投入，实现可持续发展。同时，通过税收政策的正向激励和“双向用力”策略，促使企业从“被动减排”向“主动治污”转变，推动绿色转型。通过构建多税共治的绿色税收体系，利用税收调节作用促进企业加大环保投入，推动经济社会向绿色、低碳方向发展。此外，鼓励支持绿色低碳相关产业发展，通过政策激励和引导，吸引资金投入，推动产业壮大和技术创新。另外，完善促进绿色化生产方式转型的财税制度，提高税收激励精准度，构建环境保护税和碳税制度，优化财政补贴架构，创新绿色金融政策，强化国际合作与交流，共同推动全球绿色财税政策革新和绿色技术转移共享，实现经济、社会与环境的协调共生和可持续发展。第三，提高政策稳定性。在推动陕西制造业发展的过程中，税收法定原则和明确的税收支持政策至关重要。首先，税收法定原则能提高税收制度的稳定性，减轻企业负担，通过明确税收基本要素来提升政策的可预测性，避免政府依赖企业贡献来决定税收优惠，进而促进市场预期稳定。同时，收费法定原则可确保收费合理性和透明度，有助于清理涉企收费，保障降费政策的长期有效性。其次，税收支持政策应明确促进产业发展的原则，设立公平税负原则，并确保政策对接，以支持制造业全链条的协同发展。最后，制定税收支持政策的具体标准，建立明确的标准体系，指导制造业发展，提高其市场竞争力。同时，深化财政精准引导，促进创新链、产业链、人才链以及资金链的“一体化融合”，完善科技创新投入机制，鼓励企业与高等学校、科研院所合作，加速科技成果转化与应用。第四，为了促进制造业的发展，我国可以采取几项减税和优化政策。首先，简并增值税税率，建议将现有的三档税率减少为两档，以降低企业遵从成本和税务机关的征管成本。其次，适当降低企业所得税税率，以减轻企业税负压力，提升创新能力，吸引投资，推动产业升级。同时，应加大对固定资产一次性扣除的力度，允许制造业企业一次性扣除1000万元以下的固定资产，从而激励企业进行转型升级。最后，提升非税项目的合理性，持续清理不合理收费，降低费用标准，并推动社会保险费转为税收，简化税收结构，减轻企业负担。第五，应当提高减税降费政策的针对性。首先，针对不同规模的企业，提出实施差异化减税政策的建议。对于中小企业，重点关注融资难、税负重等问题，提供更多的财税支持，帮助其转型升级；而对于大型企业，则通过减税政策激发技术创新、产业结构优化等方式，推动其核心竞争力提升。其次，针对不同所有制企业，强调了国有与非国有企业在减税政策下的不同需求，建议根据各自特点制定政策，以促进整体经济发展。在制造业方面，提出了通过加大减税措施，特别是针对研发投入的支持力度，推动企业创新与技术进步。此外，针对科研人员，建议提供更多税收优惠，激发其创新活力。对于军民融合产业和两化融合产业，提出采用减税政策激励企业技术创新，提升产业竞争力；而对于战略性新兴产业，则重点提出减税和资金扶持，以推动产业升级与技术突破。最后，针对未来产业，建议改革财政资金分配模式，鼓励企业自主创新，降低失败风险，进一步推动数字化转型和低碳经济发展，支持新兴业态的成长。精准的税收支持与多元化的政策工具，有助于提升整体产业的创新能力和市场竞争力，促进经济可持续发展。第六，为推动区域协调发展和企业高质量发展，应注重减税降费政策的地区差异，考虑地方经济结构、财政状况、产业特点和社会需求等因素，实施差异化政策。同时，规范影响区域公平竞争，地方政府应遵循《公平竞争审查条例》，规范财税支持政策，避免歧视性政策和不公平竞争。此外，加强因地制宜的财税政策激励，支持制造业重点产业和中小企业创新，促进产业结构优化和区域经济协调发展。最后，完善地方政府间的财税合作机制，加强地区间的交流与合作，共建区域协调发展专项基金，推动产业迁移和承接的协作机制，实现区域经济的协同发展。第七，完善减税降费的配套性措施。提升税务机关服务水平、加强税收筹划、推动财政支出和金融改革等措施在促进制造业高质量发展中扮演着重要角色。税务机关需通过提高服务水平、加强宣传和培训以及大数据应用等方式，确保税收政策的有效实施，增强税收征收与管理效能。企业在税收合规计划方面应充分利用政策优惠、合理规划税收结构、降低税负，从而提升市场竞争力，并减少税务风险。同时，政府财政支出在改善制造业政策环境、支持创新和优化基础设施方面发挥着重要作用。深化金融体制改革、缓解融资约束、推动数字技术与金融市场的融合，将帮助企业解决融资难题，促进创新发展。地方债务管理、产学研合作以及税收政策的灵活性也对推动产业升级和技术进步至关重要，特别是通过加强政府与企业、高等学校和科研机构之间的合作，可以促进技术转化与应用，提升企业整体竞争力和可持续发展能力。

8 回顾与展望

8.1 回顾

本书聚焦于减税政策促进企业高质量发展的问题，紧密结合当前数字化转型、国家大力推进创新驱动发展战略的时代背景，研究减税降费对制造业高质量发展的影响，有利于帮助制造业破解发展难题，走出发展困境，具有理论和现实意义。本书以供给学派的减税理论为指导，采用文献研究法、实证分析法等深入研究减税降费对制造业高质量发展的影响。在研究内容上，首先阐述了本书的研究背景与研究意义、具体的研究思路，并对国内外文献进行总结、了解目前该方向研究程度、明确本书研究的主要目标。其次，介绍了本书需要使用的相关理论、研究减税降费促进制造业高质量发展的机制、梳理了制造业的发展现状和关于制造业的减税降费政策。最后，在已有文献的基础上，构建税费负担与全要素生产率的固定效应模型，得出以下结论：

第一，减税降费政策对制造业高质量发展产生的作用机制主要包括三个方面：影响制造业的效益、提升制造业的创新能力、推动制造业扩大再生产。首先，在影响制造业效益方面，减税降费能够降低企业税负，增加企业现金流，使企业能够投入更多资金用于提升产品质量，促进产品升级，同时也鼓励企业购置固定资产，推动制造业转型升级。其次，在提升制造业创新能力方面，减税降费政策通过降低税负、增加企业可支配收入，提升了制造业的研发能力和持续增长能力，增强了企业的核心竞争力，推动产品走向国际市场。同时，减税降费政策也通过鼓励创新政策的实施，增强了制造业创新信心，促进了更多的人力、物力、财力投入研发中，有利于改善研发环境，增加创新产出。最后，减税降费政策减轻了企业税费负担，降低了企业成本，增加了自有资金，扩大了企业现金流，使得企业有更多资金用于生产，从而降低了生产要素成本，实现了制造业的扩大再生产。这些机制共同促进了制造业的高质量发展。

第二，本书以全要素生产率作为衡量陕西制造业企业高质量发展的指标，考虑到数据可得性及测算中可能存在的同时性偏差和样本选择性偏差，采用了 LP 法测算制造业企业的全要素生产率，借鉴了鲁晓东等(2012)[①] 的方法。测算全要素生产率的主要变量包括企业总产出、资本投入、劳动投入和中间投入，通过实证检验，研究了减税降费对陕西制造业企业高质量发展的影响效应。

第三，本书对减税降费对制造业高质量发展的影响进行了实证分析，利用 2014 年至 2021 年的制造业上市公司财务数据，采用固定效应模型检验了减税降费对制造业企业高质量发展的驱动作用及其非线性特征。研究结果表明，首先，制造业企业的总体税负和流转税税负与高质量发展呈负相关关系，而所得税税负的相关性较弱。总体而言，减税降费政策降低了企业的总体税负，有利于制造业的高质量发展。其次，流转税税负和所得税税负对高质量发展的促进作用不同，减轻流转税税负对高质量发展的促进作用更为显著，而不同税种的减税政策对高质量发展的影响存在差异。最后，减税政策对高质量发展具有显著的异质性。国有企业在享受减税降费政策后更能促进高质量发展，而非国有企业的促进效果较弱。在区域差异方面，东部地区的制造业企业受到减税降费

① 鲁晓东，连玉君．中国工业企业全要素生产率估计：1999—2007[J]．经济学(季刊)，2012，11(2)：547.

政策的促进效应与全国水平相近，而西部地区的影响较小，效果不明显。

第四，减税降费促进制造业企业高质量发展路径研究，结合陕西独特的文化背景、资源禀赋和产业结构，本书分别从链条、产业、企业和产品四个层面提出了减税降费促进陕西制造业高质量发展的路径选择。从价值链层面出发，我们可以节能与新能源汽车、智能电力设备、航空航天等重点领域为例，结合“一带一路”建设、黄河流域高质量发展以及西安都市圈等因素提出优化税收政策支持节能与新能源汽车产业链发展、建立智能电力设备产业创新引导基金与加强航空航天产业链国际合作的路径设计。产业层面的路径表现为：一方面，在军民融合的背景下，设立技术创新税收优惠政策，鼓励企业在军民融合领域进行研发和创新；针对参与军民产业合作的企业，提供税收激励，包括合作项目的所得税减免或抵扣以及在陕西设立军民融合示范区，对该区域内从事军民融合产业的企业给予更为优惠的税收政策，以吸引更多的企业加入。另一方面，针对两化融合，设立数字化转型税收激励政策，对投资于信息技术、物联网、大数据等数字化转型领域的企业给予所得税减免或抵扣；针对战略性新兴产业，可以推出研发费用加计扣除、研发费用税前扣除等税收优惠政策，鼓励企业增加研发投入；制定政策鼓励生产性服务业将先进技术和管理经验转移到制造业中，提高制造业的技术水平和生产效率。从企业层面来看，可以通过加大对“数据赋能”的支持力度、推进“智能制造”发展、加大对“绿色制造”的支持力度、推动“服务型制造”发展来促进企业高质量发展。在产品层面，一方面，对于技术研发，政府可以通过税收优惠政策，鼓励企业增加对技术创新的投入，包括研发人员薪酬、研发设备采购等方面的支持。此外，政府还可以减免企业科研项目的相关税费，降低企业创新成本；对于自主品牌设计，政府可以提供减税优惠，鼓励企业在自主品牌设计方面的投入。

8.2 展望

本书从减税降费视角探究了陕西制造业高质量发展问题，从理论机制、指标测度、现状分析、效应分析和发展路径等方面层层递进，系统研究了减税降费对陕西制造业高质量发展的促进作用，得到了些许结论，但是从减税降费与制造业高质量发展相关研究的全面性来看，仍有问题值得进一步探讨，主要为：

第一，减税降费对企业投资效率的影响研究。提高投资效率是实现企业高质量发展的必然要求。减税降费政策通过多种机制影响企业投资效率，进而促进企业高质量发展。深入研究减税降费对企业投资效率的影响机制，厘清其作用路径，是当前研究的重要课题。具体而言，减税降费政策能够通过缓解企业的现金流压力，降低融资约束，从而减少企业投资不足的行为。同时，该政策还能够通过降低信息不对称程度，抑制企业的过度投资行为，进而提高投资效率。此外，减税降费政策还可能通过影响企业的预期和信心，引导企业进行更合理的投资决策。

进一步的异质性分析表明，减税降费政策对不同产权性质、不同自由现金流水平、不同成长机会、不同市场化程度的企业投资效率的影响存在显著差异。例如，在非国有企业、规模较小企业和处于成长期的企业中，减税降费政策对投资效率的提升作用更为明显。这可能是因为这些企业通常面临更大的融资约束和更高的信息不对称程度，减税降费政策能够更有效地解决这些问题。此外，减税降费政策在不同地区和不同行业中的效果也存在差异，这与地区的市场化程度和行业的竞争程度有关。因此，在制定和实施减税降费政策时，需要充分考虑企业的异质性特征，以提高政策的精准性和有效性。

第二，减税降费对企业资本配置的影响研究。在探讨企业的高质量发展时，我们通常以全要素生产率为关键指标，其核心在于资源配置效率的显著提升以及技术创新投入的持续增加。然而，在减税降费政策的背景下，企业获得了更多的可支配现金流，如何合理分配这部分资金便成为一个至关重要的问题。企业面临着多种选择：首先，可以将资金用于扩大再生产，以扩大市场份额和生产规模；其次，可以投入研发创新中，提升企业的核心竞争力和长期发展潜力；最后，可以将资金用于金融投资，以获取短期的财务收益。值得注意的是，当企业面临资金短缺时，其投资行为往往较为保守，优先保障核心业务的运转。然而，一旦资金流动性增强，企业家是否会因此变得更为激进，过度追求规模扩张或高风险投资，从而导致资本错配和资本配置效率的下降？这一问题值得深思。因此，深入研究减税降费政策对企业资本配置的影响机制显得尤为必要。具体而言，需要从企业收益构成和所在地区市场化程度两个方面进一步考察其调节效应的大小。企业收益构成的不同，如主营业务利润与非经常性损益的比例，会影响企业对减税降费资金的使用策略；而地区市场化程度的差异则会通过影响市场环境和竞争程度，进而作用于企业的资本配置决策。

第三，减税降费对企业绩效的影响研究。在新时代的发展背景下，迅速将高质量发展理念融入国有企业绩效评价工作是与时俱进的有效途径，这不仅有助于完善企业绩效管理制度体系，优化现有的绩效考核环节，还能够推动企业朝着高质量发展的方向迈进。减税降费政策的实施对国有企业的主营业务成本、财务能力以及研发投入产生了显著影响。具体而言，该政策通过减轻企业的税费负担，直接减少了企业的成本支出，从而提高了企业的盈利能力和财务稳定性。同时，减税降费政策还能够促进企业的研发投入，提高企业的创新能力和市场竞争力。深入研究减税降费对企业绩效的影响机制已成为当务之急。通过对企业发展能力的异质性分析，探讨减税降费政策对处于不同发展阶段的制造业企业的影响，具有重要意义。例如，对于处于成长期的企业来说，减税降费政策能够提供更大的资金支持，促进企业快速发展；而对于成熟期的企业而言，减税降费政策则能够提高企业的盈利能力和市场竞争力。

第四，减税降费对企业升级的影响研究。自改革开放以来，我国在经济和社会发展方面取得了显著的成就，经济总量持续增长，产业结构逐步优化，人民生活水平显著提高，成为世界第二大经济体。然而，在较长一段时间内，我国经济增长主要依赖于要素投入和资源消耗，表现为粗放型发展模式，这种模式虽然在一定程度上推动了经济的快速增长，但也带来了一系列问题，如资源短缺、环境污染、产业结构不合理等。具体表现为产业结构转型相对缓慢，许多产业仍处于全球价值链的低端，关键核心技术依然受到制约，高端产业缺乏明显的比较优势，服务业发展尚显不足。这种发展方式难以适应经济新常态下的高质量发展要求，必须加速推进经济结构和产业结构的战略性调整，转变经济增长方式，重塑经济增长动力。减税降费作为财税政策的关键组成部分，是帮助企业缓解困难的重要措施，且其效益最为显著，企业最为受益。落实减税降费政策、制定合理且协调的措施，不仅有助于扩大总需求、稳定经济增长，还能促进产业结构的升级，加快形成新质生产力，进而推动经济高质量发展。因此，深入探讨减税降费在促进产业结构升级中的作用及路径机制，对于更好地发挥财税政策的效力、推动中国式现代化具有重要的现实意义和理论价值。

参考文献

[1]安同良,魏婕,舒欣. 中国制造业企业创新测度:基于微观创新调查的跨期比较[J]. 中国社会科学,2020(3):99－122,206.

[2]陈海宇,杜丽,张晓颖. 减税降费、融资纾困与企业高质量发展[J]. 国际税收,2023(9):40－52.

[3]陈旭东,鹿洪源. 减税降费、政府干预与绿色全要素生产率:基于动态面板门限模型的分析[J]. 商业研究,2023(2):49－56.

[4]陈钊,王旸."营改增"是否促进了分工:来自中国上市公司的证据[J]. 管理世界,2016(3):36－45,59.

[5]陈志勇,王希瑞. 养老保险费率下调对企业高质量发展的影响[J]. 北京社会科学,2023(5):53－65.

[6]程风雨,李林木. 减税降费如何影响企业绩效:基于劳动生产率和纳税遵从双重视角的分析[J]. 江汉论坛,2023(2):59－67.

[7]崔惠玉,吕炜,徐颖. 减税降费与地方债务风险:基于城投债的证据[J]. 经济学家,2023(3):58－67.

[8]崔惠玉,王宝珠,王伟同. 降低增值税税率能够提升企业全要素生产率吗[J]. 会计研究,2023(2):133－148.

[9]段姝,刘霞,殷蓉,等. 减税降费赋能企业高质量发展了吗?[J]. 经济问题,2022(1):20－30.

[10]范子英,李经."十四五"时期促进国内统一市场形成的财税改

革思路[J]. 税务研究,2021(2):5-11.

[11]范子英,彭飞."营改增"的减税效应和分工效应:基于产业互联的视角[J]. 经济研究,2017,52(2):82-95.

[12]范子英,朱星姝. 提升产业链供应链现代化水平的财税改革思路[J]. 税务研究,2022(1):21-26.

[13]高中华,徐燕,李淑玲. 制造业高质量发展背景下工匠精神导向人力资源管理实践:理论构建与概念测量[J]. 中国人力资源开发,2023,40(7):97-116.

[14]管治华,李英豪. 减税降费、财政压力与地方政府债务风险:作用路径及影响效应[J]. 安徽大学学报(哲学社会科学版),2023,47(1):144-156.

[15]郭凯明,龚六堂. 减税降费与产业结构变迁[J]. 经济学(季刊),2023,23(5):1723-1740.

[16]郭庆旺. 减税降费的潜在财政影响与风险防范[J]. 管理世界,2019,35(6):1-10,194.

[17]郭然,原毅军. 生产性服务业集聚能够提高制造业发展质量吗?——兼论环境规制的调节效应[J]. 当代经济科学,2020,42(2):120-132.

[18]何邓娇,孙亚平,吕静宜. 减税降费对企业技术创新的激励效应研究[J]. 财政科学,2021(12):117-131.

[19]贺宏,肖丽蒙. 减税降费、绿色创新与高质量发展:基于我国制造业企业的研究[J]. 福建论坛(人文社会科学版),2022(2):86-98.

[20]胡怡建,田志伟. 我国"营改增"的财政经济效应[J]. 税务研究,2014(1):38-43.

[21]黄群慧. 新发展格局的理论逻辑、战略内涵与政策体系:基于经济现代化的视角[J]. 经济研究,2021(4):4-23.

[22]计金标,李震. 税收政策推动新质生产力发展:基于技术创新视角[J]. 税务研究,2024(11):106-111.

[23]江三良,宁馨雨. 减税降费为企业提质增效了吗?[J]. 管理现代化,2023,43(1):64-72.

[24]江小国,何建波,方蕾. 制造业高质量发展水平测度、区域差异与提升路径[J]. 上海经济研究,2019(7):70-78.

[25]金碚. 关于"高质量发展"的经济学研究[J]. 中国工业经济,2018(4):5-18.

[26]鞠铭,宫映华,张双鹏. 促进长三角一体化高质量发展的税收政策研究[J]. 税务研究,2021(3):26-31.

[27]蓝庆新,汪春雨,郑学党. 双循环格局下我国产业链供应链稳定性和竞争力的现实与对策研究[J]. 云南师范大学学报(哲学社会科学版),2021(1):132-145.

[28]李传宪,李琪航. 减税降费对上市公司创新影响研究[J]. 经济问题探索,2022(3):56-67.

[29]李春梅. 中国制造业发展质量的评价及其影响因素分析:来自制造业行业面板数据的实证[J]. 经济问题,2019(8):44-53.

[30]李昊楠,郭彦男. 小微企业减税、纳税遵从与财政可持续发展[J]. 世界经济,2021,44(10):103-129.

[31]李林木,汪冲. 税收负担、创新能力与企业升级:来自"新三板"挂牌公司的经验证据[J]. 经济研究,2017,52(11):119-134.

[32]李琳,刘凯. 区域异质性视角下制造业服务化与制造业全要素生产率研究[J]. 科技进步与对策,2018,35(23):66-74.

[33]李琳,王蔚阳. 中国制造业发展质量的空间异质性研究:基于投影寻踪模型的分析[J]. 华东经济管理,2020,34(9):1-11.

[34]李琳,周一成. "互联网+"是否促进了中国制造业发展质量的

提升？——来自中国省级层面的经验证据[J]. 中南大学学报(社会科学版),2019,25(5):71 - 79.

[35]李玲,陶锋. 中国制造业最优环境规制强度的选择:基于绿色全要素生产率的视角[J]. 中国工业经济,2012(5):70 - 82.

[36]李憋劼."减税降费"推动我国制造业企业高质量发展[J]. 财务与会计,2019(8):41 - 44.

[37]李秋香,马草原,齐二石,等. 中国制造业高质量发展研究:脉络、争鸣与盲区[J]. 科学学与科学技术管理,2022,43(9):125 - 145.

[38]李戎,张凯强,吕冰洋. 减税的经济增长效应研究[J]. 经济评论,2018(4):3 - 17,30.

[39]李旭红,周沛洋. 以财税赋能新质生产力发展[J]. 国家税务总局税务干部学院学报,2024(3):16 - 22.

[40]李旭红. 税助科技创新　推动新质生产力加快发展[J]. 中国税务,2024(5):12 - 14.

[41]李艳,汪德华,史宇鹏. 大规模减税降费政策的效果评估:基于企业满意度调查的研究[J]. 学习与探索,2022(6):121 - 131.

[42]李真,李茂林. 减税降费对企业创新的激励机制与调节效应[J]. 上海经济研究,2021(6):105 - 117.

[43]梁季,吕慧,郭宝棋. 减税降费促进创业了吗？——基于营商环境的有调节中介模型[J]. 财政研究,2022(12):57 - 74.

[44]林菲,高萍. 服务中国式现代化的绿色税制优化研究[J]. 税务研究,2024(1):7 - 21.

[45]刘成坤,林明裕. 制造业高质量发展水平的统计测度及时空演变特征研究[J]. 当代经济管理,2023,45(8):56 - 68.

[46]刘建民,赵桁,唐畅. 减税降费与地方财政风险防范:基于"营改增"的准自然实验[J]. 财经理论与实践,2022,43(5):56 - 65.

[47]刘金科,肖翊阳．中国环境保护税与绿色创新:杠杆效应还是挤出效应?[J]．经济研究,2022(1):72－88.

[48]刘珊珊,卜伟,李晨曦．中国制造业高质量发展测度及时空演化:基于“三化”视角[J]．经济问题探索,2024(9):45－59.

[49]刘鑫鑫,惠宁．数字经济对中国制造业高质量发展的影响研究[J]．经济体制改革,2021(5):92－98.

[50]鲁晓东,连玉君．中国工业企业全要素生产率估计:1999—2007[J]．经济学(季刊),2012,11(2):541－558.

[51]罗宇,张明昂,林高怡．未预期的环境污染:税收征管的跨部门溢出效应研究[J]．经济学(季刊),2024(1):322－340.

[52]马金华,林源,费堃桀．企业税收负担对经济高质量发展的影响分析:来自我国制造业的证据[J]．当代财经,2021(3):40－52.

[53]马珺,邓若冰．供给侧改革背景下减税降费的财政压力及应对[J]．学习与探索,2020(5):116－124.

[54]马双,孟宪芮,甘犁．养老保险企业缴费对员工工资、就业的影响分析[J]．经济学(季刊),2014,13(3):969－1000.

[55]马中东,宁朝山．数字经济、要素配置与制造业质量升级[J]．经济体制改革,2020(3):24－30.

[56]毛德凤,刘华．营改增对企业纳税遵从的影响[J]．税务研究,2017(7):18－24.

[57]欧阳洁,张静堃,张克中．促进生态创新的财税政策体系探究[J]．税务研究,2020(9):105－110.

[58]潘士远,陈秀茂,任晓猛,等．优化减税降费结构:提振民营经济发展的重要路径[J]．经济学家,2023(7):97－107.

[59]钱雪松,康瑾,唐英伦,等．产业政策、资本配置效率与企业全要素生产率:基于中国2009年十大产业振兴规划自然实验的经验研究

[J]. 中国工业经济,2018(8):42-59.

[60]任保平,文丰安. 新时代中国高质量发展的判断标准、决定因素与实现途径[J]. 改革,2018(4):5-16.

[61]任转转,邓峰. 互联网发展、要素结构转型与制造业高质量发展[J]. 统计与决策,2022,38(6):100-104.

[62]沈建波,卢艺,郭君. 减税降费:基于税收职能作用视角[J]. 财会通讯,2023(14):165-170.

[63]石喜爱,季良玉,程中华. "互联网+"对中国制造业转型升级影响的实证研究:中国2003—2014年省级面板数据检验[J]. 科技进步与对策,2017,34(22):64-71.

[64]孙莹. 以现代税收制度推动建设现代化产业体系[J]. 税务研究,2024(4):122-127.

[65]唐珏,封进. 社会保险缴费对企业资本劳动比的影响:以21世纪初省级养老保险征收机构变更为例[J]. 经济研究,2019,54(11):87-101.

[66]唐晓华,迟子茗. 工业智能化对制造业高质量发展的影响研究[J]. 当代财经,2021(5):102-114.

[67]唐晓华,孙元君. 环境规制对中国制造业高质量发展影响的传导机制研究:基于创新效应和能源效应的双重视角[J]. 经济问题探索,2020(7):92-101.

[68]陶然,柳华平,周可芝. 税收助力新质生产力形成与发展的思考[J]. 税务研究,2023(12)1:6-21.

[69]田刚元,陈富良. 数字经济、产业集聚与黄河流域制造业高质量发展[J]. 统计与决策,2022,38(21):10-14.

[70]汪芳,石鑫. 中国制造业高质量发展水平的测度及影响因素研究[J]. 中国软科学,2022(2):22-31.

[71]王乔,黄瑶妮．减税降费助力中国经济高质量发展[J]. 税务研究,2019(10):75－79.

[72]王晓亮,梁丹阳．减税降费与制造业企业“脱实向虚”:基于研发费用加计扣除政策的准自然实验[J]. 产经评论,2022,13(5):88－105.

[73]王译,徐焕章．税费优惠助力企业促进技术创新研究:基于制造业上市公司数据的实证分析[J]. 价格理论与实践,2023(3):87－90,204.

[74]吴辉航,刘小兵,季永宝．减税能否提高企业生产效率?——基于西部大开发准自然实验的研究[J]. 财经研究,2017,43(4):55－67.

[75]吴联生．国有股权、税收优惠与公司税负[J]. 经济研究,2009,44(10):109－120.

[76]肖利平．“互联网+”提升了我国装备制造业的全要素生产率吗[J]. 经济学家,2018(12):38－46.

[77]谢港华,史言信．制造业高质量发展:形成逻辑、测度评价与实现路径:一个文献综述[J]. 山西财经大学学报,2025,47(4):84－98.

[78]谢伟丽,石军伟,张起帆．人工智能、要素禀赋与制造业高质量发展:来自中国208个城市的经验证据[J]. 经济与管理研究,2023,44(4):21－38.

[79]徐豪,刘鹤．达沃斯首秀:未来推动经济高质量发展仍然要靠改革开放[J]. 中国经济周刊,2018(5):28－29.

[80]许生．完善支持绿色发展的财税政策体系[J]. 中国税务,2024(6):15－17.

[81]许正中．加快构建催生新质生产力的税收激励机制[J]. 税务研究,2024(7):5－10.

[82]薛菁．新一轮减税降费、创新促进与制造业高质量发展[J]. 财

经论丛,2022(6):15－28.

[83]闫坤,刘诚. 财税政策如何支持加快现代化产业体系构建[J]. 中国税务,2024(3):42－44.

[84]闫坤,唐丹彤. 减税降费与企业投资传导机制研究:基于资本供给视角[J]. 中央财经大学学报,2023(5):16－34.

[85]晏国菀,夏雪. 减税降费与企业高质量发展:来自全要素生产率的证据[J]. 当代经济科学,2023,45(2):119－130.

[86]杨青,胡洋,孙刚,等. 如何协调减税降费与去杠杆?——基于地方政府行为的视角[J]. 财经论丛,2022(2):15－25.

[87]杨仁发,郑媛媛. 环境规制、技术创新与制造业高质量发展[J]. 统计与信息论坛,2020,35(8):73－81.

[88]杨汝岱. 中国制造业企业全要素生产率研究[J]. 经济研究,2015,50(2):61－74.

[89]杨毅,于倩. 数字经济能否成为中国制造业高质量发展的新动能?——基于技术创新与管理效率效应视角[J]. 哈尔滨商业大学学报(社会科学版),2023(2):3－18.

[90]尹恒,张子尧,曹斯蔚. 社会保险降费的就业促进效应:基于服务业的政策模拟[J]. 中国工业经济,2021(5):57－75.

[91]尹李峰,李淼,缪小林. 减税降费是否带来地方债风险?——基于高质量税源的中介效应分析[J]. 财政研究,2021(3):56－69.

[92]于连超,张卫国,毕茜. 环境税会倒逼企业绿色创新吗?[J]. 审计与经济研究,2019,34(2):79－90.

[93]詹姆斯·米尔利斯. 最优所得税理论探讨[J]. 经济研究评论,1971, 33(2): 175－208.

[94]曾益,杨悦. 社会保险缴费率下调能促进企业创新吗?[J]. 保险研究,2021(6):114－127.

[95]张伯超．减税降费与企业投资结构优化[J]．上海经济研究，2022(3):114－128.

[96]张军扩,侯永志,刘培林,等．高质量发展的目标要求和战略路径[J]．管理世界,2019,35(7):1－7.

[97]张世敬,高文亮．减税降费政策对实体企业信心提升效应研究:基于企业现金决策行为的视角[J]．宏观经济研究,2022(7):53－64.

[98]赵剑波,史丹,邓洲．高质量发展的内涵研究[J]．经济与管理究,2019,40(11):15－31.

[99]赵卿,曾海舰．产业政策推动制造业高质量发展了吗?[J]．经济体制改革,2020(4):180－186.

[100]郑宝红,张兆国．企业所得税率降低会影响全要素生产率吗?——来自我国上市公司的经验证据[J]．会计研究,2018(5):13－20.

[101]中国社会科学院工业经济研究所课题组．提升产业链供应链现代化水平路径研究[J]．中国工业经济,2021(2):80－97.

[102]朱高峰,王迪．当前中国制造业发展情况分析与展望:基于制造强国评价指标体系[J]．管理工程学报,2018(31):1－7.

[103]BRONWYN H,JACQUES M. Exploring the relationship between R&D and Productivity in French manufacturing firms[J]. Journal of Econometrics,2011,65(1):263－293.

[104]CASELLI F, COLEMAN J. The world technology frontier [J]. American Economic Review,2006,96(3):499－522.

[105]DAVID P A, HALL B H,TOOLE A A. Is public R&D a complement or substitute for private R&D? a review of the econometric evidence[J]. Research Policy 2018,29(4－5):497－529.

[106]EDGEWORTH F Y. The pure theory of taxation[J]. The Econom-

ic Journal, 1897,7(27):46 – 70.

[107]ENGERS M,MITCHELL S K. R&D policy with layers of economic integration[J]. European Economic Review,2017,50(7):1791 – 1815.

[108]GOTO A, SUZUKI K. R&D capital, rate of return on R&D investment and spillover of R&D in Japanese Manufacturing Industries[J]. The Review of Economics and Statistics,2007,71(4):555 – 564.

[109]GRIFFITH R,REDDING S,VAN REENEN J. Mapping the two faces of R&D:productivity growth in a panel of OECD countries [J]. Review of Economics and Statistics, 2004, 86 (4):883 – 895.

[110]GRILICHES Z. Productivity,R&D,and basic research at the firm level in the 1970s[J]. American Economic Review,2003,76(1):141 – 154.

[111]RAMSEY F P. A contribution to the theory of taxation [J]. The Economic Journal,1927, 37(145):47 – 61.

后　记

本书的撰写始于对陕西制造业转型升级和可持续发展的深切关注。陕西作为西部大开发重要省份和高层次人才培养的教育大省，既肩负着科技创新的重要使命，也面临着新科技革命与全球产业链重构的双重挑战。如何通过政策创新激活传统制造业的生机，如何在减税降费的“减法”中做出高质量发展的“加法”，成为萦绕在我心头的研究初心。而今，当书稿付梓之际，回望这段充实的写作时光，既有破解复杂问题后的欣喜，也有对理论与实践鸿沟的敬畏，更有一份沉甸甸的责任感——毕竟，学术研究的价值终将归结于对现实问题的回应。

研究之初，我曾以为减税降费的政策效应可以通过模型与数据“一测即知”，但深入陕西制造企业调研后，现实的复杂性远超理论设想。在陕北的能源化工园区，减税带来的现金流，部分用于环保设备升级；在关中的装备制造车间，减税后高端人才的引进成本依然很高；而对陕南的新材料企业，研发加计扣除政策虽好，但申报流程复杂，中小企业根本无力应对。这些现实情况让我意识到政策落地远非简单的“减负—增效”线性逻辑，其实际效果往往与区域产业结构、企业生命周期、产权和制度环境等深层次因素密切相关。

本书研究框架：聚焦宏观税负与产业的关联，关注政策传导的微观机制，从财税视角进行“政策—链条—产业—企业—产品”的路径优化分析。在此过程中，构建计量模型量化分析，破解企业创新的“黑箱”，同时提醒自己学术研究必须扎根于中国大地，尤其是西部欠发达地区的特殊环境。

本书的完成得益于众多良师益友的无私支持。感谢我的博士生导师惠宁教授，从选题到方法论始终以“真问题”为导向鞭策我跳出学术舒适区。感谢受访企业，他们的开放态度让我对“制造业高质量发展”的内涵有了更深刻的理解。还要感谢研究团队，即我的硕士研究生们，他们夜以继日地工作，收集数据、分析数据、撰写报告，他们的专业精神和不懈努力是本书得以完成的关键。其中，曹文尊同学参与编写第3章内容，促使我们重新审视西部地区制造业制度环境的独特性；孙毅靖同学参与编写第6章内容，与她合作构建减税降费促进陕西制造业高质量发展的路径过程，让我们深知制造业发展的系统性和企业创新的不确定性；李彦同学参与编写第7章内容，让我们再次反思政策落地的可操作性和精准性。毛路珺同学参与编写相关内容，王小龙和陈海婷两位同学毕业前在数据整理、模型构建与文献综述中所做的细致工作，为本书研究打下了坚实基础。祝子仪和王馨瑶等同学在校稿中付出了辛勤努力，反复更正，解决了书中出现的诸多歧义问题，在此一并致谢。

此外，还要感谢出版社的工作人员贺静和杨元丽，她们的专业性使得本书得以以高质量的形式呈现在读者面前。

尽管本书试图为减税降费与制造业高质量发展的关系提供一份区域化答案，但我深知水平有限，这一领域仍存在诸多有待研究的问题。例如，在数字经济与实体经济深度融合的背景下，传统财税政策如何适应“智能工厂”“平台化生产”等新业态？在“双碳”目标约束下，减税降费如何与绿色税制改革协同，推动制造业低碳转型？在全球化逆流中，政策如何兼顾“链主”企业培育与中小制造企业纾困？这些问题尚未在书中充分展开，是未来研究的重要方向。

对于陕西而言，制造业的振兴不仅关乎经济数据，更关乎充分就业和促转型、关乎西部大开发新格局的形成、关乎“一带一路”倡议下内陆高水平的开放。在研究过程中，我们深刻认识到，减税降费政策对于陕西乃至全国制造业的高质量发展具有深远影响。我们希望本书能够为政策制定者提供决策参考，为企业家提供经营策略，为学者提供研究视角，共同推动陕西制造业的转型升级和可持续发展。为新发展格局下区域经济转型升级做出贡献，在政策与市场的同频共振中走出一条兼顾效率与公平的高质量发展之路。

掩卷之际，窗外正是西安高新区灯火通明的研发大楼，秦创原的创新标语在夜色中格外醒目。这座以兵马俑闻名的古老城市，正悄然书写着“硬科技之都”的新篇章，愿本书成为一块铺路石，助后来者迈向更远的远方。我们相信，通过不断研究和实践，我们能够找到更加有效的路径，推动陕西制造业实现更高质量的发展。